ABADER FRUITS

የበርበሬ ንግድ ሸያጭ
ና ግዢ ማገናኛ
የደላልነት ሥራ
የሕብረት ሽርክና ማኅበር
ስልክ. ፖስታ

አንድነት
ሆቴል

የተነጠረ
የኑግ፡ዘይት

የቤተሰብ፡መድኃኒት፡ቤት
PHAR MACY

ቴሌ 11
T11
የመኑ፡ሆቴል፡
YEMMENEU HOTEL

ፎ ቶ
ዩኒ በር ሳል

ሕብረት
ሻይ ቤት

ማናቸውንም
የንግድ የማስታወቂያ
122363 የሥራ
ጽሑፍ
እንጽፋለን

ORBIS TERRARUM

ÄTHIOPIEN

Mit Beiträgen von:

Wolfgang Kuls
Eike Haberland
Ernst Hammerschmidt
Detlev Karsten
Dieter Voegelin

GEORG GERSTER

ÄTHIOPIEN

DAS DACH AFRIKAS

ATLANTIS

Alle Aufnahmen zu diesem Band stammen vom Verfasser.

Atlantis Verlag Zürich und Freiburg im Breisgau

Gestaltung: Ernst Scheidegger, Zürich, und Heinz von Arx, Stäfa
Photolithos: Photolitho AG, Gossau
Satz: Filmsatz Stauffer + Cie., Basel
Druck: Vontobel-Druck AG, Feldmeilen
Einband: Buchbinderei Burkhardt, Zürich
ISBN 3 7611 0441 3
Printed in Switzerland

Inhalt

VORWORT

Da lege ich also zuletzt doch das Buch vor, das ich eigentlich gar nicht machen wollte.

Gar nicht machen wollte: einmal aus Verzweiflung darüber, meinen Gegenstand, vielgesichtig und vielschichtig, überhaupt je in den Griff zu bekommen; zum zweiten aber auch darum, weil jedem, der im jetzigen Augenblick des politischen und sozialen Umbruchs Äthiopien in schönen Bildern darzustellen versucht, der schlimmste Feind auflauert – die Harmlosigkeit.

Ich habe meine Bedenken zurückgestellt. Zwanzig Reisen in die Hoch- und Tiefländer Äthiopiens – viele von ihnen, mit Breitspur ausgedrückt, Expeditionen – bescherten erstens Eindrücke, die sich zu mehr addierten als nur zu ihrer Summe. Und zweitens weigere ich mich zu glauben, daß die Suche nach Schönem zu nichts weiter tauge als zur Beschönigung.

Auf der Weltrangliste, die über Pro-Kopf-Einkommen und andere materielle Leistungen Auskunft gibt, rangiert Äthiopien nahe dem untern Ende. Seine wirtschaftliche Rückständigkeit ist eine Tatsache. Ich habe mich aber stets fragen müssen, wie ein so rückständiges Land, ich wiederhole das brutale Wort mit Absicht, bei allen, die es kennen, so viel Achtung, Liebe, Bewunderung, ja Sehnsucht hervorrufen kann. Dipl. ing. agr. Dieter Voegelin schrieb in dem Brief, der die hier abgedruckte Untersuchung über Äthiopiens Landwirtschaft begleitete: «Daß ein solcher Beitrag kritisch (und, wie ich aus Erfahrung weiß, unbequem) ausfällt, ist Ausdruck meiner Hochachtung vor den äthiopischen Bauern, von denen ich viel gelernt habe.» Der Verfasser eines anderen Beitrags gestand, in Tränen ausgebrochen zu sein, als er aus dem Kursflugzeug, nach jahrelanger Landesabwesenheit, erstmals wieder über dem Hochland die Ankunft eines neuen Tags erlebte. Und ich bekenne mich zu ähnlichen Gefühlen bei jeder Rückkehr in einem Jahrzehnt. Warum das? Etwa nur deshalb, weil der Reisende in dem Land, wie bei einem verstohlenen Blick durchs Schlüsselloch, archaische («biblische») Zustände begaffen kann? Oder vielmehr darum, weil Äthiopien, durchsäuert von mehr als zweitausend Jahren Geschichte, ein Schulbeispiel dafür abgibt, daß wirtschaftlich-technische Unterentwicklung nur eine (und zudem stark überschätzte) Teilwahrheit ist? Ich neige zu der zweiten Ansicht und schätze mich glücklich, wenn das Buch einige Argumente für sie liefert.

Das ostafrikanische Kaiserreich auf und hinter den Bergen, für die meisten noch heute kaum mehr als ein Gerücht, sollte möglichst vollständig, in Glanz und Widerspruch, von Norden nach Süden, Anschauung werden. Ich hoffe bei dem Versuch auch auf äthiopische Betrachter und Leser. Für die Mehrzahl der Äthiopier ist der Süden ihres Landes bestenfalls ein völkerkundliches Kuriositätenkabinett. Dabei hätte aber gerade er bedenkenswerte Gesellschaftsmodelle anzubieten. Die Sozialverfassung der dortigen Gada-Völker ist egalitär, ja demokratisch – und entschärft überdies auf elegante Art das Generationenproblem: Vater und Sohn agieren in verschiedenen Gada-Klassen, deren Rechte und Pflichten genau festgelegt sind.

«Das schöne Äthiopien wurde defloriert; niemals kann es wieder intakt werden.» Die politische Brautklage, die die englischsprachige Tageszeitung Addis Ababäs an einem Märztag 1974 anstimmte, war so klagend gar nicht gemeint: niemals soll die Braut wieder Jungfrau werden. Aber wird sie sich nun an alle Versuchungen importierter Ideen verlieren, eine Hure westlicher oder östlicher Einflüsterungen, blind für das eigene Erbe, bald ein kultureller Pauper, von fremden Wertsystemen kolonialisiert? Man darf und man soll, solange es Zeit ist, mahnend dem schönen Äthiopien ein Bild wenn schon nicht seiner Unberührtheit, so doch seiner Ganzheit entgegenhalten.

Ehe ein Buch wie dieses druckreif ist, geht man vielen Mitmenschen auf die Nerven; der Strom von Fragen versiegt ja nie. Für Antworten sonder Zahl danke ich also; und für die Geduld der Befragten, die mir in keinem Augenblick zu verstehen gaben – jetzt ist's aber genug. Ernst Hammerschmidt, Hamburg, vor allen war ein unermüdlicher Helfer; er unterzog sich der mühsamen, undankbaren Arbeit der Transliteration. Zu jenen, die während vielen Jahren willig im Trommelfeuer von Fragen standen, gehören auch die Freunde Roger Schneider, Addis Ababā, und Jean Chavaillon, Paris. Eine Expedition mit Asmarom Legesse, Addis Ababā/Chicago, zu den Boranā öffnete mir erst richtig die Augen für den Süden Äthiopiens. Die Dankesschuld, die sich darüber hinaus auf insgesamt zwanzig Reisen und später bei der Auswertung und Vertiefung der im Feld gesammelten Beobachtungen anhäufte, kann in einer (dazu noch unvollständigen) Liste der Namen nur angedeutet, nicht abgetragen werden: F. Anfray, Addis Ababā; Berhānu Walda Amānu'ēl, Addis Ababā; Y. Coppens, Paris; P. Gouin, Addis Ababā; Habta Śellāsē Tāffasa, Addis Ababā; D.T. Harris †, Los Angeles; F.C. Howell, Berkeley; S.S. Jouravleff, Zürich; W. Kuls, Bonn; H. Langenbacher, Addis Ababā; M. Lüscher, Bern; Masfen Mangeśta Ab, Addis Ababā; J. Müller, Malix; B. Nievergelt, Zürich; K. O'Mahoney, Addigrāt; R. Sauter, Genf; D. Vollprecht, Addis Ababā; K. Weithaler, Addis Ababā. L. Bianchi Barriviera, Rom, verdanke ich die Architekturzeichnungen, die das Kapitel über die Lālibalā-Kirchen begleiten. Die Zeitschrift für Kulturaustausch (Horst Erdmann Verlag, Tübingen) bewilligte die Wiederverwendung der Aufsätze von E. Haberland (Einführung in die Geschichte), D. Karsten, W. Kuls und D. Voegelin; die Verfasser revidierten und ergänzten die Aufsätze für den Neudruck. Ganz besonders bin ich sodann der National Geographic Society, Washington, verpflichtet, die mir zwischen 1968 und 1973 vier Forschungsreisen nach Äthiopien ermöglichte, wobei ich zeitweilig einen Hubschrauber zur Verfügung hatte. Das National Geographic Magazine, das Publikationsorgan der Gesellschaft, gestattete entgegenkommend die Wiedergabe der Bilder 48, 106 und 165.

Dank allen!

ASPEKTE

DIE LANDESNATUR IN GRUNDZÜGEN

Wolfgang Kuls

Es läßt sich kaum in Frage stellen, daß der natürlichen Ausstattung des Landes für die Entwicklung des äthiopischen Staates, für die Herausbildung einer vielfach betonten kulturellen Sonderstellung dieses nordostafrikanischen Raumes und für viele hier in der Gegenwart auftretende Probleme eine besondere Bedeutung beizumessen ist. Äthiopien ist als das tropisch-afrikanische Gebirgsland bekannt und als natürliche Festung, als ein von der Außenwelt isoliertes, schwer zugängliches Hochland oder auch als eine von der Natur durch reichliche Niederschläge, gesundes Höhenklima und fruchtbare Böden besonders gut bedachte Gebirgsinsel bezeichnet worden – je nach der Blickrichtung des Betrachters und nach dem Zeitraum, für den derartige Feststellungen getroffen wurden. In der Tat wird durch solche Attribute auf einige wichtige Besonderheiten des Naturraumes hingewiesen, doch muß man sich vergegenwärtigen, daß keineswegs alle Landesteile des etwa 1,2 Millionen qkm umfassenden Staatsgebietes zum Hochland gehören, und daß das Hochland selbst, welches auch heute noch den Kernraum des Reiches bildet, keinen einheitlich ausgestatteten Naturraum darstellt, vielmehr nach seinen geologischen Bauelementen, nach Oberflächenformen, Klima und Böden aus recht unterschiedlichen Teilräumen zusammengesetzt ist und damit den jeweiligen Bevölkerungsgruppen auch sehr verschiedenartige Möglichkeiten der Besiedlung und Nutzung geboten hat.

Etwa die Hälfte des Landes liegt höher als 1200 m über dem Meeresspiegel, und der Anteil der Fläche oberhalb von 2000 m – eine, wie noch darzulegen sein wird, besonders wichtige Höhengrenze – nimmt etwa ein Viertel des gesamten Staatsgebietes ein. Selbst über 3500 m sind es noch 5 Prozent. Das sind im Vergleich zu anderen afrikanischen oder gar europäischen Ländern gewiß eindrucksvolle Zahlen, wobei zu bedenken ist, daß es sich auch in großen Höhen keineswegs um unwirtliche, von Schnee und Eis bedeckte Regionen handelt, die mehr oder weniger unzugänglich wären. Die Nähe des Äquators bewirkt vielmehr ein von außertropischen Gebieten grundverschiedenes Höhenklima, macht es möglich, daß noch weit oberhalb von 3000 m Dauersiedlungen existieren und Anbau betrieben werden kann.

Trotz der beträchtlichen absoluten Höhen – der höchste Berg Rās Dāšan im nördlichen Landesteil erreicht 4550 m – gewinnt man in vielen Teilen des äthiopischen Hochlandes jedoch keineswegs den Eindruck, in einem Hochgebirge zu sein. Wer etwa auf dem Flugplatz Addis Ababā 2400 m hoch über dem Meeresspiegel landet, befindet sich auf einem weiten Plateau, das am Horizont von Bergzügen und einzelnen Bergmassiven begrenzt wird, welche weit eher Mittelgebirgs- als Hochgebirgscharakter haben. Und ebenso wie in der Umgebung der Landeshauptstadt herrschen auch in vielen anderen Teilen des Hochlandes Flächen vor, die von sanft eingemuldeten Tälern durchzogen werden, dicht besiedelt und fast durchweg landwirtschaftlich genutzt sind. Eine im scharfen Gegensatz zu diesen Flächen und den vorwiegend sanft oder nur mäßig geneigten Hängen der höheren Berge stehende Formenwelt zeigt sich jedoch in den tiefen, das Hochland durchziehenden Taleinschnitten. Nicht selten steht man beim Überqueren der Hochflächen völlig unvermittelt vor einem viele hundert, wenn nicht gar weit über tausend Meter tiefen, durch einzelne Terrassen gegliederten Steilabfall, den die großen, das Hochland entwässernden Flüsse geschaffen haben. Und nicht minder eindrucksvoll werden die gewaltigen Höhenunterschiede, mit denen man es innerhalb des Landes zu tun hat, an den Rändern des Hochlandes vor Augen geführt, dort, wo das Vorland an jungen, oft mehrfach gestaffelten Bruchstufen abgesunken bzw. das Gebirge aufgestiegen ist.

Von den großen Flußsystemen haben vor allem die des Nil (Abbāy) im Norden und des Omo im Südwesten das Hochland in eine große Zahl von Halbinseln und Inseln zerschnitten. Teilweise – so vor allem im nördlichen Teil Hochäthiopiens – ist die Erosion so weit fortgeschritten, daß nur noch kleine, allseits von nahezu senkrecht abfallenden Felswänden umgrenzte Plateaureste übrig geblieben sind, deren Bewohner von der Außenwelt weitgehend isoliert sind, hier aber auch in der Vergangenheit in Kriegszeiten sicheren Schutz vor Überfällen fanden und ihre kulturelle Eigenständigkeit bewahren konnten. Man bezeichnet in Äthiopien einen solchen Tafelberg, dessen Oberfläche nur ein paar tausend Quadratmeter oder aber auch viele Quadratkilometer umfassen kann, als Ambā. Indessen sind nicht nur einzelne Berge, sondern ganze Provinzen oder doch größere Teile von ihnen in gleicher Weise durch steilwandige Talschluchten von benachbarten Hochlandteilen abgeschnitten, so daß ein direkter Verkehr zwischen ihnen gar nicht oder doch nur in äußerst mühevoller, zeitraubender Weise möglich ist. So wird zum Beispiel das Niltal, das mit seinem großen Bogen die Ost- und Südgrenze von Goǧǧām bildet, abgesehen von dem noch flachen Abschnitt am Ausfluß des Nils aus dem Ṭānāsee, nur an einer einzigen Stelle von einer Autostraße gequert. Sie verbindet die Provinz mit der Landeshauptstadt. Einen entsprechenden Verkehrsweg zu den Nachbarprovinzen im Osten und Süden von Goǧǧām gibt es nicht.

Während also in den Kettengebirgen Europas und Asiens die Täler bevorzugte Siedlungs- und Verkehrsräume bilden und die Berge nur an wenigen Stellen auf Paßstraßen überwunden werden können, sind im größten Teil des äthiopischen Hochlandes Talzüge trennende Grenzräume, die nicht zuletzt auch aus klimatischen Gründen von der Bevölkerung gemieden werden. Lediglich die höher gelegenen Terrassen der gewöhnlich viele Kilometer breiten Taleinschnitte sind ähnlich dicht wie die Hochflächen und die aus ihnen aufragenden höheren Teile des Berglandes besiedelt, und die wichtigen Durchgangsstraßen halten sich weitgehend an die flachen Wasserscheiden zwischen den großen Flußsystemen. Eine grobe Untergliederung des gesamten Hochlandkomplexes ergibt sich vor allem aus dem Verlauf der wichtigsten tektonischen Leitlinien. Der etwa die Mitte des Landes von Südwest nach Nordost durchziehende Grabeneinbruch, der die Fortsetzung der ostafrikanischen Bruchzone bildet, teilt das äthiopische Hochland in einen großen westlichen und einen kleineren südöstlichen Flügel. Der westliche Teil kann noch einmal in einen Nordabschnitt, das sog. Amḫārāhochland, und einen im Durchschnitt niedrigeren, besonders stark zerstückelten Südabschnitt, das Kafāhochland, gegliedert werden. In beiden Fällen gibt es überwiegend steile Außenflanken: nach Osten zum äthiopischen Graben und dem seine nördliche Fortsetzung bildenden dreieckförmigen Danākeltiefland, nach Westen zu den Tieflandbezirken im Grenzbereich von Äthiopien und der Republik Sudan. Der südöstliche Teil des Hochlandes, das Somalihochland oder die Somalitafel, dacht sich hingegen relativ sanft in Richtung auf den Indischen Ozean ab, nur seine Begrenzung gegen die Grabenzone ist mit einem absoluten Höhenunterschied von z.T. mehr als 2000 m ähnlich ausgebildet wie der Ostabfall von Amḫārā- und Kafāhochland. Während die Sohle des äthiopischen Grabens, die vor allem aus klimatischen Gründen bereits als Teil des äthiopischen Tieflandes anzusprechen ist, von Norden nach Süden abfallend noch in einer Höhe zwischen rund 1800 und 1200 m bleibt, sinkt der Boden des Danākeltieflandes in einer im Nordabschnitt liegenden Depression bis unter den Meeresspiegel ab. Will man von der Küste aus in den Raum der heutigen Landeshauptstadt und von dort aus auf dem Landwege weiter in die Provinzen West- und Süd-Äthiopiens, dann muß man das heiße, teilweise wüstenhafte Danākeltiefland queren, es sei denn, man nimmt den langen Weg durch das Hochland bzw. am Ostrande des Hochlandes zwischen Aśmarā und Addis Ababā in Kauf, nachdem man zuvor rasch vom Hafen Meṣewwā auf die Hochfläche von Aśmarā gelangt ist. Welche Schwierigkeiten sich einer Anreise vom Meer in die Zentralprovinz in früheren Zeiten entgegenstellten, wird eindrucksvoll in einer großen Zahl von Reiseberichten vor allem aus dem 19. Jahrhundert verdeutlicht.

Die z.T. sehr ausgedehnten Tieflandbezirke im Westen und Süden Äthiopiens sind im Gegensatz zur Grabenzone und zum Danākeltiefland, die eben auf Grund ihrer günstigen Lage in jüngerer Zeit große Bedeutung als Entwicklungsregionen erlangt haben, nur schwer erreichbare Gebiete. Obwohl es sich gerade in Teilen von Westäthiopien auf Grund des natürlichen Potentials um Räume handelt, die u.a. für landwirtschaftliche Nutzung von Interesse sind, führt bis heute nur im nördlichen Abschnitt eine Straße in das Tiefland, dessen Erzeugnisse, wollte man sie in der Landeshauptstadt auf den Markt bringen oder gar für den Export bis zu einem Hafen schaffen, mit außerordentlichen Transportkosten belastet wären.

Für die Herausbildung der hier grob skizzierten Hauptmerkmale des Reliefs Äthiopiens ist neben den tektonischen Bewegungen und der seit der Hebung des Gebirgskörpers vor allem dort wirksamen Abtragung natürlich auch das Baumaterial und dessen Lagerung von großer Bedeutung. Ein sehr großer Teil Hochäthiopiens und der Grabenzone besteht aus relativ jungen vulkanischen Ablagerungen. Vor allem sind es mächtige, weitgehend horizontal lagernde Lavaschichten, die den aus älteren Gesteinen bestehenden Untergrund bedecken und das Ausgangsmaterial für die Bodenbildung liefern. Durch vielfach eingeschaltete Zwischenlagen von Tuffen oder auch von alten Verwitterungsdecken sind für die Abtragung an Hängen unterschiedliche Bedingungen gegeben, d.h. auf diese Weise ist es vor allem zur Ausbildung von mehr oder weniger breiten Terrassenverebnungen zwischen oft nahezu senkrecht abfallenden Wänden im Bereich der harten basaltischen Laven gekommen. Während es sich im Hochland überwiegend um vulkanische Ablagerungen des Tertiärs handelt, sind in der gesamten zentralen Einbruchszone noch jüngere, nämlich quartäre Vulkanite anzutreffen. Hier finden sich auch zahlreiche wohlerhaltene Vulkankegel, kaum verwitterte Lavaströme und zahlreiche heiße Quellen, die sich für die Wirtschaft des Landes sicher zu einem Teil nutzbar machen ließen.

Die Basis der vulkanischen Ablagerungen bilden entweder aus dem Erdmittelalter stammende, ungefaltete Kalke und Sandsteine – die im übrigen einen Großteil der Somalitafel bedecken – oder bereits das kristalline Grundgebirge, das namentlich in Ēretrā sowie im Westen und Süden des Landes frei von jeder jüngeren Überdeckung zutage tritt. Hauptsächlich in dem weit verästelten Talsystem des Nils ist das z.T. weit über 1000 m mächtige Paket der vulkanischen Decken und auch noch die ansehnliche Schichtenfolge von Kalken und Sandsteinen von der Erosion durchsägt worden, so daß man dort auf einer horizontalen Distanz von nur wenigen Kilometern in großartigen Profilen fast alle für den Aufbau des Landes bedeutsamen Gesteine beisammen hat.

Die Zusammensetzung des Untergrundes ist nicht nur für die Ausbildung der Oberflächenformen bedeutsam, sondern natürlich auch für das Auftreten nutzbarer Lagerstätten. In dieser Hinsicht ist Äthiopien offenbar wenig begünstigt. Die meisten der bis heute bekannten und zum Teil genutzten mineralischen Rohstoffe finden sich im Bereich des Grundgebirges. Hier handelt es sich um Vorkommen von Gold, Platin, Chrom, Kupfer u.a. Metallen, allerdings wohl kaum in solchen Mengen, daß sie für die wirtschaftliche Entwicklung des Landes eine entscheidende Rolle spielen könnten. Das gilt auch für die Vorkommen von Eisenerzen und der meisten bisher bekannten nicht-metallischen Mineralien. Hier sind als bedeutsam vorerst lediglich die im Danākeltiefland reichlich vorhandenen Salzvorkommen zu nennen. Namentlich die in diesem Raum vorhandenen Lagerstätten von Pottasche beanspruchen größeres Interesse. Wertvolle Kohlevorkommen sind bisher nicht bekannt und wohl auch kaum zu erwarten. Dagegen gibt es berechtigte Aussichten auf Erdölgewinnung in Ēretrās Anteil am Küstenbereich des Roten Meeres und im Südostteil der Somalitafel (Wegādēn).

Betrachtet man die natürliche Ausstattung Äthiopiens unter dem Gesichtspunkt der Entwicklungsmöglichkeiten, dann ergibt sich vor allem bei den klimatischen Verhältnissen ein sehr viel günstigeres Bild als bei der Berücksichtigung des Baumaterials und der viele Probleme aufwerfenden Oberflächengestalt des Landes. Von entscheidender Bedeutung ist, daß das Hochland einschließlich seines Westabfalls so reichlich Niederschläge empfängt, daß durch sie die Möglichkeit eines Anbaus ohne künstliche Bewässerung weithin gesichert ist. Dabei sind die Niederschläge, die selbst in den größten Höhen nur selten in fester Form fallen, nicht gleichmäßig über das ganze Jahr verteilt, sondern es gibt, der geographischen Lage entsprechend, einen Wechsel von Regen- und Trockenzeiten, von feuchteren und trockeneren Monaten, der allerdings je nach Region einen sehr unterschiedlichen Rhythmus aufweist.

Von der absoluten Regenmenge her gesehen ist der Südwesten der feuchteste Teil des Landes. Hier gibt es Stationen mit weit über 2000 mm Niederschlag im Jahr, und zwar in einer so günstigen Verteilung, daß auch hohe Feuchtigkeitsansprüche stellende Dauerkulturen, wie insbesondere der Kaffee, gut gedeihen können. Zu den Gebieten mit relativ hohen Niederschlägen gehören auch die Bergländer beiderseits des südäthiopischen Grabens sowie die höher gelegenen Teile der Provinzen Šawā, Goǧǧām, Bagēmder und Wallo. Die jährliche Regenmenge beträgt hier noch mehr als 1400 mm. Von der 1000-mm-Isohyete werden schließlich fast alle südlich vom Takkazē gelegenen Teile des westlichen Hochlandflügels eingeschlossen, während es auf der Somalitafel nur der nordwestliche Randbereich ist.

Ausgeprägt trockene Räume sind demgegenüber die Danākelsenke einschließlich des gesamten Küstenbereiches am Roten Meer, ein großer Teil Ēretrās und der Somalitafel. Auch die Grabenzone im Süden, die mit etwa 600 mm Jahresniederschlag nicht einmal die Hälfte der Regenmenge ihrer beiden Gebirgsflanken erhält, gehört noch zu den trockenen Teilen des Landes. Trockeninseln in einer feuchten Umgebung bilden schließlich die tiefen, in das Gebirge eingeschnittenen Täler, was sich beim Durchqueren eines solchen Tales leicht an der Vegetation erkennen läßt.

Von besonderer Bedeutung für die Niederschlagswirksamkeit erweist sich die jahreszeitliche Verteilung der Regenmenge. Hier lassen sich in Äthiopien in grober Generalisierung drei Großräume unterscheiden: Der Küstenbereich des Roten Meeres erhält seine spärlichen Niederschläge während des Winters; im gesamten Westen und Norden des Landes einschließlich des Gebietes um die Hauptstadt und der nördlichen Grabenzone ist das Sommerhalbjahr die feuchte Jahreszeit, mit einer in südwestlicher Richtung zunehmenden Zahl von feuchten Monaten; und der Südosten ist dadurch gekennzeichnet, daß hier die Niederschläge im Frühjahr und Herbst fallen, während im Sommer und Winter Trockenheit herrscht.

Sowohl von der durchschnittlichen Jahresniederschlagsmenge wie auch von der normalen zeitlichen Verteilung der Niederschläge her treten allerdings oft erhebliche Abweichungen auf. Sie werden vor allem dort bedeutsam, wo die insgesamt zur Verfügung stehende Feuchtigkeitsmenge nicht sehr hoch und die Zahl der normalerweise regenbringenden Monate gering ist. So können namentlich im nördlichen Teil des Hochlandes für den dort vorherrschenden Getreideanbau erhebliche Schwierigkeiten auftreten, wenn etwa die sommerlichen Niederschläge zu spät einsetzen oder wenn nach den ersten kräftigen Niederschlägen eine längere Dürreperiode auftritt, in der die junge Saat vertrocknet. Solche Abweichungen von der normalen jahreszeitlichen Niederschlagsverteilung können unter Umständen eigentliche Hunger-Katastrophen heraufbeschwören.

Der jahreszeitliche Rhythmus nicht nur der Landwirtschaft, sondern auch anderer Zweige der Wirtschaft, einschließlich des allmählich an Bedeutung zunehmenden Fremdenverkehrs, wird also ganz entscheidend durch den Wechsel von Regenzeiten und Trokkenzeiten bestimmt, wobei es im übrigen während der sogenannten Regenzeiten nicht jeden Tag lang anhaltende Dauerregen gibt, sondern häufige, meist ein bis zwei Stunden anhaltende Gewittergüsse, nach denen die Wolkendecke wieder aufreißt. Daß von den starken Regen Bodenzerstörung droht und von ihr auch bereits große Teile des Landes betroffen sind, muß in diesem Zusammenhang erwähnt werden.

Die im Laufe des Jahres auftretenden Temperaturschwankungen haben für die Ausbildung von Jahreszeiten eine weit geringere Bedeutung. Im allgemeinen differiert das Mittel des wärmsten Monats nur um wenige Grade von dem des kühlsten. So hat z.B. Addis Ababā ein Dezembermittel von 15,1° C und ein Maimittel (wärmster Monat) von 17,9° C. In Ǧimmā (SW-Äthiopien), das mit 1740 m Meereshöhe rund 700 m tiefer als Addis Ababā liegt, sind die entsprechenden Werte 17,3° C (Dezember) und 20,1° C (April). In Gebieten mit sommerlicher Regenzeit werden die höchsten Temperaturen im allgemeinen vor dem Einsetzen der Hauptregen gemessen und die niedrigsten während des Höhepunktes der Trockenzeit. Das Absinken der Durchschnittswerte in der Trockenzeit ist vor allem auf das Auftreten sehr kühler Nächte zurückzuführen, während die Mittagstemperaturen bei wolkenlosem Himmel ähnliche Werte erreichen wie in der feuchten Zeit des Sommers.

Wie in allen tropischen Ländern sind die täglichen Temperaturschwankungen weit größer als die Schwankungen der Monatsmittel, und es ist für die Landwirtschaft von entscheidender Bedeutung, wenn das Land in klaren Strahlungsnächten so weit abkühlen kann, daß das Thermometer unter den Gefrierpunkt sinkt. Frostempfindliche Dauerkulturen sind unter solchen Bedingungen nicht mehr möglich, selbst wenn es sich nur um wenige, vielleicht nicht einmal jedes Jahr vorkommende Tage mit nächtlichen Tiefsttemperaturen unter 0° C handelt.

Sowohl die Durchschnittstemperatur als auch die durchschnittlichen und absoluten Maxima und Minima hängen natürlich in starkem Maße von der Meereshöhe ab. Deshalb ist die klimatische Höhenstufung für das Land von einer ganz ausschlaggebenden Bedeutung. Innerhalb des Berglandes wird in Äthiopien hauptsächlich die Unterscheidung von drei solchen Höhenzonen mit den Bezeichnungen Qwallā, Waynā dagā und Dagā vorgenommen. Die Qwallā ist der tiefere, heiße und meist trockene Teil des Landes bis zu einer Höhe von etwa 1800 bis 2000 m. Es ist dies das Gebiet, das in starkem Maße von der Malaria gefährdet ist und das von einem großen Teil der Hochlandbewohner, namentlich von der amharischen Bevölkerung, gemieden wurde und auch heute noch nicht gern aufgesucht wird, wo aber bei ausreichender Feuchtigkeit (Bewässerung) die Produktion von hohe Wärmeansprüche stellenden Kulturen (Sisal, Zuckerrohr, Bananen usw.) möglich ist. Die im Rahmen der traditionellen Wirtschafts- und Lebensweise der Hauptbevölkerungsgruppen bei weitem bevorzugte Höhenzone ist die angrenzende, bis etwa 2500 m Höhe reichende und noch weitgehend frostfreie Waynā dagā (eigentlich «Weinhochland»), in der es dementsprechend zu der stärksten Bevölkerungsverdichtung auf der Basis des Getreideanbaus im Norden oder auf der Basis des Enseteanbaus im Süden und Südwesten gekommen ist. Auch die oberhalb daran angrenzende Dagā ist schließlich vor allem im nördlichen Teil des Landes noch recht dicht besiedelt, und zwar bis zu einer oberen, im Norden um etwa 3700 m liegenden Höhengrenze, an der vor allem Gerstenfelder anzutreffen sind.

Die hier angegebenen Höhengrenzwerte können lediglich einer groben Orientierung dienen. Was im konkreten Fall von einer Bevölkerungsgruppe als Dagā oder als Qwallā bezeichnet wird, das hängt nicht nur von den örtlich anzutreffenden natürlichen Bedingungen, sondern zu einem wesentlichen Teil auch von der Bewertung des Naturraumes durch eben diese Bevölkerungsgruppe ab.

Im engen Zusammenhang mit dem Klima stehen die im ganzen gesehen wiederum als relativ günstig zu bezeichnenden hydrographischen Verhältnisse. Äthiopien besitzt eine große Anzahl wasser- und gefällsreicher Flüsse, unter denen an erster Stelle der Nil und zahlreiche Nebenflüsse aus dem westlichen Teil des Hochlandes zu nennen sind. Der größere Teil Hochäthiopiens wird durch diese Flüsse nach Westen hin entwässert. Von der Somalitafel werden die zum Abfluß kommenden Niederschlagsmengen dem Indischen Ozean zugeführt, während der Omo als Hauptstrom Südwestäthiopiens in der abflußlosen Senke des Rudolfsees endet, und der Awāš, der einzige größere Abfluß nach Osten, ebenfalls nicht das Meer erreicht, sondern in einem Endsee der Danākelsenke verdunstet und versickert.

Bisher sind innerhalb des Landes, dessen Flüsse bekanntlich den entscheidenden Beitrag zur Erhaltung des Lebens in der ägyptischen Niloase liefern, die Möglichkeiten der Nutzbarmachung der Wassermassen erst in bescheidenen Ansätzen verwertet worden. Vor allem am Awāš ist ein größeres Projekt zur Gewinnung elektrischer Energie und zur Bewässerung in Angriff genommen und auch zu einem großen Teil bereits verwirklicht worden. Gerade für die Bewässerung bieten sich im Bereich des Mittel- und Unterlaufes des Awāš auf Grund der Reliefverhältnisse, aber auch auf Grund der günstigen Verkehrslage, gute Voraussetzungen, die etwa in dem engen und schwer zugänglichen Niltal, wie auch in vielen anderen Tälern, nicht gegeben sind. Hier dürfte deshalb eher die Möglichkeit der Elektrizitätserzeugung genutzt werden, sobald ein entsprechender Bedarf vorliegt.

Ein besonderes naturräumliches Potential bilden auch die großen Seen des Landes. Weniger wohl als die Fischzucht werden hier bereits vorhandene Ansätze des Fremdenverkehrs ausgebaut werden können, wenn dabei auch noch manche Probleme (u.a. Krankheitsgefahren) zu lösen sind. Mit einer Fläche von mehr als 3100 qkm übertrifft der Ṭānāsee alle anderen Seen des Landes an Größe beträchtlich. Er füllt ein großes, flaches Becken in 1820 m Höhe und birgt in den Kirchen und Klöstern seiner Inseln, die in Zeiten harter Bedrängnis des Landes als Zufluchtsstätten dienten, kostbare Schätze aus der äthiopischen Geschichte. In dem abflußlosen Bereich des südäthiopischen Grabens gibt es sieben größere Seen in nur geringer Entfernung voneinander. Der größere unter ihnen, der Abbāyāsee im Süden, nimmt dabei eine Fläche von etwa doppelter Größe des Bodensees ein und ist heute ebenso wie die anderen Seen Südäthiopiens von der Hauptstadt aus relativ leicht erreichbar, braucht man doch nicht erst ein Gebirge oder eines der cañonartigen Täler zu überqueren, um dorthin zu gelangen. Eine Anzahl kleinerer Seen ist auch in anderen Landesteilen zu finden. Zu ihnen gehören die Kraterseen von Dabra Zayt nahe der Landeshauptstadt oder der nicht weit entfernt im Krater des 3000 m hohen Zeqwālā, einem imposanten Vulkanberg im nördlichen Abschnitt des Grabens, liegende See. Dem Klima, aber ebenso den sehr unterschiedlichen Gesteins- und Bodenverhältnissen entsprechend, ist schließlich auch das natürliche Pflanzenkleid Äthiopiens vielfältig differenziert und als ein guter Indikator für Unterschiede in der natürlichen Ausstattung einzelner Landesteile zu verwerten. Die heute anzutreffende Vegetation ist allerdings in einem sehr starken Maße durch den Menschen beeinflußt worden, und zwar trifft dieses vor allem für einen großen Teil des Hochlandes zu. Von Natur aus gibt es innerhalb des Landes den wechselnden Feuchtigkeitsverhältnissen entsprechend alle Abstufungen von einer Wüsten- oder Halbwüstenvegetation bis zu feucht-tropischen Bergwäldern oder – in großer Höhe – zu eigenartigen Formationen der Hochgebirgsregion.

Das Danākeltiefland als der trockenste Teil des Landes hat in weiten Bereichen nur eine schüttere Vegetationsdecke, in der Dornsträucher und kleine, meist ebenfalls dornenbewehrte Bäume zu den wichtigsten Vertretern gehören. Nutzungsmöglichkeiten bieten sich als Weide für Kamele, Schafe und Ziegen der hier wie in anderen Trockengebieten lebenden nomadischen Viehzüchter. Sowohl der östliche Abschnitt der Somalitafel wie auch der Norden und Nordwesten von Ēretrā sind von Formationen eingenommen, die unter dem Sammelbegriff Dornsavanne zusammengefaßt werden können. Dabei handelt es sich vornehmlich um offene Gehölze, unter ihnen viele Akazienarten. Am Boden ist eine schon merklich dichtere Gras- und Krautschicht als in den Wüsten- und Halbwüstengebieten vorhanden, die in der feuchten Jahreszeit eine recht günstige Futterbasis liefert und dann als Weide auch oft von sonst im höheren Bergland lebenden Viehzüchtern aufgesucht wird. In der südäthiopischen Seenregion sowie in großen Teilen des Tieflandes von West- und Südäthiopien gibt es Savannengehölze, die bereits höhere Feuchtigkeitsansprüche stellen und mit ihrer geschlossenen Grasdecke gute Voraussetzungen für die Rinderhaltung bieten. Wenn in solchen Formationen oft einzelne Akazienarten stark dominieren, dann ist das wohl zu einem wesentlichen Teil auf Folgen einer starken Beweidung und Überweidung zurückzuführen, bei der für den Nachwuchs von dornenfreien Laubhölzern wenig Chancen bestehen, zumal in solchen Fällen, wo zusätzlich jedes Jahr noch Buschfeuer angelegt werden.

Große Bereiche des Hochlands sind heute ohne eine Waldbedeckung, ja oft sogar baumlos. Daß jedoch von Natur aus die Bedingungen für die Existenz von Wäldern weithin gegeben sind, zeigt sich etwa an dem Vorhandensein kleiner Waldinseln in der Umgebung der Kirchen oder an dem Erfolg der Eukalyptuspflanzungen vor allem in der Umgebung der Hauptstadt, wie auch in der Umgebung bzw. in den Randzonen vieler anderer Städte. Gerade der Pflugbau hat ent-

Geologische Karte von Äthiopien

Erläuterungen:
1. Jungvulkanische Aden-Serie; Pliozän, Quartär
2. Trapp-Serien; Oligozän-Miozän
3. Pliozäne und quartäre Sedimente
4. Eozän bis Miozän, hauptsächlich Sande und Kalksteine
5. Kreide, Sandsteine und Kalke
6. Jura, Sandsteine und Kalke
7. Präkambrische nicht metamorphe Intrusiva
8. Präkambrische metamorphe Gesteine
(Hauptsächlich nach P.A. Mohr)

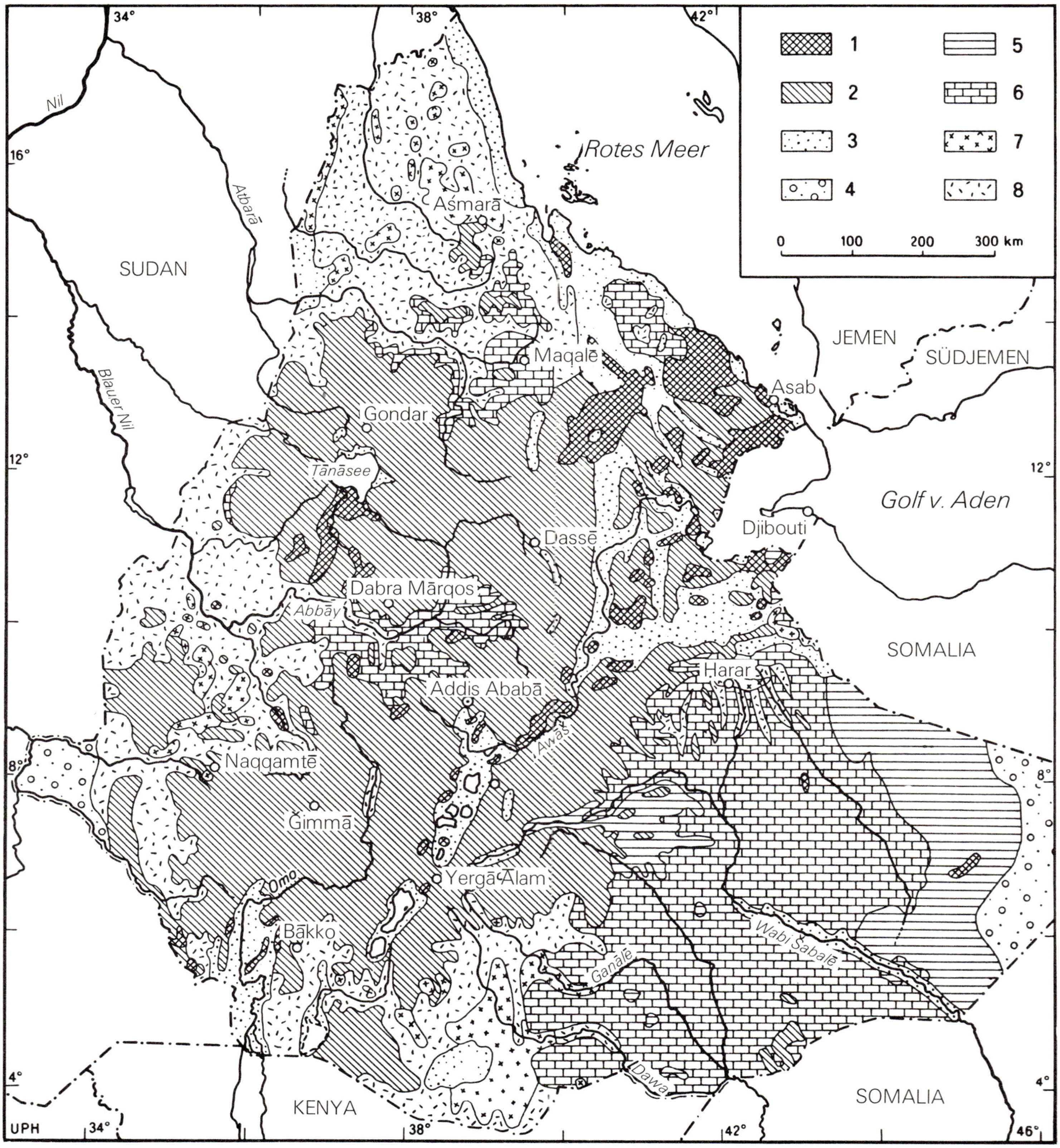

Topographische Übersichtskarte von Äthiopien

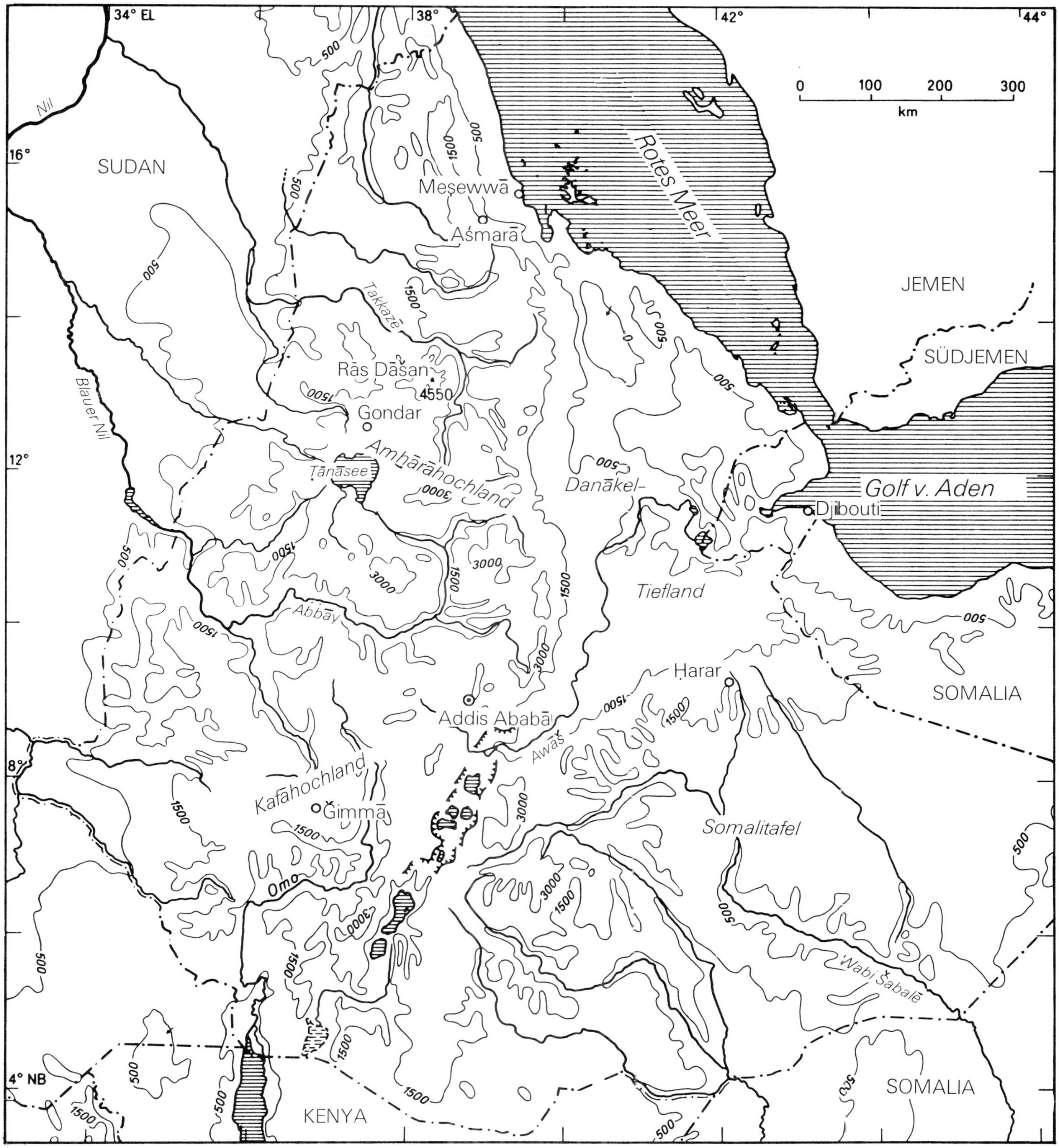

scheidend zur Vernichtung von Wäldern und lichten Gehölzen in Hochäthiopien beigetragen, die wir weithin als natürliche Vegetation heute offener Kulturlandschaftsbereiche in der Waynā dagā ansehen müssen und deren Beseitigung eine Fülle von nachteiligen Folgen, wie Bodenzerstörung, Erhöhung des Abflusses, Kalamitäten in der Brenn- und Baustoffversorgung, gezeitigt hat. Der geringe Bestand an heute noch vorhandenen Bergwäldern ist fast ganz auf den Südwesten und Süden des Landes beschränkt, wird aber auch dort durch die Ausdehnung von Anbauflächen im Zuge der starken Bevölkerungsvermehrung und – soweit erreichbar – durch Holzeinschlag für Sägewerke laufend reduziert. In unberührtem Zustand weisen die Wälder der feuchten und warmen Teile des Kafāhochlandes eine artenreiche Zusammensetzung aus großenteils immergrünen Laubhölzern auf, während bei geringeren Niederschlägen Nadelhölzer dominieren. In den höchsten Teilen des Berglandes, so in Samēn, im zentralen Bergland von Goǧǧām und auf den über 4000 m hohen Bergmassiven der Somalitafel, findet man dichte Bestände der mehrere Meter hoch werdenden Baumheide und darüber eine Formation, in der als zwei bis fünf Meter hohe Schopfgewächse mit einem kerzenförmigen Blütenstand Lobelien dominieren, Gewächse, die an die dort herrschenden extremen Temperaturschwankungen zwischen Tag und Nacht und die besonders intensive Bestrahlung angepaßt sind.

Aus den hier gemachten knappen Angaben über einzelne, den Naturraum konstituierende Elemente wird in erster Linie immer wieder der für die Besiedlung und Wirtschaft Äthiopiens äußerst bedeutsame Gegensatz zwischen Hochland und den angrenzenden Tiefländern deutlich. Es zeigt sich aber auch die Notwendigkeit einer weiteren Untergliederung beider Bereiche, und zwar sowohl auf Grund von Merkmalen der Lage wie auch von solchen der für eine Bewertung durch verschiedenartige Bevölkerungsgruppen wesentlichen Ausstattung. So ist beim Hochland zumindest eine Dreigliederung in den Nordflügel, den Südwestflügel und den Südostflügel angebracht, die vornehmlich auf Unterschieden in der Oberflächengestalt und im Klima beruht. Als deutlich abgrenzbare Tieflandbezirke erweisen sich die Küstenregion Ēreträs, das Danākeltiefland, die südäthiopische Seenregion, die Tiefländer der Somalitafel und die Tiefländer im Westen des Landes, die ihrerseits noch in mehrere Abschnitte zu untergliedern wären. Im Verlauf der äthiopischen Geschichte sind die Hochlandbezirke die bevorzugten Lebensräume gewesen. Hier hat sich auch in Zeiten harter Bedrängnis das christliche Reich gegen Eindringlinge von außen behaupten können, hier boten sich sichere Grundlagen für die Existenz einer seßhaften, Feldbau und Viehzucht betreibenden Bevölkerung, und hier trifft man auch heute noch auf die größte Bevölkerungsverdichtung (besonders hohe Werte werden in den Enseteanbaugebieten Südäthiopiens erreicht). Im Zuge der jüngeren Entwicklung haben jedoch, mit einer Veränderung der Verkehrsverhältnisse, mit den Ansätzen zur Industrialisierung, mit der Aufnahme neuer Produktionsweisen in der Landwirtschaft und der Einführung neuer Methoden der Bodenbewirtschaftung, Teile des Tieflandes – in dem die Malariabekämpfung große Fortschritte gemacht hat – mehr und mehr an Bedeutung gewonnen. Dazu gehören in erster Linie die Tieflandbezirke östlich der Landeshauptstadt, die Awāšniederung und die nördliche Fußregion der Somalitafel sowie die südäthiopische Seenregion. Es sind günstig gelegene und relativ leicht zu erschließende Räume, in denen sich Ansätze des Neuen in der Entwicklung städtischer Siedlungen, in der Anlage landwirtschaftlicher Großprojekte oder auch im Ausbau des Verkehrswesens zeigen. Die anderen Teile des Tieflandes können vorerst hauptsächlich ihrer Abseitslage wegen an solchen Entwicklungen kaum teilnehmen. Im Hochland sind die zu lösenden Probleme oft sehr viel größer, Investitionen schwieriger und mit größeren Kosten verbunden als im Tiefland, weil sich von seiten der Landesnatur erhebliche Hindernisse in den Weg stellen. Dabei muß allerdings nachdrücklich betont werden, daß die Betrachtung des so ungemein vielfältig ausgestatteten Naturraumes, der heiße, küstennahe Wüstengebiete, feuchttropische Bergwälder, Hochgebirgsregionen und große, von einer artenreichen Tierwelt besuchte Seen umfaßt und während des ganzen Jahres Gebiete aufzuweisen hat, in denen täglich die Sonne vom wolkenlosen Himmel scheint, allein nicht ausreicht, um eine Beurteilung früherer und künftiger Entwicklungsmöglichkeiten und -schwierigkeiten zu erlauben, wohl aber ebensowenig vernachlässigt werden kann.

EINFÜHRUNG IN DIE GESCHICHTE

Eike Haberland

Wenn auch heute der nördliche und der südliche Teil Äthiopiens – zumindest mag es dem oberflächlichen Betrachter so scheinen – deutliche kulturelle Unterschiede aufweisen, so darf man darüber nicht übersehen, daß Äthiopien als geographischer wie als kultureller Raum stets eine Einheit bildete und auch heute noch bildet. Der prononcierte christliche «Überbau» der nördlichen Hälfte des Landes verstellt leicht den Blick für die elementaren Gemeinsamkeiten. Landschaft, Rassebild seiner Bewohner, Gesamtkultur und historische Entwicklung heben Äthiopien unübersehbar von den beiden großen Regionen Afrikas ab. Islamisch-arabischer Norden und Schwarz-Afrika südlich der Sahara bilden zwei große Kulturreiche, die wohl manches mit Äthiopien verbindet, wobei dessen eigener Charakter jedoch in allem überwiegt. Daß Äthiopien ein Gebirgsland war, bedeutete eine der wichtigsten Voraussetzungen für seine historische Entwicklung überhaupt. Die Umwelt trug nicht nur entscheidend zur Herausbildung der durch die Wirtschaft stark geformten Gesamtkultur bei, die gewaltigen Alpenberge stellten im Verlauf der Geschichte auch einen Schutzwall dar, hinter dem sich die «christliche Insel (gemeint ist hier Nordäthiopien) im heidnischen Meer» erhalten konnte. Ähnlich hat im Süden des Landes die Existenz des Hochgebirges und seiner Ausläufer die Weitererhaltung bestehender Kulturen gesichert. Ohne Zweifel haben – neben anderen Faktoren – für alle Bewohner der äthiopischen Hochländer verbindliche, durch die Umwelt geprägte Gesetze zur Entstehung einer «gemeinäthiopischen» Kultur beigetragen. Eine Ausnahme bilden die unter anderen geographischen Bedingungen lebenden Somali im Osten und Teile der Tegrē genannten Nomaden im Norden des eigentlichen Äthiopien, die auch die formende Kraft des Islam sich anders entwickeln ließ. Ob je «Neger» – also Mitglieder der bedeutendsten Völker- und Kulturfamilie Afrikas – größere Teile Äthiopiens besiedelten, bleibt unsicher. In historischer Zeit lebten und leben sie noch heute in kleinen, zersplitterten Gruppen am West- und Südwestrand des äthiopischen Hochlandes, zerrieben zwischen den großen Blöcken anderer, sich nach ihnen ausbreitender Völker. Im Rassebild oder in der Kultur der Mehrzahl der heutigen Äthiopier haben sie keine erkennbaren Spuren hinterlassen.

Bestimmend wurden für Äthiopien die Mitglieder einer Völkergruppe, die man noch immer nach ihrer Sprache mit dem biblischen Namen «Kuschiten» bezeichnet und die vielleicht im 3. oder 2. vorchristlichen Jahrtausend Nordostafrika besiedelten. Sie sind Teile der großen semitisch-hamitischen Sprachfamilie, zu der außer den Semiten und Altägyptern auch die Berber und die «Tschadohamiten» rund um den Tschadsee gehören. Die Kuschiten bilden den Grundstock der äthiopischen Bevölkerung, und was man als «gemeinäthiopisch» bezeichnet, ist ihre Kultur, die erst durch spätere Beeinflussungen gewissen Veränderungen unterlag. Während die ein großes, wüstenhaftes Gebiet bewohnenden Nordkuschiten (die wichtigste Gruppe sind die Bēǧā) im Sudan außerhalb des äthiopischen Raumes und in Nordēretrā siedeln, spielten die Zentralkuschiten oder Agaw eine um so bedeutendere Rolle für die Kulturgeschichte Äthiopiens. Aus ihrer Vermischung mit später über das Rote Meer einwandernden Semiten (Südarabern) entstanden die beiden großen Völker der Amḫārā und Tegray. Ost-, Süd- und Teile Mitteläthiopiens werden von den Ost- und den Westkuschiten bewohnt, deren historische Grenzlinie durch die breite Schlucht des äthiopischen Grabenbruchs gebildet wird. Übereinstimmend in Rasse und Gesamtkultur trennt West- und Ostkuschiten ihre unterschiedliche gesellschaftliche Struktur: die Westkuschiten hatten ein sakrales Königtum, die Ostkuschiten besaßen eine demokratische Altersklassenorganisation («Gada-System»).

Das alle kuschitisch und semitisch sprechenden Völker Äthiopiens verbindende soziologische Element ist – ungeachtet der Existenz oder des Fehlens eines Königtums – die demokratische Freiheit aller gemeinfreien Mitglieder der rein bäuerlich strukturierten Gesellschaft. Aus ihnen ragen die hervor, die sich – bis 1900 zumindest – als Krieger, Großwildjäger, als Reiche, Weise und Richter hervortaten. Mit besonderen Vorrechten begabt, bildeten sie als eine Art «Verdienstadel» die tonangebende Schicht. Im Gegensatz zum europäischen Adel handelte es sich jedoch um keine erbliche Schicht – das hätte dem dynamischen Charakter der äthiopischen Gesellschaft widersprochen, die nur das Verdienst des Individuums anerkannte. Aus ihnen rekrutierten sich die jährlich neu gewählten Amtsinhaber als die eigentlichen Träger der politischen Willensbildung. Wenn man auch fälschlich Äthiopien als «feudale» Kultur oder «feudalen» Staat bezeichnet, so ist es doch nie zur Entstehung einer erblichen Adelsschicht, dem Grundprinzip des Feudalismus, gekommen. Auch die ökonomischen Grundlagen aller Völker Äthiopiens waren die uns erkennbare Geschichte hindurch die gleichen: Überwiegen einer mehr oder weniger intensiven gemischten Wirtschaft (Feldbau und Viehzucht), die nur in ariden Randgebieten der ausschließlichen Großviehzucht weicht. Das Einzelgehöft oder der Weiler herrscht vor, Städte im Sinne der mediterranen Polis waren unbekannt, bzw. blieben auf den hellenistisch und später arabisch beeinflußten Norden und Osten beschränkt. Diese sozioökonomische Struktur herrscht bis heute – ungeachtet der Eigentumsverhältnisse am Boden – vor, wie man beim Überfliegen Äthiopiens leicht erkennt. Die Einführung des Pfluges im Norden und im Zentrum des Landes durch die Südaraber in vorchristlicher Zeit hat keine wesentliche Änderung gegenüber dem Hackbau des Südens gebracht. Überall ist die Tendenz zur Intensivierung des Feldbaus vorhanden, die in großartigen Terrassen- und Bewässerungsanlagen ihre Höhepunkte findet.

Die entscheidende Veränderung dieser in sich geschlossenen bäuerlichen Welt und auch den Eintritt Äthiopiens in die durch exakte Quellen gesicherte Geschichte brachten in der Mitte des ersten vorchristlichen Jahrtausends das Aufblühen der mediterranen Welt, ihr Handel mit Indien und ihre religiösen Bedürfnisse. Südarabien ist ebenso wie die ihm gegenüberliegende Küste des Somalilandes das wichtigste Produktionsgebiet von Weihrauch, und Weihrauch wurde bei den Kulten der antiken Welt in ungeheuren Mengen verbrannt. Die Südaraber mit ihrer sich damals entwickelnden Hochkultur monopolisierten für mehrere Jahrhunderte den Handel zwischen dem Mittelmeer und dem Indischen Ozean und verstanden es auch, die Kenntnisse von den für die Schiffahrt so wichtigen jahreszeitlich wehenden Monsune vor ihren Konkurrenten im Norden geheimzuhalten. Obwohl politisch in unzählige Kleinstaaten zersplittert, hielten sie lange Zeit ihre Handelsherrschaft im Roten Meer aufrecht und kolonisierten auch die ihnen gegenüberliegenden Ufer Äthiopiens, die ihnen ein Sprungbrett zur Erweiterung ihrer Wirtschaftsinteressen boten, die sie bis zum Nil ausdehnten. So drangen in immer zunehmender Zahl Südaraber in Äthiopien ein, in dessen fruchtbaren Hochländern – vor allem im Norden – sie eine Südarabien vergleichbare Umgebung vorfanden. Aus ihrer allmählichen Verschmelzung mit den Einheimischen entstanden im Norden und im Zentrum die beiden späteren Reichsvölker der Tegray und Amḫārā, während andere, noch heute semitisch sprechende Gruppen wie die Tegrē im äußersten Norden, die Gafat und die verschiedenen Stämme der Gurāgē im Zentrum, schließlich die Harari im Osten, entweder nie besondere geschichtliche Bedeutung erlangten oder durch spätere historische Entwicklung reduziert wurden.

In den ersten vor- und nachchristlichen Jahrhunderten dominierten die Tegray, deren damaliges Idiom, das Geʿez – dem Lateinischen im Mittelalter vergleichbar –, bis ins 17. Jahrhundert hinein die alleinige Literatursprache Äthiopiens bleiben sollte. Sie gründeten auf der nordäthiopischen Hochfläche den nach seiner Hauptstadt benannten Staat von Aksum. Dieser Staat mit seiner äthiopisch-hellenistisch-orientalischen Mischkultur entwickelte sich bald zur dominierenden politischen Macht am südlichen Roten Meer, die häufig genug über die See hinüber in die Geschicke des Mutterlandes – Südarabien – eingriff. Aksum blühte, solange die antike Welt und ihr Handel blühten, und der Niedergang des Römischen Reiches besiegelte auch sein Geschick. Eine seiner letzten größeren militärischen Unternehmungen ist die in den Koran eingegangene Expedition eines äthiopischen Statthalters von Jemen nach Mekka im Geburtsjahr von Mohammed (570). Die großartigen Bauwerke der Aksum-Könige – vor allem die hohen monolithischen Stockwerkstelen, die in Stein gehauenen Zisternen, die Paläste, deren erhaltene Fundamente ihre gewaltigen Dimensionen verraten – haben auf die Äthiopier späterer Zeiten stets einen tiefen Eindruck gemacht. Aksum blieb seitdem das Symbol nationaler Größe. Zur Zeit des Höhepunktes der aksumitischen Kultur – um 350 – ereignete sich etwas, das für die weitere Geschichte Äthiopiens von zentraler Bedeutung sein sollte: die Annahme des Christentums durch den König ʿĒzānā. Das neue Bekenntnis muß sich in den folgenden Jahrhunderten schnell über große Teile Nord- und Mitteläthiopiens verbreitet haben und wurde zum herrschenden Glauben fast aller semitisch sprechenden Gruppen – oft allerdings erst nach heftigen Kämpfen mit der jüdischen Religion, die bereits vor dem Christentum Fuß gefaßt hatte. (Erst im 16. Jahrhundert wurden in den Hochgebirgen von Samēn die letzten geschlossen siedelnden Gruppen jüdischer Äthiopier vernichtet. Ihre Reste leben als Falāšā zersplittert in Nord- und Mitteläthiopien).

Staat und Kultur von Aksum verschwanden bis auf wenige Überreste (wie die Kenntnis der Schrift) im 7. Jahrhundert aus dem Licht der erkennbaren Geschichte. Der durch die Völkerwanderung verursachte Zusammenbruch des Römischen Reiches und seiner auf Expansion aufgebauten Wirtschaft, der Zusammenbruch des mediterranen Geldsystems, das Nachlassen des Indienhandels, endlich der Siegeslauf des Islam, der in wenigen Jahrzehnten Nordafrika und die Äthiopien benachbarten Küsten des Roten Meeres und des Indischen Ozeans unter seine Herrschaft brachte – alles das verursachte das Ende von Aksum als eines hellenistisch-äthiopischen Handelsstaates; es brachte auch das Ende der engen Kontakte mit der mediterranen Ökumene. Es verschwanden die Städte, viele handwerkliche Techniken, das Prägen von Geld wie auch der Fernhandel – Elemente, die bis in die jüngste Zeit in Äthiopien Fremdkörper sein sollten. Das Beharren der beiden Staatsvölker der Tegray und der Amḫārā auf dem christlichen Glauben trug zwar entscheidend zur Festigung der spezifisch nordäthiopischen Kultur bei, es förderte aber auch die Abschließung und Isolierung von der sie umgebenden islamischen Welt. Mit den Muslim wollte man aus Gründen der Selbstbehauptung keinen Kontakt haben, mit den Christen Ägyptens, Syriens oder gar von Byzanz und Rom waren die Verbindungen nur sehr lose. Immerhin blieben mit der übrigen Christenheit mehr Kontakte erhalten, als gemeinhin angenommen wird. Die koptische Kirche Ägyptens erhielt das Recht zugestanden (oder usurpierte sie diesen Anspruch?), den einzigen Bischof Äthiopiens, den *Abuna*, zu stellen, dessen Dasein die Voraussetzung für die Weihe der äthiopischen Priester war. Oft wurde die Konsekrierung des Metropoliten und seine Sendung nach Äthiopien nach dem Tode seines Vorgängers von den islamischen Machthabern Ägyptens als politisches Druckmittel eingesetzt. Für ein auf seine Kultur und seine autonome Kirche stolzes Volk wie die Äthiopier mußte die Existenz eines Fremden als Oberhaupt dieser Kirche stets eine Belastung bilden – aber diese notwendige Verbindung verhinderte, daß die Tür zur übrigen christlichen Welt ganz zugeschlagen wurde. Stets waren äthiopische Mönche zur Ausbildung in Ägypten; zeitweilig existierten äthiopische Klöster in Jerusalem und Zypern, und ungeachtet des kirchlichen Schismas – Äthiopien gehörte wie die meisten anderen orientalischen Kirchen (Kopten, Syrer, Armenier) der monophysitischen Richtung an – riß der Kontakt mit Rom nie ganz ab.

In den «dunklen Jahrhunderten» zwischen 600 und 1200 verlagerte sich das politische Schwergewicht langsam nach Süden. Der Überlieferung nach verdrängte die nicht dem «salomonischen» Geschlecht (s.u.) angehörende Dynastie der Zāgwē die Herrscher von Aksum und verlegte den Mittelpunkt staatlicher wie kultureller Aktivität nach Lāstā in Mitteläthiopien. Das sollte auch nach der Restauration der Salomonischen Dynastie im Jahre 1268 die entscheidende politische Tendenz bleiben. Aus diesen dunklen Jahrhunderten ragen Gestalt und Wirken des unter die Heiligen der äthiopischen Kirche erhobenen Kaisers Lālibalā heraus. Die ihm zugeschriebenen Felskirchen – aus dem Felsen herausgehauene, frei stehende Bauwerke, deren Aufnahme durch die Wissenschaft noch immer nicht abgeschlossen ist – zählen zu den wenig bekannten Weltwundern. Ihr Stil ebenso wie die Ausbildung ihrer Baumeister geben uns noch immer Rätsel auf.

Die dunklen Jahrhunderte enden im Jahre 1268, da mit der «Restauration der Salomonischen Dynastie» ein neues Zeitalter beginnt. Mit dieser Restauration, die bewußt auf längst vergangene, bereits legendär gewordene Vorstellungen zurückgriff, wurden die Grundlagen für eine Neuordnung der Strukturen von Reich und Herrschertum gelegt, wie sie bis in die jüngste Zeit verbindlich geblieben sind. Yekuno Amlāk wurde der erste Kaiser der sich nun salomonisch nennenden Dynastie, und das Bekenntnis des neuen Reiches wurde im Buche *Kebra nagaśt* niedergelegt. Traditionen und Legenden, die bis dahin im Volksbewußtsein schlummerten, Erinnerungen an die Herkunft der Äthiopier aus Südarabien («Saba'») und christlich-alttestamentliches Gedankengut verbanden sich in diesem merkwürdigen Werk, das zur Magna Charta – allerdings in einem anderen Sinne als in England – des äthiopischen Reiches werden sollte. Das Werk behandelt den Besuch der Königin von Saba' – die hier als Königin von Äthiopien erscheint – bei Salomo in Jerusalem. Frucht dieser Begegnung war ein Sohn, der als Stammvater der noch heute regierenden Dynastie gilt. Bei einem späteren Besuch bei seinem Vater Salomo in Jerusalem entführten seine Gefährten die Bundeslade mit den Tafeln der Zehn Gebote aus dem Tempel und brachten sie nach Aksum, wo sie seitdem als Palladium des Reiches aufbewahrt wird. Das Buch schließt mit einer Reihe prophetischer und eschatologischer Verheißungen, nach denen sich Äthiopien mit Rom als der zweiten großen christlichen Ordnungsmacht die Welt teilen und bis zum jüngsten Tag in Gerechtigkeit herrschen soll. Die sich daraus für Äthiopien ergebenden historischen Konsequenzen können hier nur angedeutet werden. Die äthiopischen Kaiser sind danach nicht nur die direkten Nachfahren der Könige des Alten Testaments und Vertreter des Erwählungs-Bundes, den Gott mit David schloß, sondern auch Verwandte von Jesus Christus. Im Gegensatz jedoch zu den im Judentum verharrenden Israeli-

ten sind die Äthiopier durch die Annahme des Christentums zum eigentlichen auserwählten Volk geworden:
«... die Auserwählten des Herrn sind die Leute Äthiopiens. Denn dort ist der Wohnsitz Gottes, die himmlische Zion ... die er gemacht hat aus Barmherzigkeit gegen die Menschenkinder.» Das Bewußtsein dieses im Reichsmythos verwurzelten Heilsauftrags war eine der Quellen, die dem anfänglich noch kleinen äthiopischen Reich und seinen beiden Staatsvölkern die ungeheure Kraft verlieh, seinen Herrschaftsanspruch über große Teile Nordostafrikas auszudehnen und dem ganzen Subkontinent den entscheidenden Stempel seiner Kultur aufzudrücken. Ungeachtet von späteren Jahrhunderten nationaler Not und Anarchie ist dieses Bewußtsein stets lebendig geblieben. Es war auch die auslösende Kraft bei der Wiedervereinigung des Reiches und der Rückeroberung der verlorenen Südprovinzen um die Jahrhundertwende – im Wettlauf mit den Kolonialmächten.
Aber nicht nur dieser religiös begründete Herrschaftsauftrag sollte für die Zukunft des äthiopischen Reiches bedeutsam sein. Fast noch entscheidender wurde der von niemand bestrittene, im *Kebra nagaśt* niedergelegte, alleinige Thronanspruch der Salomonischen Dynastie über das geeinte Äthiopien. Es ist allerdings die Geschichte hindurch nie klar festgelegt worden, was mit «Äthiopien» gemeint war: ganz Nordostafrika (mit Ausnahme von Somalia) oder nur das eigentliche christliche Reich. In Zeiten politischer Machtentfaltung jedenfalls – das geht aus Chroniken und Siegesliedern hervor – beanspruchten die Kaiser die Hegemonie über den größten Teil des heutigen Reiches und betrachteten Könige des Südens, die sich diesem Anspruch nicht unterwerfen wollten, als Rebellen. Dieser unbestrittene Thronanspruch hat verhindert, daß das Reich je in Teilreiche zerfallen konnte, in denen rivalisierende Dynastien um die Herrschaft stritten. Auch in Zeiten schlimmster Anarchie, z.B. zwischen 1755 und 1855, als in den verschiedenen Provinzen des Reiches Usurpatoren die Macht an sich gerissen hatten und praktisch als Herrscher regierten, wagte es niemand, die Hand nach dem Kaisertum auszustrecken. Man versuchte, sich der Person eines machtlosen Schattenkaisers aus der Salomonischen Dynastie zu bemächtigen und so dem eigenen Statthaltertum den Schein der Legalität zu verleihen. Die Anerkennung des Thronanspruchs der in Šawā herrschenden Dynastie bei der Neuordnung und Wiedervereinigung des Reiches in der zweiten Hälfte des vorigen Jahrhunderts war nicht nur der Heldenfigur des späteren Kaisers Menilek, sondern vor allem der genealogisch begründeten Legitimität zuzuschreiben. Das auf die Salomoniden bezogene Wort des 89. Psalms hat in Äthiopien bis in die jüngste Zeit Wirklichkeitscharakter gehabt: «Ich habe einen Bund gemacht mit meinem Auserwählten, ich habe David, meinem Knecht, geschworen: Ich will Deinen Samen bestätigen ewiglich und Deinen Stuhl bauen für und für.» Ebenso wie die Abfassung des *Kebra nagaśt* war auch die Restauration der Salomonischen Dynastie mit ein Werk christlicher Priester und Mönche, die im äthiopischen Reich seitdem eine bedeutungsvolle Rolle spielen sollten. Der Heilige Takla Hāymānot, der auch einer der großen Missionare des äthiopischen Südens war, gilt als einer der großen Helfer des ersten Salomoniden Yekuno Amlāk, und die mönchische Überlieferung läßt den Kaiser dafür – der konstantinischen Schenkung vergleichbar – ein Drittel des äthiopischen Bodens der Kirche überlassen. Kaiser, Reich und Kirche bildeten seitdem eine ideelle Einheit. Die hohen geistlichen Würdenträger, die am Kaiserhof die wichtigsten Staatsämter innehatten, können geradezu als das «Gewissen» des Reiches bezeichnet werden. In Ermangelung eines eigenen äthiopischen Bischofs fungierte der Kaiser als Führer, Schützer und Moderator der Nationalkirche, die zu einer echten, mit der Kultur der beiden Staatsvölker aufs engste verbundenen Volkskirche wurde.
Die Zeit von 1268 bis 1529 – dem Beginn der Muslimkriege – stellt, was politische Expansion und kulturelle Kultur angeht, einen Höhepunkt äthiopischer Geschichte dar. Die Leistungen der Literatur und Malerei sollten bis in die jüngste Zeit nicht übertroffen werden. Politisch wurden von den Kaisern Hochäthiopiens fast alle die Regionen unterworfen, die später verloren gingen und erst kurz vor der Jahrhundertwende wieder dem Reiche angeschlossen wurden. Das Christentum wurde mit Feuer und Schwert, aber auch durch den Glaubenseifer und das großartige Vorbild der zu Heiligen der äthiopischen Kirche erhobenen Missionare weit im äthiopischen Raum verbreitet. Kirchen wurden in der Nähe der heutigen Grenzen zum Sudan und nach Kenya errichtet.
Die Quellen der äthiopischen Geschichte – meist offizielle, von Hofhistoriographen und kaiserlichen Geheimschreibern verfaßte Annalen – geben bis in die Neuzeit wenig Möglichkeit, etwas über die inneren Verhältnisse und die Entwicklung der Volkskultur zu erfahren. (Die höchst wichtigen Angaben in den über das ganze Land verstreuten Kirchenbüchern sind nahezu unbekannt und unausgeschöpft). Die Geschichtsschreibung bietet also meist reine Hof- und Kriegsgeschichte, so daß vieles im dunkeln bleibt. Auch die Gestalten der bedeutendsten Kaiser dieser Epoche: ʿAmda Ṣeyon I. (1314–1344), Yesḥaq (1414–1429), Zar'a Yāʿqob (1434–1468), Ba'eda Māryām I. (1468–1478) und Nā'od (1494–1508) erscheinen so blaß und farblos. Innenpolitisch kann man in

dieser Zeit das Bemühen der Kaiser erkennen, den Einfluß der Zentralgewalt, des «Reiches», zu stärken, das oft nicht mehr als ein bloßer Name, ein fast legendärer Begriff war, der jedoch ausreichte, eine Vielzahl christlicher, heidnischer, ja islamischer Gaue, Stämme, Völker und Königreiche zu vereinen. Der zerrissene Charakter des Gebirgslandes, das Fehlen von Straßen, die große Regenzeit, die für Monate jeden Verkehr unterband, förderten Autonomie und Abgeschlossenheit der einzelnen Provinzen. Es ist erstaunlich, daß trotzdem die ideelle Einheit des Reiches in den christlichen Gebieten nie in Frage gestellt wurde. Bis 1632 kam es nicht zur Gründung einer Hauptstadt. Der Kaiser zog mit seinem großen Zeltlager von einer Provinz zur andern – Tribut fordernd, richtend, ordnend und Krieg führend. Stärke des Kaisertums war nicht nur gleichbedeutend mit politisch-militärischer Stärke des Reiches, sondern bedeutete auch die Stärkung der demokratischen Selbstverwaltung der einzelnen Provinzen und Gemeinden und die Freiheit der bäuerlichen Bevölkerung, während die Schwäche des Kaisertums den zentrifugalen Kräften Raum gab, dem Streben großer Familien und Krieger, ihre Herrschaft auf Kosten des freien Bauerntums zu stabilisieren. Das ist besonders im 18. und 19. Jahrhundert der Fall gewesen, als in vielen Gebieten Äthiopiens Abhängigkeitsverhältnisse entstanden, die nicht typisch für die ursprüngliche Struktur äthiopischer Volksverfassung waren.

Weiter kann man in dieser Zeit das Bestreben der Kaiser erkennen – vor allem unter dem gewaltigen Zar'a Yā'qob – das in den vorhergehenden «dunklen» Jahrhunderten verwilderte und dogmatisch zersplitterte Christentum zu reformieren und *eine* Kirchenordnung und *ein* Dogma für ganz Äthiopien als verbindlich durchzusetzen: ein großartiger Prozeß geistiger Konsolidierung, der auch die innere Ruhe des Reiches sicherte. Auch der Thronname des Zar'a Yā'qob war dafür richtungweisend, denn er nannte sich «Konstantin» (alle äthiopischen Kaiser nehmen bei der Thronbesteigung einen Thronnamen an, der über das politische Programm des neuen Herrschers Auskunft gibt): «Niemand unter den Äthiopiern hat je mit solchem Eifer das Wesen der Heiligen Dreieinigkeit studiert, weder einer von den Kaisern noch von den Priestern, die vor ihm waren.»

Außenpolitisch bildeten diese Jahrhunderte einen Höhepunkt militärischer Macht ebenso wie der Ausbreitung christlich-äthiopischer Kultur nach dem Süden. Es ist nicht möglich zu sagen, ob der Heilsauftrag des *Kebra nagaśt* allein ausschlaggebend für diese Politik war und die äthiopischen Kaiser ihre Politik vornehmlich unter das Motto: «Gehet hin in alle Länder und taufet alle Völker» stellten, oder ob rein hegemoniales Machtstreben nach dem Besitz der reichen Südgebiete, die Elfenbein, Gold, Zibet, Baumwolle und Sklaven boten, auch ein Stimulus für die großen Expeditionen war. Vermutlich hat beides eine gleich wichtige Rolle gespielt. Die geographischen Gegebenheiten bestimmten die Richtung der Expansion des äthiopischen Reiches. Als echte Hochlandbewohner scheuten die Amḫārā und Tegray die ungesunden heißen Tiefländer (Malaria!), so daß die Küstengebiete am Roten Meer, der Sudan ebenso wie der an Somalia grenzende Südosten Äthiopiens, bis in die jüngste Zeit außerhalb der politischen wie kulturellen Einflußsphäre des christlichen Staates blieben. Die fruchtbaren, z.T. dicht besiedelten Hochländer des Südwestens dagegen, d.h. die Gebiete westlich des Grabenbruchs, die heute ein Viertel des Staatsgebietes einnehmen, sollten das Hauptziel der Expansion bis zum Niedergang im 17. Jahrhundert bleiben. Die christlichen Äthiopier fanden im Süden ein Nebeneinander kleiner und kleinster Königreiche vor, an die sich im äußersten Süden (entlang der heutigen Staatsgrenze zum Sudan) und östlich der Seenregion Völker mit einer demokratischen Altersklassenorganisation (Gada-System) anschlossen. Vom Osten sollten auch die Galla kommen, die das äthiopische Reich im 16. und 17. Jahrhundert zutiefst erschütterten. In den Südwesten drangen seit 1270 immer wieder äthiopische Heere ein, häufig geführt von Kaisern, aber auch abenteuernden Prinzen und Condottieri, die ausgezogen waren, «um sich ein Königreich zu erwerben», sowie die großen Heiligen und Missionare der äthiopischen Kirche, «die Äthiopien mit ihrem Glauben erleuchteten».

Der starke Kultureinfluß, der so durch die Jahrhunderte ausgeübt wurde, bewirkte eine starke Umwandlung der ursprünglichen Kultur dieser Völker. Wir können annehmen, daß vor dem intensiven Kontakt mit dem christlichen Äthiopien das politische System in diesen Zwergstaaten in zwei Institutionen kulminierte: in der religiösen Führerschaft des sakralen Königs und in der Autonomie der Sippenverbände als eigentlicher Träger politischer Macht. Häufig waren die Vorrechte des Königs rein religiöser Art. Von der Sphäre des Numinosen umgeben, war er der Mittler zwischen dem Hier und der überirdischen Welt, er war für Saat und Ernte, die er als erster begann, für Regen und Fruchtbarkeit, ja überhaupt für das Wohlergehen seines Volkes verantwortlich. Fast ist man versucht, ihn nicht König, sondern Hoherpriester zu nennen. Seine Identifikation mit Glück und Wohlfahrt seines Volkes ging so weit, daß man ihn absetzte, wenn häufige Mißernten, Regenlosigkeit oder nationales Unglück seine Gemeinschaft heimsuchte. Daher ging seiner Einsetzung oft ein Ordal, ein Gottesurteil

voraus, in dem er durch ein Wunder seine übernatürliche Fähigkeit beweisen mußte.
In diese politisch wie ökonomisch einfach strukturierte Gesellschaft brachten die Amḫārā viele neue Elemente. Während das Christentum nur Teile der Einheimischen und auch diese nicht nachhaltig erfaßte, wirkte der Einfluß des Nordens ungleich stärker auf Wirtschaft (Einführung neuer Nutzpflanzen und Feldbaumethoden) und auf das Handwerk (Einführung von Weberei, kunsthandwerklichen Techniken und Holzbearbeitung), vor allem aber auf die politische Struktur. Nicht nur, daß z.T. neue Dynastien christlich-hochäthiopischen Ursprungs die alten Königsfamilien ersetzten – an die Stelle der alten sakralen Ordnung, bei der durch Blutsverwandtschaft verbundene Gruppen unter einem religiösen Führer einen Mikrokosmos bildeten, trat eine säkulare Herrschaft, die sich oft mit Zwangsmitteln behaupten mußte und die in vielem eine Kopie des großen Vorbildes des Nordens war. Das zeigt sich besonders in der kriegerischen Politik und in dem Eroberungsstreben dieser neuen Staaten, unter denen Kafā, Dauro, Walāmo und die später von den Galla vernichteten Enāryā, Bošā und Bizamo die wichtigsten waren. Hier bildete sich eine strenge hierarchische Ordnung heraus, die die Völker in Kasten mit unterschiedlichen Rechten einteilte: Adel (Königsklan), Gemeinfreie, Handwerker (oft in Unterkasten aufgegliedert) und Sklaven. An die Stelle der Klanverbände trat eine territoriale Ordnung, in der z.T. ein genau geregelter Instanzenzug herrschte. Die Bedeutung der Königshöfe als geistige Mittelpunkte der Länder nahm zu. In vielen Gebieten entstand als Resultat der Eroberungszüge eine Schicht von Feldbausklaven, die oft bis zu einem Drittel der Bevölkerung ausmachten und deren Arbeit die Bildung einer reichen Großgrundbesitzerschicht ermöglichte. Der Expansionspolitik dieser Staaten setzten natürliche Hindernisse und künstliche Befestigungen eine Grenze. Jeder dieser Staaten war wie eine Festung von Wällen, Gräben und hohen Steinmauern umschlossen. Breite Streifen von Ödländern trennten die einzelnen Völker. Wie groß die militärische Stärke und die Kampfkraft dieser Gruppen war, zeigte der erbitterte Widerstand, den sie kurz vor der Jahrhundertwende den militärisch überlegenen Heeren der Amḫārā leisteten, die damals diese «verlorenen Provinzen» mit dem Reich vereinigten.
Der militärischen Macht und der kulturellen Entfaltung des christlichen Reiches folgte Anfang des 16. Jahrhunderts ein jäher Niedergang, von dem sich Äthiopien lange nicht erholen sollte. Er wurde durch drei Faktoren verursacht: Muslim-Kriege, Galla-Invasion und katholische Mission. Ungeachtet gelegentlicher Kriege äthiopischer Truppen gegen die kleinen islamischen Staaten und Völker des Ostens und Zentrums Äthiopiens, bedeutete der Islam nie eine ernsthafte Bedrohung für das Reich. Die Staaten, die sich am Nordrand des Grabenbruchs von der nördlichen Somaliküste über die Stadt Ḥarar bis ins Herz von Äthiopien hinein bildeten, hatten viel mehr ökonomische denn politische oder religiöse Interessen. Sie waren längs der großen Handelsroute entstanden, die vom Indischen Ozean nach Zentraläthiopien führte, und legten Wert auf einen friedlichen Kontakt mit dem mächtigen Reich. Es herrschte ein Status quo, der durch die Übermacht des christlichen Staates erzwungen wurde. Diese Situation verkehrte sich innerhalb von zwei Jahren ins Gegenteil: Islamische Heere verwüsteten das christliche Äthiopien, und der Kaiser irrte als Flüchtling durch das Land. Auf Befehl des damals regierenden Kaisers Lebna Dengel (1508–1540), der kurz zuvor die erste portugiesische Gesandtschaft begrüßt, jedoch den Abschluß eines Bündnisses mit Portugal abgelehnt hatte, verwüstete ein äthiopisches Heer im Jahre 1527 den Staat Adāl mit seiner Hauptstadt Ḥarar. Unerwartet entstand den geschlagenen Muslim in der Person des Aḥmad ibn Ibrāhīm al-Ġāzi, der den christlichen Äthiopiern unter dem Namen Grāñ («der Linkshänder») in schrecklicher Erinnerung geblieben ist, nicht nur ein Retter, sondern ein großer Triumphator des Islam. Vom einfachen Soldaten in kurzer Zeit zum Heerführer aufgestiegen, vereinigte er in sich die Eigenschaften des genialen Feldherrn und des fanatischen Verkünders des Islam, der dem christlichen Äthiopien den «Heiligen Krieg» erklärt hatte. Fünfzehn Jahre lang fiel in jeder Trockenzeit ein islamisches Heer im äthiopischen Hochland ein, zerstörte und verbrannte Kirchen und Klöster, vernichtete Bücher und Kunstschätze, tötete Priester, Mönche und alle jene, die nicht – meist zum Schein – zum Islam übertraten. In diesen Jahren ging das zugrunde, was Jahrhunderte geschaffen hatten. Es war eine Zerstörung, deren Ausmaß das des Dreißigjährigen Krieges übertraf. Der feige Kaiser Lebna Dengel «wurde gejagt und verfolgt, durch Hunger und Schwert, er wurde durch das Unglück geplagt, wie man es sich nicht vorstellen kann». Als machtloser Flüchtling starb er im Elend in einer uneinnehmbaren Klosterburg, nachdem noch kurz zuvor die heilige Kaiserstadt Aksum zerstört worden war.
Mit dem Regierungsantritt des jungen, tapferen Galāwdēwos (Claudius) wendete sich das Kriegsglück. Das äthiopische Volk faßte wieder Mut. Zur gleichen Zeit (1541) – es war das große Heldenzeitalter der Portugiesen, die damals den Indischen Ozean mit seinen Seitenarmen beherrschten – landete eine von Suez kommende portugiesische Flotte in Massaua, wo ihr Befehlshaber von der Not der christlichen Brüder im

Hochland hörte. Vierhundert Freiwillige unter der Führung von Christóvão da Gama (einem Sohn des berühmten Vasco da Gama) traten den Marsch ins unbekannte Hochland an. Ihre europäische Fechtweise, ihre Bewaffnung mit Feuerwaffen machten sie zu furchtbaren Gegnern der islamischen Heere. Ungeachtet einer schweren Niederlage, in der das portugiesische Korps die Hälfte seiner Kämpfer und seinen Befehlshaber verlor, kam es Anfang 1543 unweit des Ṭānāsees zur Entscheidungsschlacht, in der das vereinigte äthiopisch-portugiesische Heer die Muslim vernichtend schlug und in der Grāñ fiel. Wenn auch Claudius 1559 in einem Gefecht den Heldentod starb, so haben die Muslim seitdem keine Bedrohung mehr für das Reich gebildet, da die meisten islamischen Staaten durch einen neuen, auch dem Reich gefährlichen Feind vernichtet wurden. «Aber was die Raupen nicht fraßen, zerstörten die Heuschrecken, und was die Mohammedaner verschonten, das verwüsteten die Galla», seufzt der äthiopische Chronist. Die Galla, ein wildes heidnisches Viehzüchtervolk, das um 1550 aus seiner Heimat in den südost-äthiopischen Bergen aufbrach, wurden dem Reich ein bedrohlicherer Gegner, als es die Muslim waren. Zu Beginn des 17. Jahrhunderts drangen sie in Hochäthiopien ein und besetzten mehrere Provinzen, in denen sie die amharischen Christen ausrotteten oder assimilierten. Im Westen schoben sie sich als breiter Korridor zwischen das Reich im Norden und die Missionsgebiete des Südwestens und besetzten oder vernichteten eine große Zahl von christianisierten Staaten. Der Rest dieser Königreiche sank – der Verbindung zur Kirche im Norden beraubt – wieder ins Heidentum zurück. Dennoch blieb ihnen das Bewußtsein, einst zu Äthiopien gehört zu haben. Die Galla sind seitdem nächst Amḫārā und Tegray das größte Volk Äthiopiens. Allerdings haben sie – nach den Wanderungen in viele große und kleine Stämme aufgesplittert – nie ein nationales Bewußtsein entwickelt. Während die östlichen und südwestlichen Galla zum Islam übertraten, unterlagen die Galla im Herzen Äthiopiens, in Šawā, dem christlich-amharischen Einfluß, so daß nur die Stämme im äußersten Westen und Süden ihre eigentliche Kultur und Religion bewahrten.

In den folgenden Jahrhunderten – bis 1855 – sank die Macht des Reiches ungeachtet aller Bemühungen tapferer Herrscher und Krieger. Der Kaiser Śarṣa Dengel (1563–1597) verbrachte sein ganzes Leben auf Kriegszügen: gegen die ununterbrochen eindringenden Galla im Süden, gegen Muslim und Türken im Norden, gegen die letzten unabhängigen Juden (Falāšā) und gegen häufige innere Rebellionen. Er war der letzte Kaiser, der noch einen großen Missionierungszug nach dem Südwesten durchführte und ein ganzes Volk – die Enāryā – zur Annahme des Christentums zwang. Ein Abgesang imperialer Größe.

Ein drittes negatives Element stellte die den portugiesischen Soldaten folgende Jesuitenmission dar, die versuchte, die äthiopischen Christen zum katholischen Glauben zu bekehren, und die das Land in Bürgerkriege stürzte. Ihr Einfluß war so stark, daß der Kaiser Susenyos (1607–1632), der nach einer Zeit der Anarchie den Thron bestieg, den Katholizismus zur Staatsreligion erklärte. Unklugkeit und Intoleranz des katholischen Patriarchen forderten die Reaktion von Klerus und Volk Äthiopiens heraus, aus der sich ein erbitterter Krieg zwischen katholischen und äthiopischen Christen entwickelte. Susenyos dankte resigniert ab, als er sah, wie sich das Reich der Auflösung näherte. Unter seinem Sohn Fāsiladas (1632–1667) erfolgte noch einmal eine Konsolidierung. Die Katholiken wurden vertrieben oder ausgerottet. In Gondar, unweit des Ṭānāsees, ließ der Kaiser durch indo-portugiesische Baumeister die erste feste Hauptstadt erbauen. Die große Südpolitik war damit aufgegeben, das Schwergewicht des Reiches wurde wieder in den Norden verlegt.

Seit 1700 befand sich das christliche Äthiopien in einem unaufhaltsamen Niedergang. Bürgerkriege waren an der Tagesordnung. Galla, die in den von ihnen eroberten Provinzen ansässig waren, drängten sich bei Hofe ein. Die Statthalter in den Provinzen betrachteten sich als unabhängig von der Zentralregierung. Seit 1755 führten diese Zustände zur offenen Anarchie. Die durch die Galla vom Zentrum des Reiches abgeschnittene Provinz Šawā führte ein selbständiges Dasein. Hier versuchte ein Zweig der Salomonischen Dynastie seit 1700 erfolgreich, in einer Art von Reconquista die von den Galla eroberten Gebiete wieder zurückzugewinnen. Von hier aus sollte auch die Wiedervereinigung von Äthiopien erfolgen. In Gondar waren die schwachen Kaiser hilflos den Statthaltern ausgeliefert, von denen sie nach Belieben ein- und abgesetzt wurden. Der unglückliche Takla Giyorgis wurde zwischen 1779 und 1800 sechsmal als Kaiser eingesetzt und wieder entthront, bis er es vorzog, sich als Eremit in die Einöden von Wāldebbā zurückzuziehen. Doch hatte die Idee des Heiligen Reiches und des alleinigen Thronanspruchs der Salomoniden noch immer solche Kraft, daß es kein Statthalter und Condottiere wagte, sich zum Kaiser krönen zu lassen, und daß eine offizielle Teilung des Reiches ausgeschlossen war.

Da gelang es einem jungen Mann aus armer Familie, in einer kometenhaften Laufbahn vom Bandenführer zum Statthalter und nach der Unterwerfung aller anderen äthiopischen Statthalter und Prinzen zum Kaiser von ganz Äthiopien aufzusteigen. Er nahm bei der Krönung im Jahre 1855 den Namen Tēwodros (Theodor) an, denn eine mittelalterliche, vom Volk nie vergessene Prophezeiung besagte, daß einmal ein Mann namens Theodor zur Zeit der schlimmsten Not das Reich wieder einen und ein Goldenes Zeitalter heraufführen würde. Im Anfang flogen ihm alle Herzen zu, da es schien, daß dieser zweifellos geniale Mann diese Prophezeiungen erfüllen würde. Doch entfremdete er sich bald dem Volk durch Größenwahn und krankhafte Grausamkeit. Ungeschicktes Verhalten der an seinen Hof entsandten französischen und englischen Konsuln führte zu ihrer Einkerkerung und zur grausamen Behandlung der wenigen im Lande ansässigen europäischen Missionare. Die englische Regierung rüstete eine Strafexpedition aus, die nach sorgfältiger Vorbereitung die äthiopischen Berge ohne Schwertstreich durchqueren konnte, da sich das Volk wider den wahnsinnigen Herrscher erhoben hatte, dem man nun auch vorwarf, nicht zu den Salomoniden zu gehören. Von allen verlassen, gab sich Theodor beim Sturm der Engländer auf seine Bergfestung Maqdalā selbst den Tod (1869).

Sein Nachfolger Yoḥannes IV., ein tapferer und frommer Mann, kämpfte mit Erfolg gegen innere und äußere Feinde. Durch Zwangstaufen von Muslim versuchte er die religiöse Einheit des Reiches wieder herzustellen. Aber da auch er kein Salomonide war, vermochte er nicht, sich der vollen Unterstützung aller Äthiopier zu versichern.

Nach seinem Tode im Kampf gegen die in Äthiopien eindringenden Derwische der Madistenbewegung des Sudans übernahm mit Menilek der šawānische Zweig der Salomoniden das Kaisertum. Seine unvergleichliche Heldengestalt ist bis heute unvergessen. Er einigte die wieder auseinanderstrebenden Provinzen des Reiches, vollendete die Wiedereroberung der verlorenen Südprovinzen und dehnte im Wettlauf mit den Kolonialmächten das Gebiet des Reiches mächtig aus, so daß auch Länder erobert und angeschlossen wurden, die nie zum Reich gehört hatten, wie das von islamischen Somali bewohnte Ogaden im Südosten und Teile der von den Danakil bewohnten Regionen am Roten Meer. Es war nicht nur der gebirgige Charakter des Landes, der Äthiopien zu einer Festung machte, worin es als einziges Land Afrikas seine wirkliche Unabhängigkeit gegenüber den Kolonialmächten bewahren konnte. Es war vor allem dem unter der genialen Führerpersönlichkeit Menileks gestärkten Nationalbewußtsein und Unabhängigkeitswillen des christlichen Volkes zu verdanken, daß alle Versuche der Italiener, Äthiopien in eine Kolonie oder wenigstens in ein Protektorat zu verwandeln, erfolglos blieben. Die Schlacht von Adua (1896) setzte dem italienischen Kolonialimperialismus zunächst eine entscheidende Grenze und sicherte die Unabhängigkeit. Alles, was für die heutige Entwicklung Äthiopiens bedeutungsvoll ist, wurde damals in die Wege geleitet: der Bau der ersten festen Hauptstadt Addis Ababā («Neue Blume») im Herzen des Reiches, die Verbindung der Hauptstadt mit dem Meer durch den Bau einer Eisenbahn, Ansätze zu einer Zentralisierung der Provinzen, Einsetzung eines Ministerrats, Versuch einer Reichsordnung, offizielle (in vielen Teilen des Landes jedoch nicht durchgeführte) Abschaffung der Sklaverei. Nur die gewaltige Persönlichkeit des Menilek war fähig, dieses große Werk durchzuführen und nach Jahrhunderten der Anarchie und der Schwäche Äthiopien zu einen, ihm sein nationales Selbstgefühl wiederzugeben und ihm den Platz unter den Völkern Afrikas zu schaffen, der ihm zukam. Als einziges Land dieses Kontinents, das vom Kolonialismus frei blieb, wurde Äthiopien zum Symbol der zu erstrebenden Unabhängigkeit Afrikas. Die Fundamente, die Menilek gelegt hatte, erwiesen sich nach seinem Tode als so dauerhaft, daß auch in den folgenden Jahren der Unruhe unter seinem Enkel Leǧ Iyāsu und seiner Tochter Zawditu die Existenz des Reiches nicht gefährdet wurde. Mit der Erhebung von Menileks Großneffen Rās Tafari zum Regenten und mit seiner Krönung (1930) zum Kaiser als Ḫāyla Śellāsē I. tritt Äthiopien endgültig in die moderne Geschichte ein. Das großangelegte Reformwerk des Kaisers: Zentralisierung des Reiches, eine von ihm aus «freien Stücken» dem äthiopischen Volk gewährte Verfassung, ein Parlament, das allerdings nicht über die ersten Ansätze hinauskam, endgültige Abschaffung der Sklaverei, Ersatz des Zwangsabgabensystems in den seit 1880 eroberten Gebieten Süd-Äthiopiens durch eine gerechtere Steuerordnung, Aufbau des Schulwesens, Schaffung einer nationalen Intelligentia – all das wurde in der brutalen Okkupation durch das faschistische Italien zunichte gemacht, das 1935 in Äthiopien einbrach. Es war ein mißlungener Versuch, am Vorabend der Entkolonialisierung, ein Kolonialimperium zu erobern. Der Kaiser verließ im Augenblick des Zusammenbruchs seiner heldenmütig kämpfenden Armeen das Land, um der Gefangenschaft zu entgehen, und lebte als Symbol der Freiheit Äthiopiens in England. Während der italienischen Besetzung nahm die Widerstandsbewegung zu, so daß sich die Kolonialmacht oft nur auf den Besitz der Städte und die Kontrolle des Verkehrs auf den von ihr angelegten Straßen beschränken mußte. Der Kriegseintritt Italiens gegen England und Frankreich sah den schnellen Zusammenbruch des italienischen Kolonialismus, und mit der Rückkehr des Kaisers (1941) tritt Äthiopien in die jüngste Phase seiner wechselreichen Geschichte ein, die noch nicht Geschichte, sondern lebendige Gegenwart ist.

KIRCHE UND LITERATUR

Ernst Hammerschmidt

Obgleich die offizielle Bezeichnung «Orthodoxe Kirche Äthiopiens» lautet, kann man sich mit der kürzeren: äthiopische Kirche, begnügen. Wie immer, wenn sich Kurzfassungen fast von selbst anbieten, kommt auch hier ein wesentlicher Anspruch zum Ausdruck: Die bodenständige Kirche Äthiopiens ist der legitime Träger der christlichen Verkündigung, der die Kultur des äthiopischen Hochlandes in einer Weise geprägt hat, wie man sie vielleicht nur vom europäischen Mittelalter her kennt. Geschichte und Existenz der äthiopischen Kirche können weder von der Geschichte des äthiopischen Reiches noch von der Entfaltung und Entwicklung der äthiopischen Kultur isoliert werden. Kirchengeschichte ist auf weite Strekken hin zugleich auch Reichsgeschichte, und der Begriff der äthiopischen Kirche schließt nahezu vollständig das ein, was ihrem Schoß entsprang: die klassische äthiopische Literatur.

Zur Vermeidung von Mißverständnissen muß gleich hinzugefügt werden, daß es falsch ist, von der «koptischen Kirche Äthiopiens» zu sprechen, da «koptisch» mit «christlich-ägyptisch» gleichbedeutend ist; weiter haben die sogenannten «Äthiopischen Kirchen» Schwarzafrikas (unter dem Ausdruck «Äthiopismus» bekannt) mit der äthiopischen Kirche nicht das geringste zu tun. Es handelt sich bei ihnen um Gemeinschaften, die sich von den unter ausländischer Leitung stehenden Missionen aus politischen oder sozialen Gründen losgesagt haben.

In mancherlei Hinsicht ist die äthiopische Kirche die eigenartigste unter den Kirchen des Orients. Hier waren Einflüsse wirksam, die in anderen christlichen Gemeinschaften des Orients fehlten oder nicht in diesem Ausdruck zur Geltung kamen. Auf der andern Seite kann nicht übersehen werden, daß vieles im äthiopischen Christentum nur beim ersten Hinsehen fremd und eigenartig wirkt: Wer durch die Schale zum Kern vorzudringen versucht, wird bald feststellen, daß er den christlichen Zentralideen und Denkkategorien begegnet, die auch dem Abendländer vertraut sind.

Die Grundlagen der äthiopischen Kirche wurden in Aksum gelegt. ʿĒzānās Regierung im 4. Jahrhundert bedeutet den Höhepunkt in der Machtentfaltung und Blüte des aksumitischen Reiches. Eine Reihe von Inschriften zeigt ʿĒzānā als heidnischen Herrscher: Er nennt sich entweder den «Sohn des unbesiegten Gottes Arēs» oder den «Sohn des Maḥrem, der nicht besiegt wird [vom Feinde]», wobei Maḥrem mit Arēs gleichgesetzt wurde. Die Aksuminschrift Nr. 11 bringt die überraschende Wendung. ʿĒzānā beginnt mit den Worten «[Durch] die Macht des Herrn des Himmels, [der im] Himmel und auf Erden siegreich ist über das, was ist» und wiederholt diese Formel mehrere Male. Parallel dazu ersetzt nun auf den Münzen des ʿĒzānā das Kreuz das alte Symbol des Vollmondes im Halbmond.

Die Bekehrung des ʿĒzānā ist im Zusammenhang mit den Berichten der Kirchenschriftsteller Rufinus von Aquileja, Sokrates, Sozomenos, Theodoret von Kyrrhos und Gelasios von Kyzikos zu sehen, die von den beiden Jünglingen Frumentios und Aidesios erzählen, die als Sklaven an den Hof von Aksum gebracht wurden und dort in hohe Stellungen aufstiegen. Frumentios sammelte die hier ansässigen «ausländischen» Kaufleute zu einer Gemeinde, die dann später als Basis für die Bekehrung Aksums gedient haben mag. Als beide die Erlaubnis zur Heimkehr erhielten, ging nur Aidesios nach Tyros zurück, Frumentios aber begab sich nach Alexandrien, wo er dem heiligen Athanasios über das neue Missionsfeld berichtete, von ihm zum Bischof für dieses Gebiet geweiht wurde und daraufhin wieder nach Aksum ging. Erst in diese zweite Periode seiner Wirksamkeit fällt die Bekehrung des Herrschers ʿĒzānā selbst, wenn sie nicht sogar erst nach dem Tod des Frumentios erfolgte. Das heißt, daß wir die zweite Hälfte des 4. Jahrhunderts als die eigentliche Gründungszeit der Kirche von Aksum anzusehen haben. Für die historische Verbindung zwischen ʿĒzānā und Frumentios ist das Schreiben des (arianisch gesinnten) Kaisers Constantius II. (gest. 361) wichtig, in dem dieser die beiden Brüder Aizanas (ʿĒzānā) und Sazanas (Śeʿāzānā) auffordert, den nach Aksum zurückkehrenden Frumentios auf schnellstem Weg wieder nach Alexandrien zum Glaubensexamen zu schicken, weil

er von dem «mit 10000 Verbrechen behafteten» Athanasios geweiht worden war.
Die äthiopische Tradition schreibt die Einführung des Christentums zwei Herrscherbrüdern zu, die die offensichtlich symbolischen Namen Abrehā («der das Licht aufleuchten ließ») und Aṣbehā («der die Morgendämmerung herbeibrachte») tragen. Man wird in ihnen ʿĒzānā und Śeʿāzānā zu sehen haben, die entweder mit dem Christentum selbst Zweitnamen annahmen oder in der Überlieferung später solche erhielten.
Von einer einzigen (althistorischen) Seite sind vor einiger Zeit Zweifel an der Verbindung ʿĒzānās mit Frumentios verbreitet worden, doch wurden diese von der Fachwissenschaft nicht akzeptiert. Französische Archäologen konnten sogar vor kurzem eine neugefundene Stele des ʿĒzānā vorstellen; sie enthält eine Inschrift in Geʿez (in sabäischer Schrift) und eine griechische Inschrift, in der sich ʿĒzānā – nach einer klaren trinitarischen Einleitung – als «Diener Christi» bekennt.
In der Periode der christologischen Auseinandersetzungen wurde die Arbeit am Auf- und Ausbau der christlichen Landeskirche durch Flüchtlinge aus dem Gebiet der byzantinischen Reichskirche fortgeführt. Unter ihnen nehmen die sogenannten Neun römischen Heiligen («römisch» = aus dem byzantinischen Reich stammend) einen hervorragenden Platz ein – wahrscheinlich aus Syrien vertriebene Mönche, die um 500 herum nach Äthiopien kamen: Aragāwi Za-Mikāʾēl, Panṭalēwon, Garimā, Afṣē, Gubā, Alēf (oder ʿOṣ), Yemʿātā (oder Maṭāʿ), Liqānos und Ṣeḥmā. Die Tätigkeit dieser Männer wird als so wesentlich angesehen, daß die Überlieferung vorzugsweise ihnen große Taten zuschreibt; dies gilt z.B. sowohl für die Tötung eines Schlangentyrannen, der das Land beherrscht haben soll, wie auch für die Übersetzung der Evangelien ins Altäthiopische, ins Geʿez. Der Einfluß dieser syrisch-hellenistischen Kräfte trug auch die sogenannte «monophysitische» Richtung nach Äthiopien, ohne daß deshalb behauptet werden kann, die äthiopische Kirchenlehre sei tatsächlich monophysitisch. Als man in der aksumitischen Zeit daran ging, die philosophisch-theologischen Begriffe (wie z.B. Physis) in das Geʿez zu übertragen, ergaben sich beträchtliche Schwierigkeiten, da keines der für die Übersetzung griechischer Termini im Geʿez zur Verfügung stehenden Wörter in seiner Bedeutung durch jahrhundertelange Diskussionen so bestimmt und abgeklärt war wie ihre griechischen Entsprechungen. Dogmengeschichtlich gesehen lag das Hauptproblem der äthiopischen Christologie in der undeutlichen Abgrenzung der Termini Bāḥrey und Hellāwē, die nacheinander für das griechische Physis benutzt wurden. Im Verständnis der Äthiopier hatte Bāḥrey aber nicht so sehr die Bedeutung Natura als vielmehr die der Natura subsistens oder Persona. Daher die Unwilligkeit der Äthiopier, zwei Bāḥreyāt (Plural) in Christus zuzugeben, da dies in ihren Augen auf den Nestorianismus hinausgelaufen wäre. Die neuere Forschung konnte daher feststellen, daß sich hinter anscheinend monophysitischen Formeln eine im wesentlichen orthodoxe, d.h. der reichskirchlichen Lehre entsprechende Auffassung über die Menschheit Christi verbirgt. Man sieht heute in der monophysitischen Färbung gewisser Aussagen der äthiopischen Theologie nur einen Verbal-Monophysitismus, d.h. Formeln und Redewendungen, die aus der antinestorianischen Begriffswelt des Kyrillos von Alexandrien (gest. 444) stammen und zunächst monophysitisch klingen, sich bei näherem Zusehen aber als im Sinne der reichskirchlichen Orthodoxie durchaus vertretbar erweisen.
Natürlich soll mit diesen mehr theoretischen Feststellungen nicht bestritten werden, daß das äthiopische Kirchenwesen eine ihm eigene Prägung aufweist. Doch ist sorgfältig zu unterscheiden zwischen dem, was zum Wesen der christlichen Botschaft, und dem, was zu den Paraphernalia gehört. Neben den Einflüssen aus der vorchristlichen Atmosphäre des Landes trug zur Eigenart der äthiopischen Kirche auch der Umstand bei, daß sie sich – abgesehen von ihrer zeitweilig recht losen Verbindung zum koptischen Patriarchat von Alexandrien – sehr bald auf sich selbst gestellt sah und daher notwendigerweise auf einer eigenen Linie weiterentwickeln mußte. Nichtchristliche (semitische und kuschitische) Elemente und von den Umständen erzwungene selbständige Fortbildung wirkten auf die äußere Formung des äthiopischen Kirchenwesens ein. So zeigt die kirchliche Wirklichkeit ein bodenständiges Kolorit, das ihr die verschiedenen Völkerschaften Äthiopiens verliehen haben, und trotzdem wurde die äthiopische Kirche ein wichtiger Faktor der *gemein*äthiopischen Kultur.
In formaler Hinsicht ist die Struktur der äthiopischen Kirche streng hierarchisch, d.h. wir finden den von alters her überlieferten Aufbau: Diakon – Priester – Bischof (Patriarch). Wenn seit 1959 an der Spitze der Kirche der Patriarch und Katholikos steht, so ist dies – wie auch die Einrichtung der von Erzbischöfen geleiteten Bistümer (deren Grenzen mit denen der staatlichen Provinzen identisch sind) – eine Entwicklung der allerneuesten Zeit. Bis in unsere Tage hinein leitete die äthiopische Kirche ein koptischer Metropolit, den der koptische Patriarch von Alexandrien jeweils aus den Mönchen der ägyptischen Klöster oder sonstigen geeigneten Kandidaten auswählte, konsekrierte und nach Äthiopien entsandte. Als Kopte war dieser Metropolit mit den äthiopischen Verhältnissen oft nur mangelhaft vertraut und in seiner geistigen Stellung

mitunter ziemlich isoliert. Die durch verschiedene Umstände (auch durch die weite Entfernung) erschwerte Verständigung mit Alexandrien führte zudem mehr als einmal zu Schwierigkeiten bei der Besetzung dieses Amtes: Nicht selten dauerte es eine geraume Zeit, bis der neue Metropolit in Äthiopien eintraf. Nachdem die muslimischen Behörden Ägyptens den Kontakt des alexandrinischen Patriarchen mit Äthiopien grundsätzlich mit Mißtrauen betrachteten und zeitweise sogar den Briefverkehr zensierten, wurde es vom 13. bis 15. Jahrhundert üblich, die Bitte um einen neuen Metropoliten nicht an den Patriarchen, sondern an den Sultan von Ägypten zu richten, wobei diese Bitte von Geschenken der verschiedensten Art begleitet war. Mitunter kam es über der Person des Metropoliten auch zu Zerwürfnissen, wenn dieser in Äthiopien den an sein Amt gestellten Anforderungen nicht entsprach.

In den Intervallen, während derer Äthiopien auf einen neuen Metropoliten wartete, lag die Leitung der Kirche faktisch in den Händen des höchsten einheimischen Würdenträgers, des Eçagē, der als Ratgeber des Kaisers wie als Leiter der Kirchenverwaltung und Oberhaupt aller Klöster über einen beträchtlichen Einfluß verfügte. Da er aber kein Bischof war, konnte er weder Diakone und Priester weihen noch andere Bischöfe konsekrieren. Zunächst hatte der jeweilige Vorsteher des Stephanosklosters im Ḥayqsee (Provinz Wallo) dieses Amt inne, bald nach 1445 wurde es aber auf die Vorsteher des Klosters Dabra Libānos in Šawā übertragen. So blieb es bis in die Gegenwart hinein: Der 1970 verstorbene erste äthiopische Patriarch, Bāselyos, war vorher Vorsteher des Klosters Dabra Libānos und Eçagē gewesen. Der gegenwärtige Patriarch, Tēwoflos, hat dieses Amt – ebenso wie das des Erzbischofs von Šawā – aber mit dem des Patriarchen vereinigt, so daß der Vorsteher von Dabra Libānos dieser einstmals bedeutsamen Position verlustig ging. Der Verlust ist allerdings nicht sehr groß: Angesichts der Veränderungen in der kirchlichen Struktur Äthiopiens (insbesondere durch die Errichtung von Diözesen) hat das Amt des Eçagē über den rein monastischen Bereich hinaus kaum mehr einen Einfluß.

Eine besondere Stellung hatte auch der geistliche Vorsteher der alten Reichshauptstadt, der Nebura'ed von Aksum (der in seinem Bereich auch die zivile Gewalt ausübt). Als sich der politische Schwerpunkt des Reiches verlagerte – zunächst nach Lāstā, dann in den Süden: nach Šawā –, wurde auch das Amt des Nebura'ed seiner einstigen Bedeutung entkleidet und mehr als eine Verkörperung von ideellen Werten empfunden. Außer dem Oberhaupt von Aksum gibt es noch einen zweiten Geistlichen, der den Titel Nebura'ed trägt: der Vorsteher der von Kaiser Menilek II. (1889–1913) erbauten Kirche von Addis 'Ālam (westlich von Addis Ababā), mit der der Kaiser damals ein südliches Gegenstück zu Aksum schaffen wollte.

Die Vorstufe zum Priesteramt bildet der Diakonat, der in der Regel schon in jungen Jahren übertragen wurde und wird. Wenn der junge Diakon den Weg zum Priestertum weitergehen will, so wurde er in der Vergangenheit entweder von einem älteren Priester in den erforderlichen Disziplinen unterrichtet oder er besuchte eines der zahlreichen kirchlichen Ausbildungszentren im Lande, von denen einige – wie z.B. Bēta Leḥēm in Gāyent für Kirchengesang, Gondar und Dabra Libānos für biblische Exegese – großes Ansehen genießen. Das wird zum Teil noch heute so gehalten; daneben gibt es jetzt aber auch die Möglichkeit, im Theological College of the Holy Trinity in Addis Ababā eine nach den Grundsätzen moderner Wissenschaft ausgerichtete Ausbildung zu erhalten.

Eine der äthiopischen Kirche eigene Erscheinung ist der Stand des Dabtarā, dessen Hauptaufgabe die Besorgung des Kirchengesanges und Lesedienstes sowie gewisser Schreibarbeiten ist. Der Dabtarā gehört aber nicht zu dem Kreis der geweihten Personen, wenn er nicht in seiner Jugend einmal die Diakonatsweihe empfangen haben oder ein aus dem Amt geschiedener Priester sein sollte, und hat auch keinerlei Platz in der kirchlichen Ämterpyramide. Sein Stand verlangt ein bestimmtes Wissen in den traditionellen kirchlichen Disziplinen, genießt aber in der Lebensführung ziemliche Freiheit; ein besonderer, dem geistlichen Beruf entsprechender Lebenswandel wird von ihm nicht erwartet. Er kann an einer Kirche angestellt sein, er kann sich seinen Lebensunterhalt aber auch auf andere Weise verdienen. Im Volk gilt der Dabtarā mitunter auch als der kundige Mann, der sich auf die Heilkraft von Pflanzen, ja auch auf die Wirkung von allerlei Zauber und die Anfertigung von Amuletten versteht. Daß hier manches einer Neuordnung bedarf, hat vor kurzem eine ausgedehnte Diskussion über die Rolle des Dabtarā in der äthiopischen Tageszeitung «The Ethiopian Herald» gezeigt.

Groß ist die Bedeutung des äthiopischen Mönchtums; es gibt zahlreiche Männerklöster, geringer ist die Zahl der Frauenklöster. Trotz gelegentlichen Schattenseiten im monastischen Leben ist die Wirkung der Klöster auf die Kultur des Landes schwer zu überschätzen. Sie waren, und sind immer noch, Zentren des kirchlichen Lebens wie der theologischen Überlieferung, Ausstrahlungspunkte bestimmter Kunstrichtungen und in nicht wenigen Fällen wahre Schatzkammern der äthiopischen Literatur. Dabra Bizān und Dabra Dāmo im Norden, das schon erwähnte Stephanoskloster im Ḥayqsee wie Dabra Libānos in Šawā sind nur einige der berühmten Namen. Nicht zu vergessen das äthiopische Kloster in Jerusalem. Ein Zentrum monastischen Lebens war seit jeher das Gebiet des Ṭānāsees, im Grenzbereich der beiden Provinzen Goǧǧām und Bagēmder. Manche Legenden sind mit den Inseln des Sees verknüpft: So hat angeblich die Gottesmutter mit dem Jesuskind auf ihrer Flucht eine zeitlang auf der Insel Ṭānā Qirqos (oder Čerqos) gelebt, derselben Insel, die auch die aus Jerusalem entführte Bundeslade 600 Jahre lang beherbergt haben soll, bevor man sie nach Aksum in die Kathedrale Māryām Ṣeyon brachte. Etwa in der Mitte des Sees liegt die Insel Dāgā, von deren Gipfel das Stephanoskloster mit seiner Basilika herabblickt. Hier ist die Grabstätte einiger der bedeutendsten Herrscher Äthiopiens: Yekuno Amlāk (1270–85), Dāwit I. (1382–1411), Zar'a Yā'qob (1434–68), Za-Dengel (1603–04) und Fāsiladas (1632–67). Es ist noch gar nicht abzusehen, welche und wie viele Schätze an kirchlichen Gewändern, liturgischen Geräten, Malereien (Ikonen) und vor allem an äthiopischen Handschriften in den Kirchen und Klöstern des Sees (und anderswo) verborgen sind.

Trotz aller hierarchischen Strenge ist das kirchliche Leben Äthiopiens durch einen ausgesprochen demokratischen Zug gekennzeichnet. Man wird in Äthiopien immer wieder die Beobachtung machen, daß hier von dem angeblich orientalischen Byzantinismus weit weniger zu spüren ist als in unseren Breiten. Es ist nicht nur für den Europäer verhältnismäßig leicht, bis zum Patriarchen vorzudringen, auch der äthiopischen Geistlichkeit steht der Weg ins Patriarchat offen. Freilich muß man in letzterem Fall oft lange in den Gebäuden warten, aber das macht nichts aus: Man hat ja Zeit! Der Europäer ist nur zu oft geneigt, die von Ehrfurcht und Respekt bestimmten äußeren Umgangsformen kurzschlüssig als Maßstab der tatsächlichen Haltung zu betrachten, und übersieht dabei, daß die äußeren Formen keineswegs in jedem Fall eine vorbehaltlose Unterwerfung bedeuten müssen. Gerade der feste Kodex des Benehmens und Verhaltens scheint dem einzelnen jene innere Freiheit zu geben, die für eine ungezwungene Äußerung von Meinungen und Gedanken notwendig ist.

Die Landschaft Äthiopiens ist durch die Vielzahl seiner Kirchen gekennzeichnet. Von den Hügeln grüßen weithin sichtbar die einfachen Dorfkirchen, Berge und Taleinschnitte bergen alte Klosterkirchen, und das Bild mancher Stadt wird von einem ganz modernen Kirchenbau bis hin zur mächtigen Kathedrale beherrscht. Die Kirchen sind grundsätzlich dreigeteilt: Um das Allerheiligste (Maqdas) mit dem Altar legt sich das Qeddest, der Platz für die nicht diensttuenden Geistlichen, um dieses wiederum der äußere Wandelgang, Qenē māḫlēt genannt, der Ort für Kirchensänger und Volk. Das dreigliedrige Schema, das für die heute weit verbreitete Rundkirche wie für die Basilika gilt, ist aber keineswegs spezifisch äthiopisch, sondern eine Erscheinung des altchristlichen Raumes (wie auch die koptischen Kirchen diese Dreiteilung aufweisen). Im Orient wurde die Dreiteilung als Sinnbild der Dreifaltigkeit oder als nun im Neuen Jerusalem errichtetes Bundeszelt oder Tempel gedeutet.

Ein wichtiges Ausrüstungsstück, das in keiner Kirche fehlen darf, ist der Tābot auf dem Altar: eine einfache Tafel aus Holz oder Stein mit eingravierten Verzierungen und einer kurzen Inschrift. Der Bischof konsekriert nicht die Kirche, sondern den Tābot, der dann dem ganzen Raum Heiligkeit und Würde verleiht. In einem weiteren Sinne kann Tābot dann auch das Maqdas oder schließlich die ganze Kirche bedeuten, die dem Heiligen oder Festgeheimnis des Tābot geweiht ist.

Der Tābot wird nun als Nachbildung der (alttestamentlichen) Gesetzestafeln, die sich in Aksum befinden sollen, interpretiert – aber dieser Bezug ist sekundär. Zunächst haben wir im Tābot nichts anderes zu sehen als eine Form der Altartafel, wie sie auch in den anderen orientalischen Kirchen üblich ist und als Altare portatile seit dem 7. Jahrhundert auch im lateinischen Bereich eine Parellele besitzt. Erst nachträglich, offensichtlich im Zusammenhang mit einer starken Strömung, die sich bemühte, Äthiopien als das «wahre Israel» darzustellen, interpretierte man die Altartafel als eine Nachbildung und ein Abbild der Gesetzestafeln der Bundeslade. So wie dieses wird auch noch manches andere «alttestamentlich-jüdische» Element im äthiopischen Christentum, besonders in seinem kultischen Bereich, daraufhin zu untersuchen sein, ob ein direkter Zusammenhang mit dem Alten Testament bzw. dem Judentum besteht oder ob es in seinen Ursprüngen nicht vielmehr aus dem gemeinsamen Lebens- und Überlieferungsraum des orientalischen Christentums erklärt werden muß.

Gewissermaßen nur in Klammern sei hier auf die Falāšā hingewiesen, in denen man in der Vergangenheit öfters die «Juden Äthiopiens» sehen wollte. Wenn ihre Herkunft und frühe Geschichte auch im dunkeln liegen, ist es heute die nahezu einstimmige Meinung der Forschung, daß die Falāšā ethnologisch zu den Agaw gehören, d.h. Kuschiten sind, die sich zu einer Sonderform des Judentums bekennen. Zum ersten Mal bei dem jüdischen Abenteurer Eldad had-Dānī (9. Jahrhundert) erwähnt (dessen Angaben allerdings mit einiger Vorsicht zu begegnen ist), leben sie hauptsächlich in den Gegenden westlich, nördlich und östlich des Ṭānāsees. Sie besitzen zwar das Alte Testament und apokryphe Schriften, die sie von den christlichen

Äthiopiern übernahmen – vor allem das «Buch der Jubiläen» (auch «Kleine Genesis» genannt); Mischna und Talmud sind ihnen aber unbekannt. Sie feiern auch keine späten nachexilischen Feste. Dagegen verfügen die Falāšā über eine eigene Literatur, die teils aus originalen Werken besteht, teils aus solchen, die durch sie zumindest die Gestalt erhalten haben, in der wir sie heute kennen. Die Sprache der Literatur und des Kultes der Falāšā ist Ge'ez; Hebräisch ist für sie eine Fremdsprache. In der Vergangenheit stifteten die Falāšā nicht selten Unruhe, und einige äthiopische Herrscher mußten gegen sie zu Felde ziehen. Heute sind sie eine vollkommen friedliche Minorität, die im wesentlichen in zwei Formen siedelt: entweder in eigenen Dörfern oder zusammen mit anderen ethnischen Gruppen, dann allerdings meist in eigenen Weilern oder Bezirken. Sie sind heute mehr eine Kuriosität als ein Einfluß und waren wohl auch in der Vergangenheit niemals die Träger eines die christliche Verkündigung Äthiopiens verändernden judaisierenden Eifers. Die erwähnten «alttestamentlich-jüdischen» Elemente im äthiopischen Christentum rühren keinesfalls von den Falāšā her.

Die Brote für die Eucharistiefeier werden in einem kleinen Haus innerhalb des Kirchenbezirkes zubereitet: im sogenannten «Bethlehem». Darin scheint sich insofern eine betonte Inkarnationschristologie bemerkbar zu machen, als die Eucharistie als Teilhabe bzw. Nachvollzug der ganzen Vita Christi – von der Geburt zu Bethlehem bis zum Opfertod am Kreuz (in der Eucharistie: die Opferung auf dem Altar) – gesehen wird.

Trotz ihrer Übereinstimmung mit der Struktur der gemein-altchristlichen Eucharistiefeier zeigt die äthiopische Liturgie manche Eigenart. Dazu gehört z.B. in der Epiklese (der Anrufung des heiligen Geistes zur Wandlung der Gaben) einiger Anaphoren das Feuerschwert Mēlos, das das Lamm mystisch schlachten soll. So heißt es in der Anaphora des Jakobos von Sarug: «Und es werde entsandt Mēlos, das furchterregende Feuerschwert, und es erscheine über diesem Brot und Kelch und vollende diese Eucharistie». Die Erklärung von William Hoyt Worrell, Mēlos und seine zahlreichen Varianten in den äthiopischen Zaubertexten seien der von rückwärts gelesene Name «Salomo» – der in der äthiopischen Überlieferung auch als ein Geheimname für Christus gedeutet wird – haben in der Wissenschaft keine allgemeine Zustimmung gefunden.

Die eucharistische Liturgie wird an Sonn- und Feiertagen, an den Festen der Heiligen und sonstigen ausgezeichneten Tagen des Kirchenjahres gefeiert. Man findet aber auch die Praxis der täglichen Eucharistiefeier. Daneben erhielt sich im äthiopischen Raum auch die Beobachtung des Sabbats – eine Eigenart, die in der Vergangenheit mit zu dem «Vorwurf» beitrug, die äthiopische Kirche sei dem «Judaismus» verfallen. Die äthiopischen Quellen betonen jedoch durchgehend den vom alttestamentlich-jüdischen Sabbat verschiedenen Charakter des äthiopischen Sabbat (Ge'ez und amharisch: Sanbat). Außerdem stand ja auch die altchristliche Welt der Beobachtung des Sabbats teilweise durchaus positiv gegenüber. Sicherlich sind in der äthiopischen Sabbatobservanz auch jüdische Züge erkennbar; unbeschadet dieses Erbes wird dieser Brauch in der äthiopischen Kirche aber ganz bewußt als ein Stück christlicher Ordnung empfunden.

Eine besondere Note, wenn es sich dabei freilich auch nur um Äußerlichkeiten handelt, erhält der äthiopische Gottesdienst durch den Gebrauch verschiedener Musikinstrumente wie der großen Harfe (Baganā); des Sistrums (Ṣanāṣel), einer Rassel mit fünf Metallplättchen auf zwei quergespannten Drähten, die wohl afrikanischer Herkunft ist und dann im Alten Ägypten zum Symbol ritueller Musik wurde; und der langen Trommel (Nagārit). Mit dem Gebetsstock (Maqwāmiyā), in erster Linie eine Stütze während der langen Gottesdienste, stoßen die Dabtarā bei ihrem sakralen Tanz den Rhythmus.

In frühe Zeit geht die Einteilung des äthiopischen Kirchenjahres zurück, das sich in seinen Hauptpunkten im Lauf der Jahrhunderte kaum veränderte. Der liturgische Festkreis der Äthiopier baut auf dem koptischen auf, erfuhr aber in manchem eine eigene Ausgestaltung. Das koptisch-äthiopische Jahr beginnt mit dem 29. (in Schaltjahren: 30.) August julianischen Kalenders und gliedert sich in zwölf Monate zu je 30 Tagen mit einem kleinen Zusatzmonat (dem 13.) zu fünf (in Schaltjahren: sechs) Tagen. Ein Nebeneinander von kirchlicher und bürgerlicher Jahreseinteilung gibt es in Äthiopien nicht: Beide sind identisch.

Im Jahreslauf finden wir bewegliche Feste (so Ostern, Christi Himmelfahrt, Pfingsten) und unbewegliche. Von letzteren tritt das Masqalfest am 17. Maskaram (= 14. Sept. jul./27. Sept. greg.) hervor, nicht nur ein kirchliches, sondern ein nationales Fest schlechthin. Eines der größten Feste ist Ṭemqat, das Tauffest, am 11. Terr (= 6. Januar jul./19. Januar greg.). Am Vorabend wird der Tābot einer jeden Kirche in einer feierlichen Prozession zu einem in der Nähe gelegenen Gewässer getragen, das dann bei Sonnenaufgang gesegnet wird. Das Bad der Gläubigen in dem gesegneten Wasser wurde in der Vergangenheit immer wieder als eine «Wiedertaufe» mißverstanden. Diese Zeremonie bedeutet aber nur eine Art Erneuerung der Taufgnade in Erinnerung an den Festinhalt: die Taufe Jesu im Jordan.

In diesem Zusammenhang rechtfertigt sich vielleicht

der Hinweis darauf, daß der Äthiopier auch bei der Berechnung der Jahreszahl in einem Datum von gregorianischer Gepflogenheit abweicht. Das kirchliche und weltliche Äthiopien nennt seine Ära: ʿĀmata meḥrat («Jahr der Barmherzigkeit»; in der Wissenschaft abgekürzt mit: A. Mis. = Anno Misericordiae), die heute allein die Zählung nach Christi Geburt bedeutet. Gegenüber unserer Rechnung besteht dabei aber eine Differenz von sieben bzw. acht Jahren. Um also für eine äthiopische Jahresangabe der Gegenwart den entsprechenden gregorianischen Wert zu erhalten, muß man vom 11. (in Schaltjahren: 12.) September bis zum 31. Dezember sieben, vom 1. Januar bis zum 10. (in Schaltjahren: 11.) September acht Jahre hinzuzählen: der 22. Tāḫśāś 1966 A. Mis. (= 1966 + 7) ist also der 31. Dezember 1973 A.D., und der 23. Tāḫśāś 1966 A. Mis. (= 1966 + 8) der 1. Januar 1974 A.D. Für die Umrechnung stehen Tabellen zur Verfügung.

Neben den im Kirchenjahr fortlaufenden, beweglichen und unbeweglichen Festen kennt die äthiopische Kirche noch die – in Ansätzen schon im Koptischen vorhandene – Eigenart, jeden Monat bestimmte Feste an dem gleichen Tag zu wiederholen: so z.B. an jedem 5. Monatstag das Fest des heiligen Gabra Manfas Qeddus, des Heiligen auf dem Berg Zeqwālā (südöstlich von Addis Ababā), am 12. das des Erzengels Michael, am 16. Kidāna Meḥrat (= Bund der Barmherzigkeit), ein Marienfest, und am 29. das Fest der Geburt des Herrn. Sehr streng halten die Äthiopier die Fasttage ein, deren es nicht weniger als 250 gibt; davon sind 180 für alle verpflichtend. An Fasttagen nehmen sie nur eine Mahlzeit – entweder kurz nach Mittag oder erst am Abend – zu sich; der Genuß von Fleisch, Eiern und Milchprodukten ist untersagt.

Wie anfangs erwähnt, ist die klassische äthiopische Literatur von der äthiopischen Kirche nicht zu trennen. Schon der Zusatz «klassisch» ist eigentlich überflüssig, denn Literatur bedeutet in Äthiopien bis zum 19. Jahrhundert die Literatur des Geʿez, demgegenüber das Amharische, die heutige Staatssprache, erst langsam an Boden gewinnen konnte.

Die äthiopische Literatur wurde zunächst aus dem Griechischen und Syrischen, später aus dem (Koptisch-)Arabischen gespeist, doch wäre es falsch, sie deswegen einfach als Übersetzungsliteratur zu charakterisieren: Erstens hat die äthiopische Literatur auch eigenständige Werke von beachtlichem literarischen Wert hervorgebracht und zweitens hat sie auch dort, wo sie übernahm, das Übernommene oft so weitgehend umgestaltet und durch eigene Zutaten bereichert, daß man nicht mehr von einer Übersetzung im gängigen Sinne des Wortes sprechen kann.

Herkömmlicherweise wird die Entwicklung der äthiopischen Literatur in zwei Hauptperioden gegliedert: einmal in die aksumitische Periode (vom 4./5. bis zum Ende des 7. Jahrhunderts), in der das Zentrum der literarischen Aktivität im Norden, im Reich von Aksum, lag, und dann in eine Periode, die von der Wiedereinsetzung der Salomonischen Dynastie (1270) bis zum 18. Jahrhundert bzw. bis zur Gegenwart reicht. Natürlich lassen sich die einzelnen Perioden nicht so streng voneinander trennen; ebensowenig lassen sich gewisse Werke zeitlich eindeutig einordnen. Das liegt unter anderm daran, daß die äthiopische Literatur mehr eine Geschichte der literarischen Traditionen und Zentren als eine Geschichte von Personen und individuellen Ideen darstellt. Die Person des Verfassers, Übersetzers oder Kompilators tritt oft hinter dem Werk zurück, und nur selten sind biographische Einzelheiten faßbar.

In die aksumitische Periode fallen neben den großen königlichen Inschriften zu Aksum die Übersetzung der Bibel einschließlich gewisser Apokrypha, die Übertragung des dogmatisch-patristischen Sammelwerkes *Qērellos* (d.h. Kyrillos), des Physiologos, eines in der alten Welt weit verbreiteten Naturbuches, das später im christlichen Sinne umgearbeitet wurde, der Mönchsregeln des Pachomios, der Viten des heiligen Paulos von Theben und des heiligen Antonios sowie von Hippolyts Schrift «Über den Antichrist» – alle direkt aus dem Griechischen ins Äthiopische.

In der zweiten Periode kommt es zur Zeit des Kaisers ʿAmda Ṣeyon I. (1314–44) zu einer neuen Blüte auf literarischem Gebiet. Allerdings darf man nicht einfach von einem Neuanfang auf literarischem Gebiet sprechen; es ist vielmehr wahrscheinlich, daß sich ein uns bisher nicht greifbarer Strom literarischer Überlieferungen und Aktivitäten vom Niedergang Aksums bis in diese Zeit hinzog. Als Übersetzer christlich-arabischer Werke ins Geʿez wirkte jetzt der bekannte Abbā Salāmā (von dem ebenfalls Abbā Salāmā genannten Frumentios zu unterscheiden), dessen Tätigkeit neben verschiedenen Heiligenakten und Homilien auch die Übertragung des *Filkesyus* (d.h. Philoxenos, ein Werk über das Mönchsleben) und des Lektionars für die Karwoche (Gebra ḥemāmāt) umfaßte.

In dieser Zeit wird sodann das *Kebra nagaśt* («Herrlichkeit der Könige») redigiert, für die Reichsideologie bei weitem das bedeutendste Werk der äthiopischen Literatur. Und am Ausgang des 14. Jahrhunderts entstehen das *Maṣḥafa mesṭir* («Buch der Geheimnisse»), das erste originale Werk der äthiopischen Apologetik, und die Übersetzung der Sammlung von Marienlegenden, die in der Folge zu dem überaus bedeutsamen *Taʾāmra Māryām* («Wunder Marias») umgestaltet wurde.

Einen neuen Gipfel erklomm die äthiopische Literatur unter Kaiser Zarʾa Yāʿqob (1434–68). Eine Reihe theologischer Werke ist – wenn schon nicht von ihm selbst verfaßt – so doch unter seiner unmittelbaren Aufsicht und Anleitung entstanden. In seinem Auftrag wurde eines der schönsten Werke der äthiopischen Literatur geschaffen: das *Argānona weddāsē* («Harfe des Lobpreises»), ein umfangreiches Marienoffizium, aus dem hier eine Stelle der Montagslesung in der Übersetzung von Sebastian Euringer mitgeteilt sei: «Die Ordnung des Himmels wurde auf der Erde eingerichtet, Bethlehem wurde dem Himmel gleich. Statt der Sonne, die untergeht, ging in ihm die Sonne der Gerechtigkeit auf, die nie untergeht, sondern immer über den Heiligen leuchtet, und statt des Mondes, der abwechselnd die Scheibe seines Lichtes füllt und leert, erschien die heilige Jungfrau ...»

Es ist hier nicht der Ort, auf weitere Werke der folgenden Jahrhunderte einzugehen. Es sei nur noch erwähnt, daß die theologischen Auseinandersetzungen mit den lateinischen Missionaren den Anstoß zur Entstehung verschiedener theologischer Schriften wie auch zu weiteren Übersetzungen arabischer Werke gaben. Sogar eine Reihe von Werken in Ge'ez wurde nun ins Amharische übertragen. Die Gallastürme regten zur näheren Beschäftigung mit den Angreifern an; in der zweiten Hälfte des 16. Jahrhunderts verfaßte der *Qēsa aṭē* (d.h. Priester des Königs) Bāḥrey eine Geschichte der Galla – ein kurzes, aber kostbares Dokument.

Hinzuweisen wäre schließlich auch noch auf die umfangreiche Zauberliteratur (vor allem in Rollenform), die sich im Laufe der Jahrhunderte im äthiopischen Volksglauben ansiedelte; in ihr sind neben christlichen Elementen solche der spätantiken Kultur bis heute lebendig.

Abschließend möchte ich sagen: Wir machen uns nur schwer eine Vorstellung davon, wie sehr sich das Volk des Hochlandes und die Kirche Äthiopiens als eine Einheit fühlen; beide gehören zusammen. Es würde zu weit führen, wollten wir hier alle Gründe dafür aufspüren, – man kann nur feststellen, daß es die Kirche des Landes mit Erfolg vermieden hat, zu einem kalten Gegenüber zu werden, das an dem Lebensgefühl des Volkes keinen Anteil mehr hat. Noch vor den Restschichten der Feudalherren und der straff organisierten Armee ist die äthiopische Kirche der wichtigste Faktor im Leben des Landes. Soweit heute in den Kreisen der jungen Intelligenz Kritik gegenüber der Kirche laut wird, richtet sie sich weniger gegen sie als Eckpfeiler der äthiopischen Kultur als gegen vermeintliche und tatsächliche Mißstände. Sicher ist in Äthiopien (aber nicht nur hier!) manches zur Form erstarrt, deren Inhalt und Aussage nicht mehr richtig begriffen werden. Andrerseits läßt sich kaum übersehen, daß die Mehrzahl der äthiopischen Christen von einer tiefen Gläubigkeit erfüllt ist – einer Gläubigkeit, die vielfach an äußere Formen gebunden ist, ohne daß diese ihr letzter Inhalt wären. Die äthiopische Kirche ist eine Realität des täglichen Lebens, und deshalb werden auch die äußeren Formen mit in dieses Leben hineingenommen. Wer aber einmal erlebt hat, wie sich das Volk im Karfreitagsgottesdienst Dutzende Male mit dem Ruf «Kiryālāyson» (d.h. Kyrie eleison) mit einer Inbrunst, die alle Umwelt vergißt, zu Boden wirft, kann nicht glauben, daß all dies nur ein äußerlicher Lippendienst sein soll.

Sicher warten auch auf die Kirche des Reiches große und nicht leichte Aufgaben: In der allernächsten Zeit wird es darauf ankommen, die soziale Arbeit in der Kirche (und damit die Bindung des einzelnen an seinen kirchlichen Lebensraum) zu intensivieren und innerhalb der Geistlichkeit eine nach modernen Gesichtspunkten ausgebildete Elite heranzuziehen, wie es das Theological College of the Holy Trinity in Addis Ababā seit etlichen Jahren versucht. Die Konferenz der orientalischen Kirchen vom Januar 1965 in Addis Ababā hat mit ihren Beschlüssen einen guten Anfang für Reformen gemacht, und es bleibt abzuwarten, wie sich diese Anregungen auf das Leben der Kirche auswirken. Der abendländische Beobachter darf dabei nicht ungeduldig werden: Er muß bedenken, daß sich hier eine Entwicklung in Jahrzehnten vollziehen soll, für die Europa Jahrhunderte brauchte.

DIE WIRTSCHAFT IM ÜBERBLICK

Detlev Karsten

Äthiopien hat eine Fläche von 1,2 Millionen qkm; es ist damit genau fünfmal so groß wie die Bundesrepublik Deutschland. Etwa 75 Prozent des Landes liegen mehr als 500 Meter über dem Meeresspiegel, und das Zentrum Äthiopiens besteht aus einem Sockel von Gebirgen und Hochebenen, der sich mehr als 2000 Meter über dem Meeresspiegel erhebt. Dieser Hochlandsockel ist stark zerklüftet durch tiefe Flußtäler und Schluchten; er fällt am Rande fast überall steil ab. Die jahrhundertelang nahezu unzugänglichen Hochplateaus sind der am dichtesten bevölkerte Teil Äthiopiens, und bis zum heutigen Tag stellen diese geographischen Besonderheiten das Transportwesen vor außerordentliche Schwierigkeiten.

Schätzungen der Bevölkerungsgröße bewegen sich zwischen 23 und 26 Millionen Menschen, von denen etwa 9 Prozent in Städten und größeren Dörfern leben. Nur drei Städte haben mehr als 50 000 Einwohner. Das Bevölkerungswachstum wird auf etwas mehr als 2 Prozent jährlich geschätzt, man kann jedoch für die Zukunft einen rascheren Anstieg voraussagen.

In ethnischer Hinsicht ist Äthiopien außerordentlich inhomogen. Mehr als 80 verschiedene Sprachen werden gesprochen. Die offizielle Landessprache – Amharisch – wird schätzungsweise von nicht mehr als 40 Prozent der Bevölkerung gesprochen. Weiterhin ist die äthiopische Bevölkerung auch nach religiöser Zugehörigkeit gespalten; die drei wichtigsten Gruppen sind äthiopisch-orthodoxe Christen, Muslim und Anhänger verschiedener Naturreligionen.

Die Mehrheit der Bevölkerung lebt von der landwirtschaftlichen Eigenproduktion (Subsistenzwirtschaft), und der Anteil der Produktion für den Markt ist gering. Althergebrachte, zum Teil biblisch anmutende Anbaumethoden, eine traditionelle Lebensweise und nur geringe Beziehungen zum modernen städtischen Leben kennzeichnen das Leben auf dem Lande.

Natürliche Grundlagen

Äthiopiens natürlicher Reichtum besteht in landwirtschaftlich nutzbarem Land. Von der gesamten Fläche gelten 841 000 Quadratkilometer oder 69 Prozent als landwirtschaftlich nutzbar; es werden davon jedoch nur 16 Prozent tatsächlich genutzt. Man findet weite Gebiete gar nicht oder nur gering genutzten Landes in praktisch allen Klimazonen. In den meisten Regionen fällt auch ausreichend Regen, obwohl die Niederschläge über das Jahr sehr ungleichmäßig verteilt sind. In vielen Teilen des Landes ist das Ausmaß der Bodenerosion erschreckend; diese wird gefördert von unzweckmäßigen Anbaumethoden, von Entwaldung und Überweidung durch zu starken Viehbesatz. Schon seit Jahrtausenden führen die äthiopischen Flüsse große Schlammassen; auch ein beträchtlicher Teil des Nilschlamms kommt aus Äthiopien.

Größere Wälder gibt es heute nur noch in abgelegenen Teilen des Landes. Sie werden nur in sehr geringem Umfang wirtschaftlich genutzt.

Bodenschätze, die einen Abbau in größerem Maßstab rechtfertigen, sind bis jetzt nicht entdeckt worden. Gold und Platin kommen vor, und es ist in jüngster Zeit auch von Kupfer- und Manganvorkommen in Ēretrā die Rede. Südlich von Meṣewwā gibt es ein bedeutendes Lager von Pottasche, das allerdings bisher aufgrund technischer und wirtschaftlicher Probleme, die vor allem mit der großen Hitze zusammenhängen, nicht abgebaut wird. Weder Erdöl noch Kohle sind bisher gefunden worden, aber die Suche geht weiter. Hinsichtlich der Energieerzeugung hat Äthiopien sehr große Möglichkeiten der Wasserkraftgewinnung: die Ausnutzung des Potentials hat gerade erst begonnen. In Zukunft könnten auch die beträchtlichen Möglichkeiten für die Gewinnung geothermischer Energie bedeutungsvoll werden.

Allgemeiner Überblick über die Wirtschaft

Gemessen am Sozialprodukt pro Kopf ist Äthiopien eines der am wenigsten entwickelten Länder Afrikas. Die Bevölkerung von etwa 26 Millionen Menschen erwirtschaftete 1971 ein Bruttoinlandprodukt von etwa äth. $ 4,3 Milliarden; das entspricht etwa 165 äth. $ pro Kopf (Wechselkurs 1974: äth. $ 1.– gleich US-$

0,4). Die sektorale Herkunft des Bruttoinlandproduktes (siehe Tabelle 1) zeigt die große Bedeutung der Urproduktion, die typisch ist für die Frühphase der wirtschaftlichen Entwicklung eines Landes.
Etwa 45 Prozent der gesamten Produktion, oder 80 Prozent der landwirtschaftlichen Produktion, findet im Subsistenzsektor statt; eine beträchtliche Zahl der Haushalte im traditionellen Bereich sind Nomaden. Ein bemerkenswerter Zug der äthiopischen Wirtschaft ist der ins Auge fallende Dualismus. Es gibt einen starken Gegensatz zwischen dem traditionellen und dem modernen Sektor, und es bestehen nur wenig Beziehungen zwischen beiden; aus diesem Grunde sind die Aussichten für ein Hineinwachsen des traditionellen Sektors in den modernen Sektor nur gering. Dieser Dualismus überschneidet sich teilweise mit einem erheblichen regionalen Ungleichgewicht – einige Städte und die Gegenden mit guten Absatzchancen für ihre Produkte (Kaffee) entwickeln sich ziemlich rasch, während der Rest des Landes nahezu in Stagnation verharrt.
Dieses Zurückbleiben erklärt sich teilweise dadurch, daß die Gedanken der Modernisierung und der wirtschaftlichen Entwicklung vergleichsweise neu sind für Äthiopien: Obwohl sich der jetzige Kaiser seit den 20er Jahren vor allem über den Weg der Erziehung um eine Änderung der Verhältnisse bemüht, gewannen diese Vorstellungen nicht vor dem Ende der italienischen Besetzung (1942) breiteren Raum. Man muß außerdem berücksichtigen, daß Äthiopien – als Folge der jahrhundertelangen Unzugänglichkeit und der kurzen Dauer der kolonialen Phase – im Vergleich zu anderen Staaten Afrikas modernen Einflüssen wenig ausgesetzt war.

Tabelle 1: Bruttoinlandprodukt zu Faktorkosten nach Sektoren (1969)

	Mio. Äth. $	%
Landwirtschaft	2108,7	54,8
Ackerbau und Viehzucht	2011,8	52,3
Forstwirtschaft	92,7	2,4
Jagd und Fischerei	4,2	0,1
Industrie	633,8	16,5
Bergbau und Steinbrüche	9,1	0,2
Verarbeitende Industrie	211,5	5,5
Handwerk und Kleinindustrie	177,2	4,6
Baugewerbe	214,3	5,6
Elektrizität und Wasser	21,7	0,6
Groß- und Einzelhandel	319,8	8,3
Verkehrs- und Nachrichtenwesen	142,8	3,7
Andere Dienstleistungen	644,8	16,7
Banken, Versicherungen	49,5	1,3
Öffentliche Verwaltung und Verteidigung	203,9	5,3
Einkommen aus Eigentum an Gebäuden	147,4	3,8
Erziehungswesen	70,0	1,8
Gesundheitswesen	24,8	0,6
Häusliche Dienste	58,6	1,5
Andere	90,6	2,4
Summe	3849,9	100,0

(Quelle: Central Statistical Office)

Personelle Infrastruktur
Ein sehr geringer allgemeiner Ausbildungsstand – etwa 95 Prozent der Bevölkerung sind Analphabeten, und nur etwa 15 Prozent der Kinder im schulpflichtigen Alter waren 1970 in Schulen registriert – geht Hand in Hand mit einem Festhalten an traditionellen Werten und Verhaltensweisen, die vielfach nicht mit den Erfordernissen einer raschen Modernisierung vereinbar sind. Dies gilt insbesondere für das weitverbreitete Vorurteil gegen bestimmte körperliche Arbeit und für eine Einstellung zum Viehbesitz, wie sie für ganz Ostafrika bekannt ist, die Vieh nicht als Erwerbskapital ansieht. Die traditionellen Verhaltensweisen werden verstärkt durch die Lehre der – mindestens auf der untersten Stufe des Klerus – konservativen äthiopisch-orthodoxen Kirche. In *Regierungsschulen* erhalten die Schüler eine sechsjährige Grundschulerziehung, gefolgt von 6 Jahren weiterführender Ausbildung. Die Regierungsschulen vermitteln eine allgemein-akademische Ausbildung; bis jetzt sind im Lehrplan die besonderen Verhältnisse des Landes nicht berücksichtigt. Unterrichtssprache ist in den ersten 6 Jahren (bis 1966 nur in den ersten 3 Jahren) Amharisch; es ist für eine große Zahl von Schülern nicht die Muttersprache. Beginnend mit dem 7. Jahr wird in Englisch unterrichtet; der Wechsel ist zurückzuführen auf den Mangel an ausreichend qualifizierten äthiopischen Lehrkräften und auch darauf, daß amharische Schulbücher für die höheren Klassen nicht existieren. 1970/71 waren in Regierungsschulen 594 400 Schüler registriert (die Bevölkerungszahl für das gleiche Jahr betrug 25,8 Millionen). Sehr viele Schüler verlassen die Schule vorzeitig; viele bleiben nicht einmal ein Jahr lang in der Schule. Nur eine sehr geringe Anzahl besteht das nach 12 Jahren Schulbesuch mögliche Abschlußexamen, das zum Besuch der Universität in Addis Ababā berechtigt.
Außer den Regierungsschulen gibt es *Privatschulen,* z.B. die der ausländischen Gemeinden in Addis Ababā (insgesamt 103 000 Schüler 1970/71), *Missionsschulen* (insgesamt 71 000 Schüler 1970/71), und *Schulen der äthiopisch-orthodoxen Kirche;* für diese sind auch nur annähernd genaue Schülerzahlen nicht erhältlich.
Die ohnedies schon zahlenmäßig nicht ausreichenden Schulen sind außerdem sehr ungleich verteilt; so z.B. leben in der Zentralprovinz Šawā mit der Haupstadt Addis Ababā nur 20 Prozent der Bevölkerung; es gehen dort aber 32 Prozent aller Schüler Äthiopiens zur Schule. Weniger als 30 Prozent der Schüler sind Mädchen. Gut ausgebildete Arbeitskräfte – vor allem Facharbeiter – sind knapp; dies gilt insbesondere für den technischen Bereich. Gleichzeitig gibt es ungelernte Kräfte im Überfluß – bisher ist deren Mehrheit noch «verdeckt unterbeschäftigt», vor allem in der

Landwirtschaft –, und die Städte sind voll von Arbeitsuchenden für kleinere Verwaltungsarbeiten.
Eine erhebliche Schwierigkeit für die Ausbildung aller Arten von Fachkräften liegt darin, daß sie zweisprachig sein müssen. Diese Forderung gilt sowohl für die Ausbildung, die zumeist auf Englisch vor sich geht, als auch später für die Ausübung. Arbeitskräfte, die diesen Ansprüchen genügen, sind aber nur schwer in untergeordneten Positionen zu halten und ziehen jede Art der Beaufsichtigung von Arbeit der direkten eigenen Ausübung ihrer gelernten Fähigkeiten vor.
Es gibt einige Regierungs- und auch Privatschulen für die Berufsausbildung. Insgesamt werden z.B. jährlich etwa 400 Techniker ausgebildet. Eine Schwierigkeit in der Beschäftigung solcher Techniker ergibt sich daraus, daß sie, trotz einer durchaus sachgerechten Ausbildung, häufig nicht bereit sind, selbst zuzupacken, sondern sich als Überwachungspersonal verstehen. Bisweilen haben diese Techniker auch Schwierigkeiten, Beschäftigung zu finden, weil ihre Gehaltsforderungen häufig übertrieben hoch sind. So z.B. erwartete 1970 ein Techniker nach seinem Abschluß des Polytechnikums in Bāḥerdār ein Anfangsgehalt von 350 äth. $ monatlich, was in keinem Verhältnis zu seinen Fähigkeiten stand; ein ungelernter Arbeiter hatte einen Monatslohn von 30 bis 40 äth. $.
Die wichtigste Quelle akademisch ausgebildeter Arbeitskräfte ist die Universität von Addis Ababā; 1971 schlossen 564 Studenten ihr Studium mit dem Grad des Bachelor ab, darunter 51 Ingenieure. Außerdem studierten im gleichen Jahr etwa 2000 Studenten im Ausland. Trotz allem fehlen wirklich fähige und erfahrene Arbeitskräfte praktisch überall, insbesondere in den technischen Gebieten und der Medizin. Eine weitere Schwierigkeit ergibt sich aus der geringen Zahl unternehmerisch begabter Äthiopier – Folgen einer Kultur, in der wirtschaftliche Betätigung kaum mit dem Erwerb gesellschaftlichen Ansehens verbunden war. Entsprechend sind auch heute noch der Oberschicht das Ergreifen von wirtschaftlicher Initiative und das Eingehen unternehmerischer Risiken im wesentlichen fremd. Die größeren Unternehmen sind in den Händen anderer ethnischer Gruppen; besonders wichtig sind Armenier, Italiener, Griechen, Araber und Inder. Um hier Abhilfe zu schaffen, gibt seit 1970 ein vom Internationalen Arbeitsamt (ILO) betriebenes «Zentrum für äthiopisches Management» Kurse in den für die Betriebs- und Unternehmensführung wichtigsten Fächern.
Das Erziehungswesen verstärkt in zweifacher Weise die unerwünschte *Landflucht;* einerseits werden Leute durch die besseren Ausbildungsmöglichkeiten veranlaßt, in die Städte zu ziehen, und andererseits drängen auch viele junge Leute mit einem Minimum an Ausbildung in die Städte in der Hoffnung, dort eine Anstellung zu finden. Außerdem ist kaum jemand bereit, die Städte zu verlassen, um auf dem Lande zu leben. Je besser die Ausbildung, um so größer ist der Widerwille gegen das Leben auf dem Lande.

Institutionelle Infrastruktur
In Äthiopien wurde die *Entwicklungsplanung* bereits Ende der 50er Jahre als Notwendigkeit erkannt. Der erste Entwicklungsplan wurde aufgestellt für die Periode von 1958 bis 1963; weitere Fünfjahrespläne folgten. Diese Entwicklungspläne sind, soweit der öffentliche Sektor betroffen ist, verbindlich gemeint; sie verpflichten den Staat zur Durchführung bestimmter Maßnahmen, sie legen Staatsausgaben fest, und sie fixieren Prioritäten von Projekten. Hinsichtlich des privaten Sektors können die Pläne nicht verbindlich sein, obwohl grundsätzlich wirtschaftspolitische Maßnahmen eingesetzt werden sollen, um diejenigen Projekte zu fördern, die der Erfüllung des Entwicklungsplans dienen, während gleichzeitig Projekte, die diesem Ziel nicht entsprechen, grundsätzlich nicht staatlich gefördert werden sollen. Der private Sektor umfaßt insbesondere die Wirtschaftszweige Landwirtschaft, verarbeitende Industrie und Handwerk, Bauwirtschaft, Binnen- und Außenhandel, Verkehrswesen und auch einen Teil des Bankwesens.
Die Entwicklungspläne sind jedoch in vieler Hinsicht unrealistisch. Der Hauptgrund dafür ist, daß sie mit nur geringer Beteiligung «von unten» aufgestellt werden, nämlich der Institutionen, die den Plan durchzuführen haben. Außerdem beruhen die Annahmen der Entwicklungspläne nur selten auf gründlichen vorbereitenden Projektstudien.
Öffentliche Verwaltung: Ein wesentliches Problem der öffentlichen Verwaltung liegt darin, daß – bedingt durch den geringen Ausbildungsstand – viele Staatsangestellte ihre Tätigkeit nicht in Verbindung mit der Erreichung gesellschaftlicher Ziele sehen. Hinzu kommt, daß die Vorstellung vom Beamten als «Diener des Staates» einer Gesellschaft fremd ist, in der der Beamte sich vor allem als Teilhaber an der Staatsgewalt empfindet. Darüber hinaus hat die Verwaltung erhebliche Schwächen im Aufbau. Typisch für die Bürokratie ist die Aufteilung von Funktionen und Aufgaben auf zahllose Institutionen, die Mehrfacharbeit, das Fehlen von klaren Entscheidungsbefugnissen, was zu einem Ausweichen vor der Verantwortung führt, und die Konzentration verschiedener Posten auf einzelne Personen, wobei dann keine Stelle wirklich ausgefüllt wird. All dies führt zu erheblichen Mängeln der Koordination sowohl in der Formulierung als auch in der Durchführung der Politik. Diese Schwierigkeiten wer-

den schon im Verwaltungsaufbau erkennbar: es gibt 18 Ministerien und eine verwirrende Zahl autonomer Behörden. In der Provinz- und Kommunalverwaltung ist es noch problematischer. Das Land ist aufgeteilt in 14 Provinzen, 87 Subprovinzen und 391 Distrikte. Der Mangel an hinreichend ausgebildetem Verwaltungspersonal und Finanzierungsschwierigkeiten auf allen Ebenen behindern die rasche Durchführung von Entscheidungen wie auch den Informationsfluß zwischen der Zentralregierung und den niedrigeren Stufen. Für den privaten Sektor ist besonders störend, daß viele behördliche Entscheidungen sehr lange Zeit brauchen und daß eine erhebliche Uneinheitlichkeit der Verwaltungspraxis besteht als Folge unterschiedlicher Auslegung von Vorschriften.

Materielle Infrastruktur: Aufgrund der gebirgigen Natur des Landes ist der Bau von Verkehrsverbindungen teuer, und die laufenden Kosten sowohl für die Instandhaltung der Straßen und Eisenbahnen als auch für den Betrieb der Verkehrsmittel sind hoch. Äthiopien hat ein Straßennetz von insgesamt 7180 km Allwetterstraßen (1970/71). Das heißt, wenn man einen Streifen in einer Entfernung von bis zu 10 Kilometer von der Straße als in ihrer Nähe gelegen ansieht, sind weniger als 12 Prozent des Landes in einer solch günstigen Position. Aus diesem Grunde sind in ländlichen Gegenden immer noch Lasttiere oder Lastträger die wichtigsten Transportmittel. Sehr häufig sind die Straßen in schlechtem Zustand, was ebenfalls zu den hohen Transportkosten beiträgt. 1974 gibt es noch keine Allwetterstraßen zu benachbarten Ländern. Der Straßenbau geht allerdings rasch weiter (eine Südverbindung mit Kenya ist fast fertiggestellt) und ist hauptsächlich durch Auslandshilfe finanziert.

Das Land hat zwei *Schmalspureisenbahnen*. Eine verbindet Addis Ababā mit Djibouti am Roten Meer; die Strecke ist insgesamt 880 Kilometer lang, wovon 781 Kilometer auf äthiopischem Gebiet liegen. Die andere verbindet Meṣewwā am Roten Meer mit Aśmarā und Bišā; sie ist 306 Kilometer lang. Beide Linien haben sehr hohe Beförderungstarife.

Die *Binnenschiffahrt* spielt für den modernen Sektor kaum eine Rolle; lediglich ein Fluß, der Bāro, ist teilweise schiffbar; dieser Verkehrsweg wird aber – vor allem aus politischen Gründen – nicht genutzt. Äthiopien hat zwei *Häfen* am Roten Meer – Asab und Meṣewwā –, aber auch Djibouti spielt eine wesentliche Rolle. Seit 1965 hat Äthiopien eine nationale Schiffahrtslinie mit zur Zeit fünf Schiffen.

Der *Luftverkehr* ist von großer Bedeutung, da viele abgelegene Gegenden nur mit dem Flugzeug erreichbar sind. Die Ethiopian Airlines haben ein ausgedehntes inneräthiopisches Streckennetz mit etwa 30 regelmäßig bedienten Flugplätzen; 1973 flogen 129 000 Passagiere innerhalb Äthiopiens im Durchschnitt 255 km. Im gleichen Jahr war das inneräthiopische Luftfrachtaufkommen 655 000 Tonnenkilometer. Die Ethiopian Airlines bedienen auch ein ausgedehntes Netz internationaler Strecken, unter anderm bis nach China.

Das *Telefonnetz* entspricht ungefähr dem Straßennetz, und mit den meisten Städten an den Allwetterstraßen können einige Stunden am Tage telefonische Verbindungen hergestellt werden. Die wichtigsten Ortschaften abseits der Hauptstraße sind über Funk zu erreichen. Nur vier Städte haben Fernschreibanschluß. Internationale Telefongespräche laufen über Funkverbindung. Weniger weit verbreitet sind die Dienste der *Post*. 1970 hatten von insgesamt 248 Städten und Dörfern nur 100 Postämter; einige weitere wurden durch mobile Postämter bedient.

Die meisten größeren Siedlungen (insgesamt etwa 40) haben eine öffentliche *Elektrizitätsversorgung*. Es gibt zwei größere Verbundsysteme, eins für Addis Ababā/Nāzerēt/Derrēdāwā, das hauptsächlich durch die Wasserkraft des Qoqāstaudamms versorgt wird, und das andere um Aśmarā. Städte außerhalb dieser Verbundsysteme haben eigene Netze, die von kleinen Dieselgeneratoren versorgt werden. Die gesamte Elektrizitätserzeugung betrug 1969/70 368 Mio. kWh, wovon 70 Prozent aus Wasserkraft gewonnen wurden.

Die Entwicklung einzelner Wirtschaftszweige

Landwirtschaft: Die Landwirtschaft ist der wichtigste Wirtschaftszweig Äthiopiens. Mehr als 80 Prozent der Bevölkerung leben direkt von der Landwirtschaft, und die große Mehrheit der Bauern treibt Subsistenzwirtschaft. Der moderne Sektor der Landwirtschaft – hauptsächlich Großfarmen – trägt lediglich etwa 7 Prozent zur landwirtschaftlichen Produktion bei.

Trotz des großen Anteils der Bevölkerung im Bereich der Landwirtschaft reicht die Nahrungsmittelproduktion nur knapp zur Versorgung des Landes – eine Folge der außerordentlich geringen Produktivität im traditionellen Sektor. Großfarmen haben zudem Schwierigkeiten, ihre Produkte abzusetzen; hohe Produktions- und Transportkosten machen den Export vieler landwirtschaftlicher Produkte unmöglich.

In einer Situation, in der die Nahrungsmittelproduktion normaler Jahre gerade hinreicht, um die Bevölkerung am Leben zu erhalten, muß jede Beeinträchtigung des nur mühsam gehaltenen Versorgungsgleichgewichts zur Hungerkatastrophe führen. Es gibt keine Reserven, die notwendig wären, um ungünstigen Verhältnissen – Ausbleiben von Regen, Einfall von Heuschrecken oder Ausbrechen von Viehseuchen – auch nur kurze Zeit zu trotzen. Schon in der Vergangenheit hat es immer wieder Hungersnöte in den Tei-

len Äthiopiens gegeben, die vom Getreideanbau und von der Viehwirtschaft leben; die Ensetekulturen des Südens und Südwestens waren weniger betroffen.
Äthiopien weist einen außerordentlich großen Viehbestand auf (Tabelle 2). Er kann jedoch zum größten Teil nicht als Produktivkapital betrachtet werden wegen des sehr schlechten Zustands der Tiere und weil die Eigentümer häufig nicht zum Verkauf bereit sind.
Um die traditionelle Landwirtschaft aus der Stagnation herauszuführen, hat sich Äthiopien inzwischen zu Regionalentwicklungsprojekten entschlossen, die dem Beispiel der «Chilalo Agricultural Development Unit» folgen. Dies ist ein Projekt in der Nähe von Asallā, 180 Kilometer südlich von Addis Ababā, das gemeinsam von der äthiopischen und schwedischen Regierung betrieben wird; es gilt zurzeit als das einzige Projekt in Äthiopien, das sich erfolgreich um die Entwicklung des Subsistenzsektors bemüht.
Verarbeitende Industrie: Der Beitrag der modernen verarbeitenden Industrie zum Bruttoinlandprodukt beträgt nur 5,5 Prozent, und die Gesamtzahl der dort Beschäftigten liegt unter 50000 (1969/70). Tabelle 3 zeigt die Struktur dieses Wirtschaftszweiges.
Die Gründe für die geringe Bedeutung der modernen verarbeitenden Industrie sind, daß Vorkommen von Bodenschätzen, die zur Grundlage einer industriellen Entwicklung werden könnten, bisher nicht bekannt sind und daß der heimische Markt nur eine geringe Aufnahmefähigkeit hat als Folge der geringen Einkommen der ländlichen Bevölkerung.
Von komparativen Vorteilen, die den Aufbau einer exportorientierten Industrie erlauben würden, kann nicht die Rede sein. Darüber hinaus haben natürliche und institutionelle Ursachen zu einem außerordentlich hohen Kostenniveau der Industrie geführt. Die vorhandene Industrie produziert nahezu ausschließlich für den heimischen Markt. Sie ist nur durch hohe Schutzzölle überhaupt lebensfähig. Inzwischen ist die erste Phase der Industrialisierung, die Befriedigung existierender Nachfrage durch Errichtung importsubstituierender Industrien, abgeschlossen. Gegenwärtig gibt es keine Produkte mehr, für die das Importvolumen die wirtschaftliche Mindestkapazität moderner Produktionsanlagen erreicht. Die weitere Entwicklung der Industrie wird damit der Ausdehnung des heimischen Marktes folgen, falls nicht die technologische Entwicklung wirtschaftlich lebensfähige Einheiten geringerer Kapazität hervorbringt; in der Bereitstellung solcher an die Verhältnisse in den Entwicklungsländern angepaßter Technologien – charakterisiert durch größere Arbeitsintensität und kleinere Mindestkapazitäten – könnte überhaupt eine wesentliche Aufgabe der Entwicklungshilfe liegen.
Der für den niedrigen wirtschaftlichen Entwicklungsstand charakteristische Dualismus findet sich auch im Bereich der Industrie. Auf der einen Seite stehen die verhältnismäßig modernen Betriebe, die mit importierten Maschinen und Produktionsverfahren, häufig auch mit ausländischen Fachkräften arbeiten. Auf der anderen Seite gibt es das traditionelle Handwerk, das auf dem Lande häufig nur zusätzlich zu der dominierenden landwirtschaftlichen Tätigkeit ausgeübt wird.
Auch die regionale Verteilung der modernen Industrie ist sehr ungleichmäßig: mehr als 90 Prozent aller Industriebetriebe sind konzentriert in einem kleinen Teil des Landes, nämlich in der Addis Ababā/Nāzerēt-Region, in Derrēdāwā/Ḥarar und im Gebiet von Aśmarā/Meṣewwā.

Tabelle 2: Viehbestand (Schätzungen 1970/71 in Mio. Stück)

Rindvieh	26,3	Esel	3,9
Schafe	12,8	Kamele	1,0
Ziegen	11,3	Hühner	48,1
Pferde	1,4		

(Quelle: Central Statistical Office)

Tabelle 3: Anzahl der Betriebe, der Beschäftigten und Umsatz nach Branchen (1969/70)

Industrie	Betriebe Anzahl	%	Beschäftigte Anzahl	%	Umsatz Mio. Äth. $	%
Nahrungsmittel	141	29,8	8226	14,7	133,1	24,5
Getränke	38	8,0	3008	6,2	60,4	11,1
Tabakwaren	2	0,4	432	1,0	18,2	3,4
Textil	50	10,4	21610	44,3	172,7	31,8
Gerbereien und Lederverarbeitende	24	5,0	2165	4,4	18,8	3,5
Holzverarbeitung	73	15,2	3282	6,7	14,7	2,7
Baumaterial und Glas	49	10,2	4102	8,4	26,9	5,0
Druckereien	29	6,1	1473	3,0	9,2	1,7
Chemie	42	8,8	2824	5,7	51,5	9,5
Metall- und Elektro	31	6,5	1781	3,6	37,1	6,8
Insgesamt	479	100,0	48903	100,0	542,6	100,0

(Quelle: Central Statistical Office)

Außenhandel und Zahlungsbilanz
Seit 1958 hat Äthiopien eine Exportlücke. Die Zahlen für 1967–1971 finden sich in Tabelle 4.
Etwa 30 Prozent der Importe sind Material und Betriebsmittel für die laufende Produktion, 20 Prozent sind Kapitalgüter und etwa 50 Prozent sind Konsumgüter; ein beträchtlicher Teil der Konsumgüter (etwa 8 Prozent der gesamten Importe) besteht aus privaten Personenwagen. Das wichtigste Exportgut ist Kaffee,

Tabelle 4: Der Außenhandel Äthiopiens (Mio. Äth. $)

	Importe	Exporte	Importüberschuß
1967	357,4	252,7	104,7
1968	432,5	266,0	166,5
1969	388,3	298,1	90,2
1970	429,1	305,9	123,2
1971	469,5	309,6	159,9

(Quelle: Central Statistical Office)

der 1971 fast 60 Prozent der gesamten Exporterlöse einbrachte. Diese gefährliche Abhängigkeit von nur einem einzigen Produkt wird noch verschärft dadurch, daß der Kaffee überwiegend in ein einziges Land exportiert wird, nämlich in die USA, die 1971 75 Prozent des äthiopischen Kaffees aufnahmen. In der Reihenfolge ihrer Bedeutung sind die anderen Exportgüter Äthiopiens Ölsaaten (10 Prozent Anteil am Export 1971), Häute und Felle (8 Prozent) und Obst und Gemüse (8 Prozent). Der Anteil industrieller Produkte am Export liegt unter 5 Prozent.

In der Zahlungsbilanz hat Äthiopien Defizite in der laufenden Rechnung seit 1958; 1971 betrug dieses Defizit 111,6 Millionen äth. $. Bisher wurden diese Defizite ausgeglichen durch einen beträchtlichen Zufluß von Kapital, wobei an die Regierung gewährte Darlehen im Rahmen der Entwicklungshilfe eine wesentliche Rolle spielten. Auch die technische Hilfe führte zu einem beträchtlichen Zufluß an Devisen.

Finanzpolitik

Die gesamten Einnahmen des Staates (ohne technische Hilfe und Inanspruchnahme von Auslandskrediten) machen einen Anteil von etwa 12 Prozent des Bruttoinlandproduktes aus. Einen Überblick über die Herkunft der Staatseinnahmen sowie über die Aufschlüsselung der Staatsausgaben geben die Tabellen 5 und 6.

Etwa 25 Prozent der Staatseinnahmen stammen aus technischer Hilfe und aus der Inanspruchnahme von Krediten aus dem Ausland. An den durch das Land selbst aufgebrachten Staatseinnahmen haben die direkten Steuern nur einen Anteil von 26 Prozent gegenüber 62 Prozent Anteil der indirekten Steuern. Die wichtigste einzelne Einnahmequelle des Staates ist die Besteuerung des Außenhandels.

Es ist bemerkenswert, daß die Ausgaben für Verteidigung und zur Sicherung der inneren Ordnung mehr als 33 Prozent der laufenden Staatsausgaben ausmachen. Dagegen haben Ausgaben für die Landwirtschaft einen Anteil von weniger als 5 Prozent, und auch dem Schulwesen mit 14 Prozent wird vielleicht nicht genügend Bedeutung beigemessen.

Tabelle 5: Staatseinnahmen 1970/71 (Mio. Äth. $)

Direkte Steuern	121,8
Indirekte Steuern (ohne Steuern auf Außenhandel)	131,5
Steuern auf Außenhandel	155,1
Auslandshilfe	93,4
Inanspruchnahme von Auslandskrediten	60,7
Sonstige	68,8
Staatseinnahmen insgesamt:	631,3

(Quelle: Central Statistical Office)

Insgesamt dürfte der Staatshaushalt zu wenig Gewicht legen auf Ausgaben, die das künftige Wirtschaftswachstum steigern könnten. Die Abstimmung des Staatshaushaltes mit den Entwicklungsplänen ist höchst unvollkommen – ein Hinweis auf die Bedeutung, die den Entwicklungsplänen für die praktische Politik tatsächlich zukommt.

Geldpolitik

Die *National Bank of Ethiopia* als Zentralbank ist verantwortlich für die Geldpolitik und für die Devisenbewirtschaftung. Neben ihr gibt es Geschäftsbanken; die wichtigste ist die staatliche Commercial Bank of Ethiopia. Als Privatbanken sind vertreten die Addis Abeba Bank, die Banco di Roma und die Banco di Napoli. Bis 1970 gab es auch zwei Entwicklungsbanken, die Development Bank of Ethiopia und die Investment Corporation of Ethiopia; sie schlossen sich im Jahre 1970 zur Agricultural and Industrial Development Bank S.C. zusammen.

Die Mehrheit der äthiopischen Bevölkerung ist mit den Vorteilen des modernen Bankwesens nicht vertraut. Insbesondere auf dem Lande zieht man es vor, das Geld zu verstecken. Wenn die Aufnahme eines Darlehens notwendig wird, wendet man sich an private Geldverleiher, die außerordentlich hohe Zinsen fordern; Zinssätze von – umgerechnet – mehr als 100 Prozent pro Jahr sind keineswegs ungewöhnlich.

Tabelle 6: Staatsausgaben 1970/71 (Mio. Äth. $)

Laufende Ausgaben	507,1
Allgemeine Verwaltung	217,4
Verteidigung	87,4
Innere Ordnung und Justiz	81,3
Außenministerium	8,1
Finanzverwaltung und Wirtschaftsplanung	17,1
Sonstige allgemeine Verwaltung	23,5
Wirtschaftsverwaltung	47,1
Landwirtschaft	11,5
Industrie und Handel	5,4
Öffentliche Versorgung, Kommunikation	30,2
Kultur und soziale Dienste	106,0
Erziehung und Kultur	77,0
Gesundheitswesen	23,4
Soziales	5,6
Zuweisung zum Pensionsfonds	20,6
Sonstige laufende Ausgaben	116,0
Investitionen	124,2
Soziale Entwicklung	18,9
Erziehung	8,2
Gesundheitswesen	9,8
Dorfentwicklung	0,9
Wirtschaftliche Entwicklung	103,9
Straßenbau	38,9
Andere Infrastrukturinvestitionen	15,9
verarbeitende Industrie und Tourismus	13,2
Landwirtschaft	19,9
Sonstige Projekte	16,0
Öffentliche Bauten	1,4
Staatsausgaben insgesamt:	631,3

(Quelle: Central Statistical Office)

Die gesamte Geldmenge im Umlauf erreichte Ende 1970 428 Millionen äth. $, davon 323 Millionen in Banknoten und Münzen; der Rest bestand aus Sichtguthaben.

Äthiopien ist Mitglied des Weltwährungsfonds, hat jedoch ziemlich strikte Devisenbewirtschaftung. Man kann mit einiger Sicherheit sagen, daß der äthiopische Dollar im Verhältnis zu harten Währungen überbewertet ist.

Diese Überbewertung hat bisher nicht zu einer schwerwiegenden Knappheit von Devisen geführt, da die – durch das internationale Kaffeeabkommen – künstlich hochgehaltenen Kaffeepreise und der beträchtliche Zufluß an Entwicklungshilfe zu einem Devisenzustrom geführt haben. Insgesamt verfolgt Äthiopien eine konservative Geldpolitik, und der inflationäre Druck war bis Ende 1973 gering. Andererseits muß man aber auch feststellen, daß die Geldpolitik bisher wenig dazu beigetragen hat, aus der allgemeinen Stagnation herauszuführen.

Ausblick

Ohne eine Steigerung der landwirtschaftlichen Produktivität wird es keinen Durchbruch zum Wirtschaftswachstum in Äthiopien geben. Der zukunftsträchtigste Weg scheint hier eine Konzentration aller verfügbaren Mittel auf bestimmte Regionen zu sein, wobei man zweckmäßigerweise mit solchen Regionen beginnen sollte, die die besten Voraussetzungen für weitere Entwicklungen bieten. Diese Konzentration scheint erforderlich, weil es mit den vorhandenen Mitteln unmöglich sein dürfte, im ganzen Land gleichzeitig die für die Entwicklung erforderliche Infrastruktur bereitzustellen. Diese Strategie, die sich immer nur auf die Entwicklung begrenzter Gebiete beschränkt, dürfte auch einige der notwendigen institutionellen Änderungen, wie etwa die Landreform und eine Reform des Binnenhandels, erleichtern.

Ein anderer Bereich, in dem eine entschlossene Anstrengung erforderlich ist, ist die Erziehung. Die Ausbildung muß stärker als bisher berücksichtigen, daß Äthiopien noch viele Generationen lang von der Landwirtschaft abhängen wird. Das erforderliche Ersetzen traditioneller Verhaltensweisen durch ein rationaleres Verhalten dürfte mit dem gegenwärtigen System, in dem der Lehrer seine Vorurteile auf den Schüler überträgt, kaum in weniger als einigen Generationen möglich sein. Um den Lernprozeß in einer umfassenden Weise rasch durchzuführen, müßten wohl Massenmedien bewußt zur Erreichung dieses Ziels eingesetzt werden.

Da Äthiopien seinen Fortschritt der letzten zwei Jahrzehnte – vor allem im Bereich der Infrastruktur – hauptsächlich durch Kredite aus dem Ausland finanziert hat, muß jetzt ein Anwachsen der Exporte erreicht werden: Ohne Steigerung der Exporte wird es schwierig sein, die Zinsen aufzubringen und die Darlehen zurückzuzahlen. Wiederum ist der einzige Sektor, aus dem diese Exporte kommen können, die Landwirtschaft. Äthiopien muß auf beiden Gebieten, von deren Fortschritt die Entwicklung des ganzen Landes abhängt – Landwirtschaft und Erziehung –, entschlossen handeln. Dies verlangt von der Regierung, daß sie stärker als bisher diese Notwendigkeiten erkennt und in einer umfassenden Anstrengung die gesamte Bevölkerung in diesen Entwicklungsprozeß einbezieht, damit die Schwierigkeiten an der Wurzel gepackt werden können. Geschieht dies nicht, so werden vor allem die ländlichen Gebiete Äthiopiens und damit die Masse der Bevölkerung auch weiterhin in der Quasistagnation verharren.

VÖLKERMOSAIK IN SÜD-ÄTHIOPIEN

Eike Haberland

Wenn man von Äthiopien als von einem «Vielvölkerstaat» spricht, so ist das nicht ganz korrekt. Gegenüber sehr vielen anderen Staaten Afrikas bietet Äthiopien das Bild relativer kultureller Geschlossenheit. Der Einfluß der geographischen Umwelt – ein fast europäisch kühl zu nennendes Hochland –, das gleiche rassisch-kulturelle Substrat – durch die große Völkerfamilie der Kuschiten bestimmt –, die seit vielen Jahrhunderten fast ganz Äthiopien prägende Kraft des christlichen Kaiserreiches als dominierender historischer Größe: alle diese Faktoren haben bewirkt, daß Äthiopien in seiner Gesamtstruktur homogen wirkt. Es ist bemerkenswert, daß die Gruppen, die heute aktiv vom äthiopischen Reiche fortstreben, weder geographisch noch historisch dem Kulturraum Äthiopien integriert sind: der wüstenhafte Norden Ēretrās mit seinen islamischen Nomadenstämmen und der Südosten, wo in der Trockensavanne und den ariden Hügelländern von Wegādēn die auf dem Staatsgebiet Äthiopiens lebenden Somali den Anschluß an ihre Brüder jenseits der Grenze erstreben.
Den großen ethnischen Einheiten Äthiopiens – jeweils mehrere Millionen Menschen zählend – wie den beiden semitisch sprechenden Staatsvölkern der Amḫārā und Tegray im Zentrum und im Norden und den Galla im mittleren Süden, Westen und mittleren Osten, steht im Süden und Südwesten des Landes eine Vielzahl kleiner Gruppen gegenüber. Ihre Bevölkerungszahlen schwanken von einer Million – wie z.B. die Walāmo (s.u.) – bis zu nur wenige tausend Seelen zählenden kleinen und kleinsten Ethnien. Das gilt besonders für die Region rund um den Abbāyāsee. Das Gebiet des «äthiopischen Grabens» mit seinem Nebeneinander von Seen und Inseln, heißem Tiefland und kühlem Hochgebirge, trockener Savanne und immergrünen Almweiden hat die Entstehung einer großen Zahl unterschiedlicher Stämme und Kulturen begünstigt. Oft sind es «altertümliche» Gruppen, die einen sonst verschwundenen Kulturzustand repräsentieren und die in diesem zerrissenen Gelände ihre letzte Zuflucht fanden. Der italienische Äthiopienforscher Conti Rossini sprach daher mit Recht von einem «Museum der Völker». Auf einem Raum von etwa zwanzigtausend Quadratkilometern leben hier dreißig unterschiedlich große Stämme und Völker, die zehn verschiedene Sprachen sprechen und vor ihrem Anschluß an das äthiopische Reich, vor der Jahrhundertwende, selbständige politische Einheiten bildeten. Allerdings wird dieses «Museum» in wenigen Jahren der Vergangenheit angehören. Der heute auch in diese bis vor kurzem so abgelegene Region eindringende Einfluß des Industriezeitalters, von der äthiopischen Regierung stark gefördert, bewirkt ein Verschwinden der alten Kulturunterschiede und einen Angleich an eine sich entwickelnde moderne äthiopische Kultur. Heute führen gute Autostraßen den Besucher in wenigen Stunden von der Hauptstadt an die Ufer des Abbāyāsees, den man noch vor wenigen Jahren nur in mühsamem Marsch mit der Maultierkarawane erreichte. An seinem südlichen Ende erhebt sich inmitten der herrlichen Parklandschaft im einstigen Niemandsland eine neue Provinzhauptstadt mit Flugverbindung nach Addis Ababā. Aus der Vielzahl der alten Kulturen seien hier nur die wichtigsten und für ihre Art repräsentativsten herausgegriffen: Walāmo, das alte, stark vom christlichen Norden beeinflußte Königreich am Nordende des Abbāyāsees; die als Weber berühmten Dorzē und Očollo im Gamu-Hochland; die Reste der einst mächtigen Völkerfamilie der Ḥadyā, nämlich die Kambātā und Sidāmo; die kriegerischen Galla-Stämme der Arusi und Gu̇gi im Osten, die Gidičo auf den nördlichen Inseln des Sees und das kleine Volk der Konso weit im Süden.
Das christliche äthiopische Reich im Norden hat schon früh im Mittelalter über seine damaligen engen Grenzen hinaus gewirkt und den göttlichen Heilsauftrag, wie er in der «Herrlichkeit der Könige», in der Magna Charta des Staates, niedergelegt war, erfüllt: die Völker Nordostafrikas zum christlichen Glauben zu bekehren und sie dem Heiligen Reich Äthiopien zu unterwerfen. Blättern wir in den äthiopischen Chroniken, so lesen wir von den Taten mutiger Mönche, die als Heilige in die äthiopische Kirchengeschichte eingingen. Mit dem Kreuz in der Hand durchzogen sie

die Heidenländer des Südens, unterwarfen Könige und Völker durch die Macht ihrer Predigt und «erleuchteten Äthiopien durch ihren Glauben». Wir lesen aber auch von großen Feldzügen der äthiopischen Kaiser, die mit eigener Hand die heidnischen Herrscher tauften, die sich angesichts der Kulturüberlegenheit des Nordens oft freiwillig unterwarfen.

Im Gefolge dieser großen Südbewegung zogen aber auch Abenteurer mit, die ein Königreich gewinnen wollten. Die mündliche Überlieferung berichtet, wie um 1600 Michael, ein christlicher Adliger aus dem Norden, mit einer Schar von Pagen und Reitern und nicht zuletzt mit seinen Hauskaplanen in das damals noch kleine Königreich *Walāmo* im mittleren Süden einbrach und die Herrschaft an sich riß. Trotz ihrer Tapferkeit und trotz des Schreckens, den ihre den Walāmo unbekannte Reiterei verbreitete, wären die Eindringlinge doch bald unterlegen, hätten sie nicht durch ihre Klugheit gesiegt. Im letzten Gefecht schleuderten sie den angreifenden Walāmo nicht Speere, sondern gewebte Kleider und schöne Schmucksachen entgegen, Dinge, die den Walāmo gut und teuer waren. Die damit Beworfenen stutzten und gelangten zu der Überzeugung, daß Menschen, die es sich leisten konnten, solche Reichtümer zu verschleudern, auch berechtigt seien, die Herrschaft auszuüben. Der Bericht ist zwar eine Mythe, aber er illustriert sehr anschaulich die geistige und kulturelle Überlegenheit der Christen des Nordens.

Unter dem Einfluß der neuen Dynastie, deren Nachkommen sich noch heute mit Stolz ihrer Herkunft erinnern, entwickelte sich Walāmo zu einem der mächtigsten Staaten des Südens. Im Innern herrschte eine fast europäisch anmutende, wohlgeordnete Verwaltung mit Gemeinden, Bezirken und Distrikten unter jährlich neugewählten Führern, die verantwortlich waren für die Einziehung der Steuern, die Gerichtsbarkeit, die öffentliche Ordnung und den Unterhalt der Staatsstraßen – noch heute die Hauptverkehrsadern des Landes. Über allem thronte die geheiligte Person des Königs in der von Wällen umgebenen Pfalz. Hier hatte sich ein hierarchisch geordneter Hofstaat entwickelt mit Königinnen, Pagen, Kämmerern, Königssklaven und Königsmusikanten, die morgens und abends spielten, um dem Land anzuzeigen, daß Sonne und König, die Herrscher im Himmel und auf Erden, wachten oder sich zur Ruhe legten.

Aus den Nachkommen der christlichen Gefolgsleute war ein ritterlicher Adel geworden, in dessen Händen die wichtigsten Ämter lagen. In vielen Schlachten mehrten sie den Bestand des Reiches und prunkten bei den großen Festen mit silbernem und goldenem phallischem Kopfschmuck, den ihnen der König verlieh, der allein über Gold und Silber verfügte. Die gewaltigen, bis zu vier Meter hohen Steinmauern und Limesähnlichen Wallsysteme, die Walāmo in mehrfacher Staffelung umgaben, machten das Land unangreifbar. So konnte sich der Staat erhalten, als im 16. und 17. Jahrhundert das kriegerische Galla-Volk, das aus dem Südosten kam, große Teile von Äthiopien überflutete und die Verbindung zwischen dem christianisierten Süden und dem eigentlichen Reich im Norden unterbrach.

Den gleichen Schutz, den die Reichsmauern den Walāmo boten, gewährten die schwer zugänglichen, über tausend Meter aus der See-Ebene steigenden Gamu-Berge den beiden kleinen Stämmen der *Dorzē* und *Očollo.* Auf engem Lebensraum zusammengedrängt, sind diese beiden Gruppen durch ihren intensiven Feldbau mit Terrassenanlagen, noch mehr aber durch ihre Weberei berühmt geworden. Die dicken, außerordentlich fein gewebten Stoffe aus Baumwolle mit ihren breiten roten Borten stellten – und stellen noch immer – in weitem Umkreis beliebte Kleidungsstücke (als Umhänge) und Schlafdecken dar. Als Wanderarbeiter haben die Dorzē ihre Heimat in großer Zahl verlassen und bilden in vielen Städten, ganz besonders in Addis Ababā, große Handwerkerkolonien.

Die einstmals bedeutende Völkerfamilie der Ḥadyā dagegen konnte ihre ethnische wie kulturelle Identität nicht so gut bewahren. Sie geriet mit ihren westlich des Grabenbruchs siedelnden Mitgliedern unter die Gewalt der von Norden kommenden christlichen Amḫārā und anderer semitisch sprechender Gruppen, die sie z.T. sprachlich assimilierten. Die Nachkommen der aus diesem Verschmelzungsprozeß hervorgegangenen neuen Gruppen sind die vielen kleinen Stämme der *Gurāgē:* fleißige Gartenbauern, Händler und Handwerker. Ein «Leitfossil» ihrer Kultur ist die *Ensete edule,* die fälschlich «falsche Banane» genannte Staude (sie trägt keine eßbaren Früchte), deren zerquetschter und vergorener weicher Stamm die Grundnahrung vieler Völker des Südens ist. Während andere Ḥadyā im Osten von dem seit dem 16. Jahrhundert aus Südost-Äthiopien vorstoßenden Viehzüchtervolk der Galla vernichtet oder auch assimiliert wurden, konnten sich die *Kambātā* und *Sidāmo* auf den feuchten Hochbergen ihrer Heimat erhalten.

Die Galla-Stämme der *Arusi* und *Guǧi* drangen erst im 18. Jahrhundert in den Raum um den Abbāyāsee ein. Sie waren freie Viehzüchter, die mit ihren Herden in den unendlichen Savannen des Tieflandes und der Hochebenen umherzogen und der Schrecken der Nachbarvölker wurden. Ein Königtum war mit ihrer demokratischen Haltung unvereinbar. Sie regierten sich durch ihre gewählten Führer, die alle acht Jahre nach einem genau festgelegten System gewechselt wurden (Gada-System). Zu diesen Ämtern aber konnte nur berufen werden, wer dem Lebensgesetz des «Stirb und Werde» dieses Volkes gehorchte, der Kinder gezeugt und Feinde getötet hatte. Das phallische Zeichen, Symbol der Zeugung wie auch der Tötung (denn der erschlagene Feind wurde entmannt), war daher der beliebteste Schmuck vieler südäthiopischer Völker. Auch die berühmte «Krone» der einstigen Könige von Kafā gehört dazu. Sie war nichts anderes als ein überreich ausgeführter phallischer Kopfschmuck. Das Verlangen, die eigenen Ruhmestaten, zu denen das Erlegen von Großwild (Elefanten, Büffel, Löwen) gehörte, möglichst sichtbar zu machen, äußerte sich auch im übrigen Schmuck der sonst bescheiden gekleideten Galla. Noch heute, da allgemeiner Landfrieden herrscht, trifft man alte Männer, deren Halsketten und Armringe von den Taten ihrer Jugend erzählen. Sogar der Schmuck der Frauen steht in einem Zusammenhang mit Würde, Kriegs- und Jagdglück ihrer Männer. Der Ruhm des Helden überdauerte seinen Tod. Süd-Äthiopien ist übersät mit Erinnerungsmalen, welche die Taten der Tapferen ins Gedächtnis rufen sollen. Besonders auffällig sind in dieser an monumentalen Bauwerken nicht reichen Region die rot, schwarz und weiß bemalten Grabsteine der Arusi, deren heute nicht mehr deutbare Hieroglyphen vermutlich die Taten der Toten verkündeten.

Die *Gidičo*, die auf den unfruchtbaren Inseln des Abbāyāsees mit etwas Feldbau mehr schlecht als recht ihr Dasein fristen, da sie wie alle Südäthiopier strengen Speisegeboten folgen und weder den Fischreichtum ihres Sees nutzen noch Jagd auf die zahlreichen Flußpferde machen, haben einen Bootstyp entwickelt, der in der Welt einzig dastehen dürfte: Die sehr leichten armdicken Stämme des Ambač-Baumes (je nach Botaniker: *Acacia aquatica* oder *Aeschynomene elaphroxylon*) werden mit «Nägeln» aus hartem Holz zusammengeheftet und am «Bug» zu einer eleganten Spitze aufgebogen. Das so entstehende Wasserfahrzeug ist nichts anderes als ein Floß in Bootsform, durch dessen Wände das Wasser dringt. Noch merkwürdiger sind die Ruder: An langen Stangen werden zylindrische Klötze aus Ambač-Holz befestigt. Sie bieten beim Eintauchen ins Wasser derartigen Widerstand, daß man sich mit ihnen geradezu vorwärtsstößt. Ein solches Boot entsteht an einem Tage. Sein leichtes Holz saugt sich indessen so schnell voll Wasser – obwohl man es nach jeder Fahrt aufs Land zieht –, daß es schon nach vier Monaten, einem feuchten Lappen gleich, unbrauchbar wird.

Auf den letzten Bergen des äthiopischen Hochlandes, weit im Süden des Abbāyāsees, an den sich hier der Čāmosee anschließt, lebt die kleine Volksgruppe der *Konso*. Sie sind im ganzen Süden ihrer Terrassenanlagen wegen berühmt, mit denen sie die trockenen und unfruchtbaren Berge ihrer Heimat überzogen haben, um Ackerland für die ständig zunehmende Bevölkerung zu gewinnen. Die Terrassen dienen noch einem anderen Zweck: Sie sollen das Wasser der kurzen Regenzeit aufstauen und es möglichst lange im Boden halten. Davon hängt der Ausgang der Ernte ab. Die Konso sind eines der fleißigsten Völker der Erde, die jeden Fußbreit Boden ihrer steinigen Heimat nutzen. Sogar die großen Bäume auf den Terrassen wurden angepflanzt. Es sind «Kohlbäume», deren Blätter in der Hungerzeit vor der neuen Hirseernte die Hauptnahrung bilden.

Noch mehr als ihrer Terrassen sind die Konso ihrer Totendenkmäler wegen bekannt. Diese stellen einen Höhepunkt künstlerischer Gestaltungskraft im südäthiopischen Raum dar, in dem die Plastik ohnehin selten ist. Während sich die Nachbarn der Konso mit monumentalen Alleen von gewaltigen Monolithen als Erinnerungsmalen begnügen, schnitzen die Konso und die ihnen verwandten Gāto Holzfiguren, die meist abseits der Gräber der Großen an den Rändern viel begangener Wege aufgestellt werden, damit sich die Vorübergehenden der Toten erinnern.

Man erkennt auf diesen Figuren den Krieger an der stilisierten Nachbildung des phallischen Stirnschmucks, umgeben von den von ihm getöteten Feinden. Damit auch nichts fehlt, was den Toten einmal berühmt machte, ist durch kleine Steinreihen am Fuß des Males die Zahl der ihm einst gehörenden Terrassenfelder angegeben. Heute verwittern diese Statuen und werden von den Termiten zernagt. Die Lebenden haben kein Verständnis mehr für die Taten ihrer Vorfahren und haben sich dem Neuen zugewandt. Das ist ein Prozeß, der überall in Afrika eingesetzt hat und den man als notwendig begreift. Doch wird jeder, der noch einen Abglanz der vergangenen grausamen, aber auch heroischen Zeiten erlebt hat, mit leichter Wehmut ihrem Untergang zusehen.

AGRARSTRUKTUR UND LANDWIRTSCHAFTLICHE ENTWICKLUNG

Dieter Voegelin

Der Versuch, eine knappe, zusammenfassende Darstellung über den landwirtschaftlichen Sektor Äthiopiens zu geben, bedeutet, eine Betrachtung über die wirtschaftlichen Grundlagen dieses Landes und seiner Gesellschaft anzustellen, denn nach wie vor dominiert die Landwirtschaft in jeder Hinsicht: Über 90 Prozent der knapp 26 Millionen Äthiopier leben auf dem Land. Von den rund 7,2 Millionen Männern in den «ökonomisch aktiven» Altersgruppen (10 bis 59 Jahre) sind mindestens 5,5 Millionen als Bauern, Hirten und Landarbeiter erwerbstätig, im Gegensatz zu etwa 50 000 Arbeitskräften, die in den größeren Industrien des Landes ständig beschäftigt sind. In den ländlichen Gebieten beträgt der Anteil der in der Landwirtschaft Beschäftigten mehr als 90 Prozent. Zwar wächst langsam die gewerbliche Produktion, doch stammen noch immer 55 Prozent des Bruttosozialproduktes aus dem Agrarsektor. Am Export sind landwirtschaftliche Produkte mit über 95 Prozent beteiligt. Diese Daten – über deren Verläßlichkeit man im einzelnen streiten kann; das gilt auch für alle folgenden Angaben, die sich sämtlich auf offizielle Quellen stützen – diese wenigen Angaben zeigen bereits, daß Äthiopien sich in einem Stadium befindet, in dem Industrialisierung und Verstädterung nur langsam zu technischem, wirtschaftlichem und sozialem Fortschritt für die Gesamtgesellschaft und die große Mehrheit ihrer Mitglieder führen.

Der Mobilisierung des Agrarsektors kommt deshalb eine hervorragende Bedeutung zu, da die Entwicklung dieses Bereiches die Mehrzahl der Bevölkerung am direktesten betrifft, der Zuwachs an Bruttosozialprodukt dort seine wichtigste Grundlage findet und der Handel Äthiopiens mit anderen Ländern am nachhaltigsten beeinflußt wird. Aufgabe dieses Berichtes soll es deshalb nicht nur sein, die natürlichen Produktionsbedingungen und die landwirtschaftliche Erzeugung zu charakterisieren, sondern auch gerade diejenigen Strukturmomente des Agrarsektors zu beleuchten, die für die weitere Entwicklung besonders bedeutsam erscheinen.

Landwirtschaft und naturräumliche Gegebenheiten

Die Statistiken zeigen, daß über 35 Prozent der Gesamtfläche Äthiopiens von Wald, Sümpfen, Unland, Fels und Wasserflächen eingenommen werden, der Rest wird als landwirtschaftliche Nutzfläche ausgewiesen. Von dieser Fläche wird ein Sechstel (13,5 Millionen Hektar = 11 Prozent der Gesamtfläche) ackerbaulich genutzt, die übrigen Areale dienen als Weide. Vier Naturräume bieten sich der landwirtschaftlichen Produktion vornehmlich an:

1. Der *Ackerbau* findet sich vorwiegend auf den Hängen und Plateaus des Hochlandes, vor allem in den mittleren Höhenlagen von 1500 bis 2500 Meter über Meer. In diesen Zonen ist das Klima trotz der Nähe zum Äquator mild bis kühl. Die Niederschläge liegen in der Regel über 1000 mm pro Jahr (nach Südwesten steigen sie auf über 3000 mm an); sie fallen aber überwiegend in einer Hauptregenzeit zwischen April/Mai und September/Oktober, so daß ausgeprägte Trockenzeiten auftreten, die die Zahl der Ernten auf eine bis höchstens zwei im Jahr beschränken. Die häufig charakteristisch roten bis rotbraunen Böden des Hochlandes sind durchlässig, halten das Wasser lange und sind relativ gut mit Nährstoffen, außer Phosphor, versorgt. Daneben finden sich auch dunkle, plastische, «grumusolartige» Tone, die zwar reich an Nährstoffen sind, sich aber nur schwer bearbeiten lassen.

Die Landwirtschaft der Höhenlagen ist typischerweise eine Mischwirtschaft von Ackerbau und Viehhaltung. Angebaut werden alle Getreide, unter anderem der fast nur in Äthiopien bekannte Ṭēf *(Eragrostis tef* oder *E. abyssinica)*, Mais, Kolben- und Fingerhirse, verschiedene Hülsenfrüchte und Ölsaaten, Kaffee, Tabak, zahlreiche Gemüse, Gewürze, Stimulantia sowie die «Falsche Banane» *(Ensete edule)*. An Vieh werden Rinder vom Zebutyp, Schafe und Ziegen, Esel, Maultiere und Pferde gehalten. In Höhen über 2500 m überwiegt die Viehhaltung den Ackerbau.

2. Nahezu gänzlich der *Weidewirtschaft* vorbehalten sind die trockenheißen Tiefländer Äthiopiens im Osten, Südosten und Süden. Bei geringen Nieder-

schlägen (oft unter 250 mm im Jahr) und Temperaturen bis über 45 °C im monatlichen Durchschnitt nutzen Nomaden und Halbnomaden die natürliche Gras-Dornbuschvegetation durch extensive Haltung von Rindern, Schafen, Ziegen und Kamelen.

3. Diese Produktionsweise findet sich auch im äthiopischen Anteil am «Rift Valley» (dem Afrikanischen Graben), wo teilweise ähnliche klimatische Bedingungen herrschen. Doch wird daneben auch Ackerbau getrieben: teils Regenfeldbau von Getreide, teils großflächiger Anbau von Zuckerrohr, Baumwolle, Mais und Kartoffeln unter Bewässerung am Awāšfluß.

4. Gesamtwirtschaftlich weniger bedeutend, aber deutlich unterschieden von den übrigen Regionen sind die niederschlagsreichen Tiefländer im Westen, in denen verschiedene kleinere Völker Wanderfeldbau, nomadisierende Viehwirtschaft oder, entlang den Flüssen, seßhaften Mais–Hirsebau treiben.

Die großen Variationen in Topographie, Niederschlägen, Temperaturen und Böden in Äthiopien bringen es mit sich, daß einerseits ein sehr diversifizierter Anbau von Kulturen möglich ist, andererseits sowohl Akkerbau wie Viehhaltung günstige Standorte finden. Die landwirtschaftliche Erzeugung ist deshalb durch große Vielfalt und das Fehlen dominierender Monokulturen charakterisiert. Doch lassen sich im Anbau deutliche Schwerpunkte erkennen und die wirtschaftliche Bedeutung der Produktionszweige ist sehr unterschiedlich.

Aspekte der landwirtschaftlichen Erzeugung

Sowohl nach der genutzten Fläche als auch nach der Zahl der gehaltenen Tiere müßte die *tierische Produktion* in der Landwirtschaft dominieren. Mit etwa 26 Millionen Rindern (vor der Dürre 1973) weist das Land einen der größten Rinderbestände Afrikas auf. Daneben werden 13 Millionen Schafe und 11 Millionen Ziegen gehalten. Die Zahl der Esel wird auf vier Millionen, die der Maultiere, Pferde und Kamele auf je rund 1,5 Millionen geschätzt. Die meisten Bauern halten auch Geflügel.

Verglichen mit diesen gewaltigen Kopfzahlen ist der Umfang der tierischen Produktion sehr gering: Insgesamt wurden 1970/71 nur etwa 430 000 t Fleisch erzeugt, 65 Prozent davon war Rindfleisch. Die rund 7,5 Millionen Kühe produzierten nur 530 000 t Milch (in der Bundesrepublik Deutschland wären es über 20 Millionen t). Aus der Schlachtung von Rindern, Schafen und Ziegen wurden knapp 13 Millionen Häute und Felle gewonnen, ein Viertel davon von Rindern.

Eine Ursache dieser niedrigen Produktivität ist, daß die Haltung von Rindvieh in den Ackerbaugebieten weniger der Erzeugung von Fleisch und Milch dient als der Versorgung der Betriebe mit Zugkraft: 6,5 Millionen Ochsen und Bullen ziehen die traditionellen Hakenpflüge. Eine zweite Ursache liegt in den Haltungsbedingungen. In Äthiopien basiert die Viehhaltung gänzlich auf natürlichem Grünland (in den Ackerbaugebieten ergänzt um die brachliegenden und abgeernteten Felder); dieses ernährt die Tiere in der Trockenzeit nur mangelhaft. Zudem wird dann auch die Wasserversorgung schwierig.

Die unzureichende Futtergrundlage sowie zahlreiche Seuchen und starker Befall mit Parasiten führen generell zu geschwächter Konstitution, Gewichtsverlusten in der Trockenzeit, langsamem Wachstum und hohen Verlusten. Die Lebendgewichte ausgewachsener Rinder liegen bei 250 bis 350 kg, die von Schafen bei 35 bis 40 kg. Die Milchleistung einer Kuh wird auf 300 bis 500 l pro Jahr geschätzt. Die Kälbersterblichkeit liegt über 50 Prozent.

Eine dritte, besonders wesentliche Ursache ist darin zu sehen, daß besonders die Rinderhaltung traditionalen Wertbestimmungen unterworfen ist: Die Herde fungiert als Sicherheit bei unerwarteten finanziellen Belastungen, ihre Größe dokumentiert Ansehen und Reichtum. Die Kopfzahl ist deshalb meist von größerer Bedeutung als die Leistung der Tiere.

Abgesehen von den nomadisierenden Völkern, deren Wirtschaft ganz auf der Viehhaltung beruht, kommt deshalb in Äthiopien der *pflanzlichen Produktion* hauptsächlich die Aufgabe zu, die Bevölkerung mit Nahrung zu versorgen und die Gesamtwirtschaft des Landes zu tragen. In Tabelle 1 sind Angaben über Anbauumfang und Erzeugung wichtiger äthiopischer Kulturen zusammengestellt.

Die Daten demonstrieren die Bedeutung des Getreideanbaus, innerhalb dessen Ṭēf, das «Prestige-Getreide» der Hochlandbewohner, besondere Bedeutung besitzt. Aus dem Mehl dieses Grassamens wird bevorzugt das nationale Fladenbrot gebacken. Neben den Getreiden spielen Hülsenfrüchte, Nug (eine primitive Ölpflanze) und Barbarrē (eine Art Spanischer Pfeffer), der das Hauptgewürz der äthiopischen Küche darstellt, für die Versorgung der Bevölkerung eine hervorragende Rolle.

Aus der Umrechnung der erzeugten Mengen in Hektarerträge ist zu erkennen, daß die Flächenproduktivität sehr gering ist. So werden etwa 8,7 dt Gerste/ha, 7,7 dt Weizen/ha oder 10,9 dt Mais/ha erzeugt, alles äußerst niedrige Erträge, verglichen etwa mit Europa.

Zweifelsohne ist dies zum guten Teil auf die herkömmlichen einfachen Anbaumethoden der Landwirtschaft zurückzuführen, in der Mineraldünger, hochqualifizierte Sorten und Pflanzenschutzmittel bisher weitgehend unbekannt sind. Die Saatbettbereitung, teilweise auch die Unkrautbekämpfung, erfolgt mit dem von Ochsen gezogenen Pflug, die Pflege der Kulturen mit der Hacke. Geerntet wird von Hand oder mit der Sichel. Der Getreidedrusch erfolgt durch Austrampeln durch Tiere, die Lagerung in Behältern aus Geflecht und Ton, die gegen Schädlinge nur unzureichenden Schutz bieten. Geschädigtes Saatgut, Verunkrautung, lückige Pflanzenbestände und hohe Verluste bei Drusch und Lagerung sind wichtige Ursachen der niedrigen Erträge.

Dennoch darf die traditionale Landwirtschaft nicht als primitiv abqualifiziert werden, da sie sich in ihrer Fähigkeit, sich an die jeweiligen Standortbedingungen anzupassen, als sehr hoch entwickelt erweist: die lokalen Saaten entsprechen den örtlichen Gegebenheiten; neue Kulturpflanzen wurden im äthiopischen Raum «gezüchtet»; zur Erhaltung der Bodenfruchtbarkeit werden wechselnde Brachzeiten eingeschaltet, werden Fruchtfolgen eingehalten, und durch Pferchen des Viehs auf dem Acker wird dem Boden organische Substanz zugeführt. Schräg zum Hang gepflügte Furchen bieten in einigen Gebieten der Erosion Einhalt; in verschiedenen Regionen werden durch Terrassenbau auch steilere Hänge genutzt; wo möglich wird durch einfache Bewässerungsverfahren die Zahl der Ernten im Jahr erhöht.

Mit Hilfe solch vielfältiger Produktionstechniken war es dem äthiopischen Bauern jahrhundertelang möglich, einerseits im Gleichgewicht mit den natürlichen Bedingungen zu produzieren, andererseits seine und der Gesellschaft Bedürfnisse nach Agrarprodukten zu befriedigen.

Drei Faktoren, die immer rascher wachsende Bevölkerung, die zunehmende Kommerzialisierung der äthiopischen Wirtschaft und ihre immer engere Verflechtung mit dem Weltmarkt, gekoppelt mit wachsendem Einfluß der westlichen Industrieländer in Äthiopien, haben dieses Gleichgewicht notwendigerweise zerstört und aktive Maßnahmen zur Entwicklung des Agrarsektors zwingend werden lassen.

Tabelle 1: Flächenmäßige Ausdehnung, Anteil an der kultivierten Fläche und Produktion wichtiger Kulturen 1970/71.

Kultur	Fläche (Mio. ha)	% der kult. Fläche	Produktion ('000 t)
Getreide	7,5	55,2	5890
davon: Ṭēf	2,22	16,4	1360
Gerste	1,76	13,0	1530
Hirse	1,22	9,0	1070
Weizen	1,09	8,1	840
Mais	0,86	6,5	940
Hülsenfrüchte	0,9	6,5	660
Ölsaaten (ohne Baumwolle)	0,8	6,1	490
Kaffee	0,6	4,6	175
Barbarrē	0,2	1,8	100
Früchte und Gemüse	0,2	1,5	770
Baumwolle	0,1	0,7	15
Ensete	0,2	1,5	486 (Nahrung) 13 (Faser)
Zuckerrohr	0,01	0,1	1280
Sonstiges, Brache, Futter	3,0	22,5	
Gesamte kultivierte Fläche	13,5	100,0	

(Quelle: Central Statistical Office [CSO], Abstract 1971, S. 11, 41)

Bestimmungsgründe der Entwicklung der Agrarproduktion

Diese allgemeine Notwendigkeit zur Entwicklung der Landwirtschaft läßt sich auf vier Ziele hin spezifizieren, die in der Gegenwart und zunehmend in der Zukunft verfolgt werden müssen: die ausreichende Ernährung der Bevölkerung, die Versorgung heimischer Industrien mit Rohstoffen, die Produktion exportfähiger Güter und die Hebung des Einkommens und Lebensstandards der in der Landwirtschaft beschäftigten Bevölkerung. Bei der Betrachtung dieser Aspekte wird sich im folgenden zeigen, daß das Anstreben der ersten drei Ziele, die alle eine Steigerung der Agrarproduktion beinhalten, in einen Gegensatz zum vierten Ziel geraten kann: der Masse der Bevölkerung die Teilnahme an der Entwicklung zu ermöglichen.

1. Während Äthiopien bis Mitte der fünfziger Jahre noch weit mehr Nahrungsmittel ausführte als importierte, ist es seit 15 Jahren immer weniger in der Lage, seinen *Nahrungsmittelbedarf* aus eigener Produktion zu decken. Wie das Schaubild unten zeigt, stiegen die Importe von Getreide und Mehl nach einer Krise (1958–60) beständig von 3000 auf über 50000 t, gingen auf 20000 t zurück und erreichten 1970 einen

Import und Export von Getreide und Getreidemehl 1953 bis 1971

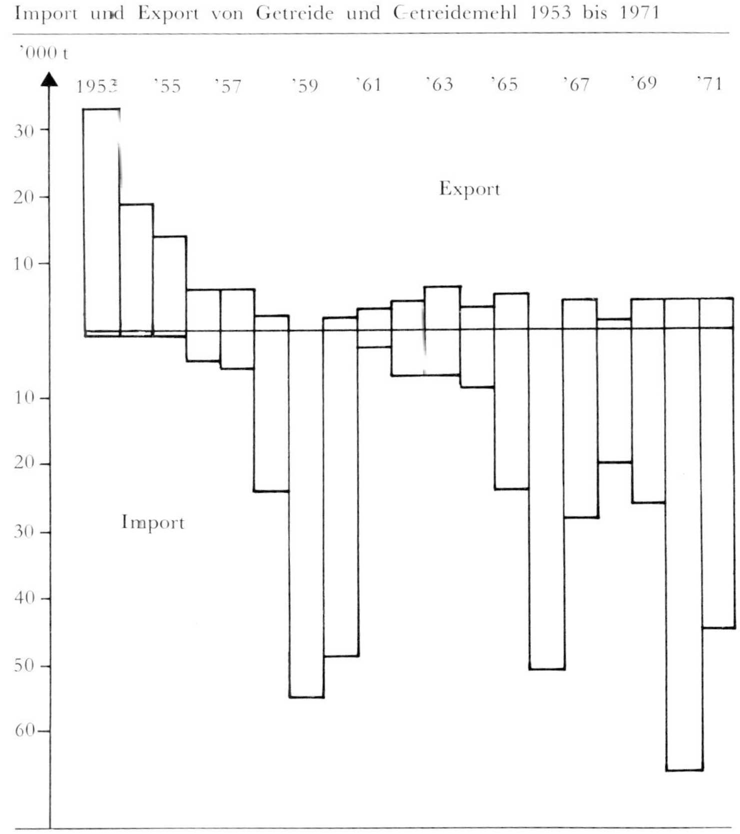

(Quelle: CSO, Abstracts 1954–1971)

Höchststand von 66000 t. Die Dürrekatastrophe 1972/73 hat diese Einfuhren bereits auf über 150000 t hochschnellen lassen. Der Export an Getreide hat sich dagegen von ehemals über 30000 t auf etwa 4000 t vermindert.
Die Zusammensetzung des Außenhandels mit landwirtschaftlichen Produkten (Tabelle 2, unten) belegt, daß etwa zwei Drittel aller Agrarimporte auf Nahrungsmittel entfallen. Wertmäßig steigt der Anteil der landwirtschaftlichen Erzeugnisse am Gesamtimport ständig und liegt 1970/71 bei 9 Prozent.
Daneben sind aber verschiedene Strukturmomente der Ernährungsbilanz zu beachten: Zum einen treten immer wieder saisonale Nahrungsknappheiten auf, da die Ernten die Trockenzeiten nicht völlig überbrücken können. Zum zweiten zeigt eine regionale Aufschlüsselung, daß nur in 10 der 58 dichtbesiedelten Subprovinzen des Landes Nahrungsmittelüberschüsse erzeugt werden, während 23 Subprovinzen leichte, 7 erhebliche und 5 große Defizite aufweisen. Die Unterversorgung geht mit steigender Bevölkerungsdichte einher und betrifft besonders die nördlichen Provinzen. Die große Dürre 1972 und 1973 betraf gerade diese Regionen und führte zu der bekannten Katastrophe. Die Hungersnot war ebenso von der Dürre verursacht wie von der augenscheinlich fehlenden Kapazität der übrigen Landwirtschaft, durch entsprechend vermehrte Lieferungen die extrem zugespitzte Lage in Nord-Šawā, Wallo und Tegrē zu erleichtern. Die Hungersnot weist damit auf die Gesamtlage hin: unzureichender Zuwachs in der agrarischen Produktion und wachsende Krisenanfälligkeit.
Dies wird auch durch ein drittes Moment belegt. Bereits 1969 zeigten Untersuchungen, daß das kalorische Niveau der Ernährung sehr niedrig liegt; man schätzte, daß täglich nur 1600–2100 Kalorien pro Kopf zur Verfügung stehen. Eine Verbesserung dieser Situation ist angesichts der rasch wachsenden Bevölkerung von höchster Dringlichkeit.

Tabelle 2: Importe und Exporte von Agrarprodukten 1971

Produkt	Import ('000 Äth. $)		Export ('000 Äth. $)	
Nahrungsmittel und lebende Tiere	28424		54616	
davon: Getreide		10131		1122
Milch, Butter, Käse		4947		290
Fleisch, -produkte		269		8908
Früchte, Gemüse		2454		28378
Fisch		826		758
Kaffee	101		175210	
Häute und Felle	19		25728	
Ölsaaten	225		32064	
Pflanzenfasern	9901		1605	
davon: Baumwolle		5770		1605
Tabak	1789			
Sonstiges	2833		9962	
Außenhandel des landwirtschaftlichen Sektors	43292		299185	
Gesamtaußenhandel	469543		309588	

(Quelle: CSO, Abstract 1971, S. 91 ff)

2. Den zweiten Aspekt beleuchtet der Umstand, daß 1969/70 mehr als ein Drittel aller größeren Betriebe des Landes *agrarische Rohstoffe weiterverarbeitete*. Die Baumwolle verarbeitenden Industrien müssen dabei noch hinzugerechnet werden. Eine Ausdehnung dieser Industriezweige, in denen bisher über 60 Prozent aller gewerblichen Arbeitnehmer beschäftigt sind, setzt eine Steigerung der landwirtschaftlichen Produktion voraus.
3. Die Bedeutung der Landwirtschaft für den *Außenhandel* dokumentiert Tabelle 2. Etwa 58 Prozent aller Exporte entfielen 1971 alleine auf Kaffee; daneben spielen Häute und Felle, Früchte und Gemüse sowie Ölsaaten eine wichtige Rolle. Insgesamt sind mehr als neun Zehntel aller Ausfuhren Agrarprodukte. Eine Steigerung der Produktion soll nicht nur den Export weiter ausdehnen, sondern muß auch die bisher noch notwendigen ergänzenden Einfuhren von Nahrungsmitteln und landwirtschaftlichen Rohstoffen überflüssig machen.
Zusätzlich zur mengenmäßigen Ausdehnung der Erzeugung ist die Verbesserung der Qualität vor allem von Kaffee, Häuten und Fellen ein wichtiges Entwicklungsziel. Bisher ist nur etwa die halbe Kaffee-Ernte weltmarktfähig, da überwiegend von quasi wildwachsenden Sträuchern geerntet wird und 90 Prozent des Kaffees trocken fermentiert werden. Die Erzeugung von «mildem» Kaffee durch geeignete Verarbeitung kann den Exportanteil und die Erlöse erheblich steigern. Bei Häuten und Fellen ist die Einführung verbesserter Trocknungs- und Gerbeverfahren von entscheidender Bedeutung zur Steigerung der Qualität.

Aspekte der Agrarstruktur

Solange nur die mengen- und wertmäßige Steigerung der agrarischen Produktion betrachtet wird, kann die zügige Schaffung von modernen Großbetrieben als beste Lösung dieser Aufgabe angesehen werden. Im dritten Fünfjahresplan (1968–1973) ist der Errichtung solcher agro-industrieller Unternehmen, für die auch ausländisches Privatkapital interessiert werden soll, große Bedeutung zugemessen worden. Die Produktion im «modernen» Agrarsektor soll im Planungszeitraum um 5,7 Prozent pro Jahr anwachsen, während für den traditionalen Bereich nur eine Steigerungsrate von 1,8 Prozent erwartet wird.
Es ist dabei aber zu beachten, daß nur ein sehr kleiner Teil der in der Landwirtschaft Beschäftigten mit einer solchen «Produktionspolitik» erreicht wird. Es wird geschätzt, daß im Land rund vier Millionen bäuerlicher Haushalte existieren, von denen 90 Prozent weni-

ger als fünf Hektar, zwei Drittel von diesen weniger als eineinhalb Hektar bebauen. Von dieser Unzahl von Kleinbetrieben leben etwa 20 Millionen Menschen. Im modernen landwirtschaftlichen Sektor arbeiteten 1970 dagegen nur 37 330 Menschen, viele davon nur als Saisonarbeiter. Die Ausdehnung des «modernen» Sektors löst also nicht die vierte Aufgabe der landwirtschaftlichen Entwicklung: der Masse von Kleinbauern *zusätzliches Einkommen und Teilnahme am wirtschaftlichen Fortschritt* zu ermöglichen.

Dies muß aber Hauptanliegen aller Entwicklungspolitik sein. Nicht nur, weil erst durch höhere Einkommen der Masse der Bevölkerung die Kaufkraft entsteht, die die industrielle Produktion anregen kann und damit den Übergang von Arbeitskräften aus dem Agrarsektor in die Industrie ermöglicht; nicht nur, weil es Menschlichkeit gebietet, gerade die armen ländlichen Massen am Fortschritt teilhaben zu lassen; sondern vor allem, weil die Kraft der Entwicklungsländer in den Millionen Händen und Köpfen ihrer Völker steckt, durch deren Mobilisierung erst die ökonomische und soziale Unterentwicklung überwunden werden kann, muß eine auf *dauerhaften* Fortschritt und wirtschaftliche *Unabhängigkeit* zielende Entwicklungspolitik gerade im kleinbäuerlichen Sektor ansetzen.

Zweifelsohne stehen der Entwicklung des bäuerlichen Subsistenzsektors gewaltige Probleme im Wege. Die Betriebe sind nicht nur unrentabel klein, sondern auch oft in mehrere winzige Parzellen zersplittert. Weite ländliche Gebiete sind nicht durch Straßen erschlossen und können nur zu Fuß oder auf Pferden und Maultieren erreicht werden. Dem Transport von Produkten und der Vermarktung stehen also große Schwierigkeiten entgegen.

Die Vermarktung selbst ist unübersichtlich und kompliziert strukturiert; sie reicht vom Tauschhandel oder dem Verkauf weniger Kilogramm eines Produktes auf den entlegenen Märkten über Mittelsmänner zu kleineren und von diesen zu größeren Händlern, die die Erzeugnisse auf die großen Märkte an die Straßen schaffen, wo sie in die Nachfragezentren verkauft werden. Die Erzeugerpreise betragen so vielfach nur einen Bruchteil des endgültigen Marktpreises. Kredite zum Erwerb neuer Produktionsmittel stehen auch in erschlossenen Gebieten den Bauern nicht oder nur gegen Zahlung phantastischer Zinssätze (100 bis 250 Prozent sind üblich, Fälle von 600 bis 750 Prozent sind aber auch bekannt) von privaten Geldverleihern oder Händlern zur Verfügung. Eine landwirtschaftliche Beratung ist nur an wenigen Orten bisher möglich.

Grundbesitzstrukturen im Hochland

Die größten Schwierigkeiten für eine Aktivierung des kleinbäuerlichen Bereichs erwachsen jedoch aus den Grundbesitzstrukturen. Es lassen sich in Äthiopien zwei grundsätzlich verschiedene Bodenbesitz-Systeme unterscheiden, die in sich jeweils viele Varianten zeigen:

1. Im zentralen und nördlichen Hochland ist das Land vorwiegend kommunales (oder besser: korporatives) Eigentum von Verwandtschaftsgruppen. Diese Besitzverfassung, die *Rest* genannt wird, bedeutet, daß ein Feld einen «Anteil einer viel größeren Landfläche repräsentiert, die korporativ Männern und Frauen gehört, die sich gegenseitig als Nachkommen ... einer legendären Person anerkennen, von der angenommen wird, daß ihr als erster diese Landfläche als *Rest* gehörte» (A. Hoben). Alle Nachkommen dieses Begründers eines *Rest*, wie auch immer sie mit ihm verwandt sein mögen, haben ein prinzipielles Recht auf Nutzung eines Teils des korporativ geeigneten Landes. Dieser Anspruch auf *Rest* ist aber nicht gleichbedeutend mit der tatsächlichen Inbesitznahme eines Teils des *Rest*. So erben die Kinder eines *Rest*-Halters zwar dessen Anspruch auf Landnutzung, es ist aber in die Entscheidung der Korporation gelegt, ob dieser Anspruch anerkannt und erfüllt wird.

Dieses Grundbesitz-System bedeutet also in seinem Kern, daß Land nicht eine Sache ist, wie eine Kuh oder ein Stuhl, über die ein Besitzer nach Belieben verfügen kann; sondern es handelt sich um fließende Beziehungen zwischen korporativ verwaltetem Land und ererbten Ansprüchen der Mitglieder der Korporation, deren Durchsetzung wesentlich von sozialen Faktoren (Ansehen, politischer Macht, verwandtschaftlichen Interessen usw.) abhängt.

Dieses Konzept steht in krassem Gegensatz zu den Eigenschaften von Grundbesitz in den westlichen Industriestaaten. Der Gesellschaftsordnung dort gemäß ist Landeigentum untrennbar mit den Rechten der privaten Veräußerung, Beleihung, Verpachtung und Erblassung verbunden. Aus dieser Tradition heraus erscheint den Planern äthiopischer Agrarpolitik das *Rest*-System als wesentliches Hindernis, um die Hochlandbauern für Modernisierung und technischen Fortschritt zu interessieren. Um eine Beleihung des Landes und das «Wandern des Bodens zum besten Wirt» zu ermöglichen (d.h. den Warencharakter des Bodens einzuführen), plädieren sie für die Abschaffung des korporativen Eigentums und die Einführung von individuellen Besitztiteln. Damit verbindet sich die Hoffnung, daß die Privatinitiative der Bauern und damit ihre Innovationsbereitschaft angeregt werden. Solche Vorschläge bedenken aber nicht, welche Konsequenzen für die sozialen Strukturen ausgelöst wer-

den. Die Festschreibung der gegenwärtigen Nutzungsrechte am Land als Eigentumsrechte würde «einen vergänglichen Zustand der Landnutzung und der sozialen Schichtung zu einem bestimmten Zeitpunkt einfrieren. Sie würde ein bewegliches System individueller Ungleichheit in einen dauerhaften Zustand ökonomischer und sozialer Schichtung verwandeln; und, paradoxerweise, bei Abwesenheit substantieller wirtschaftlicher Entwicklung, nur zu leicht zum Entstehen vieler landloser Bauern führen.» (A.Hoben)
Eine alternative Politik, nämlich aufbauend auf dem *Rest*-System die Förderung einer korporativen Landwirtschaft voranzutreiben, findet bisher wenig Anhänger. Da andererseits allen Tendenzen der Individualisierung des Landbesitzes von den Bauern militanter Widerstand entgegengesetzt wird – der letzte Versuch, die (individuelle) Landwirtschaftssteuer einzuführen, endete 1967/68 in Goğğām mit einer Revolte, die mehrere hundert Menschenleben kostete – und bis jetzt scheiterten –, wird bisher keine Entscheidung von der Regierung getroffen, und nachhaltige Maßnahmen zur landwirtschaftlichen Entwicklung unterbleiben auf dem Hochland gänzlich.

Teilpachtverfassung in Süd- und Westäthiopien
Die zweite Form äthiopischer Grundbesitzverfassung findet sich in den zentralen, südlichen und westlichen Provinzen des Landes. Dort ist der Boden überwiegend individuelles Eigentum und wird zum Teil von den Eigentümern, weit überwiegend aber von Pächtern bewirtschaftet. Tabelle 3 am Schluß dieser Seite zeigt, welche der Besitzverfassungen in den einzelnen Provinzen (außer Bālē und Ēretrā) vorherrscht. Die Aufstellung gibt auch die offiziellen Daten zur Verteilung der von ihren Eigentümern oder von Pächtern bewirtschafteten Betriebe. Es ist aber sicher, daß die Zahlen für Pächter stark untertrieben sind; verschiedene regionale Untersuchungen zeigen, daß sich die Zahl der Eigentümer zu der der Pächter wie 1:10–20 verhält. Aber auch nach der offiziellen Statistik lebt im Landesdurchschnitt fast die Hälfte aller Bauern auf ganz oder teilweise gepachteten Betrieben, in einigen südlichen Provinzen sind es bis zu drei Viertel. Mehr als ein Drittel, in Wahrheit wohl die Hälfte aller äthiopischen Bauern, wirtschaftet auf reinen Pachtstellen.
Diese Masse kleiner gepachteter Betriebe ist weitaus am schwierigsten in einen Entwicklungsprozeß einzubeziehen, da die Pachtbedingungen das Interesse der Bauern an wirtschaftlichem und technischem Fortschritt weitgehend untergraben. Fast immer werden die Höfe zu Teilpachtbedingungen übernommen, das heißt, der Bauer hat einen prozentualen Anteil des Naturalertrages an den Grundherrn abzuführen. Dieser Anteil liegt meist zwischen 25 und 60 Prozent, in manchen Gegenden noch höher. Zusätzlich hat der Pächter oft den «Zehnten» abzuliefern, er muß Arbeitsleistungen für den Grundherrn erbringen, und vielfach ist bei Antritt der Pacht ein Geldbetrag zu entrichten. Die «Verträge» werden in der Regel mündlich geschlossen und sind praktisch jederzeit kündbar. Die Teilpächter wirtschaften somit unter denkbar ungünstigen Bedingungen: sie haben nicht nur extrem hohe Abgaben zu leisten, sondern sie können sich auch des Fortbestandes der Pacht, selbst wenn sie bereits Jahrzehnte auf einem Betrieb wirtschaften, nie gewiß sein. Es nimmt deshalb nicht wunder, daß sie an Entwicklungsmaßnahmen kaum interessiert sind, zumal finanzielle Aufwendungen für die Erzeugung (etwa durch Kauf von Mineraldünger) für sie zwar zu erhöhtem Risiko, aber, durch die Teilung jedes Mehrertrages mit dem Verpächter, nur zu bescheidenen zusätzlichen Einkünften führen.
Tabelle 3 zeigt auch, daß ein beachtlicher Teil aller Eigentümer ihr Land nicht selbst bebaut, sondern in den Städten von den Pacht- oder anderen Einkünften lebt («absentee owners»). Dies gilt vor allem für die großen Grundherren, die vielfach zur Spekulation

Tabelle 3: Besitzsysteme, Zahl der Betriebe, Dichte der ländlichen Bevölkerung, Besitzformen und «absentee landownership» in zwölf Provinzen

Provinz	vorwiegend Besitzsystem	Zahl der Betriebe	Dichte der ländl. Bevölkerung/km²	Besitzform in % Eigentum*	Pacht	Mischform*	«absentee owners» in % des Eigent.
Ilubābor	indiv.	112200	12,6	25	73	2	42
Šawā	indiv.	952300	44,0	33	51	16	34
Kafā	indiv.	204200	20,0	38	59	3	18
Wallaggā	indiv.	192600	15,2	41	54	5	29
Ḥarargē	indiv.	262100	10,9	46	49	5	23
Arusi	indiv.	164000	30,8	48	45	7	28
Gamugofā	indiv.	115600	15,2	53	43	4	10
Sidāmo	indiv.	397000	18,1	61	37	2	24
vorwiegend Individualsystem gesamt		2400000	18,3	42	50	8	
Wallo	ind./kom.	471800	26,4	60	17	23	
Tegrē	kommun.	317800	23,1	75	7	18	
Goğğām	kommun.	338500	24,3	80	13	7	
Bagēmder	kommun.	190300	15,4	85	9	6	
vorwiegend Kommunalsystem gesamt		1318400	22,3	72	12	16	
Zwölf Provinzen gesamt		3718400	19,4	53	36	11	

* «Eigentum» bedeutet bei Kommunalsystem Besitz zur Nutzung; bei «Mischform» ist der Betrieb teils im Eigentum, teils gepachtet.

(Quellen: CSO: Reports. Ministry of Land Reform and Administration: Reports. Stanford Research Institute: An Agricultural Credit Program for Ethiopia.)

oder aus traditionellem Prestigedenken ganze Landstriche erwerben und zum großen Teil ungenutzt liegen lassen. Die Konzentration des Landes in wenigen Händen ist beachtlich: so besitzen in der Provinz Ḫarargē zwei Grundbesitzer 71,2 Prozent des gesamten vermessenen Landes, nämlich 1,2 Millionen Hektar.

Notwendigkeit der Landreform

Ausländische Ratgeber und äthiopische Dienststellen erkennen natürlich, daß eine weitere Vernachlässigung der kleinbäuerlichen Landwirtschaft zu äußerst schwierigen wirtschaftlichen und politischen Konsequenzen führen wird. Die mittlerweile erarbeiteten und in Gang gesetzten Programme des Landwirtschaftsministeriums und ausländischer Entwicklungshilfe konzentrieren sich dabei auf die zentralen, südlichen und westlichen Regionen des Landes, da Eingriffe in das kommunale Landbesitz-System auf dem Hochland politisch inopportun sind. Diese Entwicklungsvorhaben stoßen damit aber auf das Hindernis der Teilpachtverfassung mit einer Unzahl winziger Pachtbetriebe auf der einen Seite und unproduktivem Großgrundbesitz auf der anderen.

Beide Momente müssen radikal geändert werden, wenn eine Grundlage für die Mobilisierung des traditionalen Agrarsektors bestehen soll, denn von der Verfügung über das Produktionsmittel Boden hängt ab, ob die Masse der Kleinbauern ökonomisch aktiv wird, ihre Produktion verbessert und ihre Einstellung überwindet, wehrlos der Macht anderer unterworfen und deshalb zu Passivität und Unterordnung verdammt zu sein. Die Landreform ist deshalb der Angelpunkt für die Erzielung wirtschaftlichen und sozialen Fortschritts im Agrarsektor.

Die Möglichkeit, Reformen legal durchzuführen, haben im Moment aber nur die Grundherren, da Landbesitz und Politik in Äthiopien unmittelbar miteinander verflochten sind: die Macht im Staate haben auf allen administrativen Ebenen die Grundherren; der Staatsdienst ist die beste Möglichkeit, um den Landbesitz zu erweitern. Unter den gegebenen Verhältnissen muß deshalb eine Reform der Grundbesitzstrukturen gerade von denen erlassen und durchgeführt werden, gegen deren Interessen sie sich wendet.

Es nimmt deshalb nicht wunder, warum zwar offiziell die Durchführung einer Agrarreform immer wieder in Aussicht gestellt wird, praktisch bis zu den Unruhen Anfang 1974 aber nichts unternommen worden ist. Seit 1967 plant ein «Ministry of Land Reform and Administration» Gesetzesinitiativen, durch die die Pachtbedingungen verbessert werden sollen – Gewährung voller Vertragsrechte, Festlegung der Maximalpacht auf 33 Prozent der Ernte, Entschädigung für Betriebsverbesserungen durch den Pächter usw. Bisher unproduktives kultivierbares Land soll durch progressive Besteuerung der Bewirtschaftung zugeführt werden. Auch soll der private Landbesitz vermessen und ein Kataster eingerichtet werden.

Keines dieser Gesetze wurde bisher aber erlassen; nur das Gesetz zur Neuregelung der Beziehungen zwischen Grundherr und Pächter konnte die verschiedenen Verwaltungsinstanzen passieren und erreichte 1971 das Parlament. Dort wurde es aber von den die Mehrheit stellenden Grundbesitzern auf unbestimmte Zeit vertagt.

Doch wäre auch mit dem Erlaß eines solchen Gesetzes noch nichts erreicht, so lange nicht für eine wirksame Durchsetzung in der Praxis gesorgt werden kann. Und die Erfahrung lehrt in Äthiopien, daß die Interessen der Grundherren überall dominieren und nicht genehme Verordnungen zur Wirkungslosigkeit verdammen. Anschauliches Beispiel für solche «sterile» Gesetzgebung ist, daß der «Zehnte» seit 1944 abgeschafft ist, aber vielfach noch immer von den Pächtern abverlangt wird.

Ansätze und Probleme der Entwicklung der bäuerlichen Landwirtschaft

Die Verhinderung der Landreform ist sicher der wichtigste Faktor für den stagnierenden Zustand der äthiopischen Landwirtschaft. Daneben erweisen sich aber auch andere organisatorische und institutionelle Maßnahmen zur Förderung der Bauernwirtschaften – wie Schaffung einer wirksamen Beratung, Aufbau eines angepaßten Versuchswesens, Ausbildung von Fachkräften usw. – als Vorhaben, die nur äußerst zögernd in Angriff genommen werden. Die im zweiten Fünfjahresplan (1962–67) konzipierten Projekte wurden entweder erst am Ende dieser Planungsperiode begonnen oder in den dritten Plan übertragen, so daß auch die gegenwärtige Periode noch als «vorbereitende Phase» zur «Schaffung der notwendigen Grundlagen» der Entwicklung definiert werden mußte.

Die geringe Aufmerksamkeit, die man der Landwirtschaft zollt, dokumentiert sich auch in der dauernden Finanzknappheit des Landwirtschaftsministeriums, das nie mehr als 3 Prozent des laufenden Staatshaushaltes, in den Jahren 1967 bis 1971 jeweils nur 2,1–2,3 Prozent, zugeteilt erhielt. Angesichts der Bedeutung der Landwirtschaft ist dies ein kümmerlicher Anteil, vor allem auch im Vergleich zu den unproduktiven Ausgaben für allgemeine Verwaltung, Polizei und Militär, für die jeweils 45–60 Prozent der Haushalte aufgewendet werden.

Dieser andauernde Geldmangel führte vor allem auch dazu, daß die seit 1952 bestehende landwirtschaftliche

Beratung kaum Erfolge erzielte. Ohne Transportmittel, ohne Demonstrationsmaterial, häufig sogar ohne ihr Gehalt standen die wenigen über das Land verteilten Berater völlig hilflos ihren Aufgaben gegenüber. Zudem fehlte die ausreichende Koordination und Unterstützung durch höhere Instanzen, so daß der Idealismus, den viele Berater mitbrachten, rasch verbraucht wurde. Über viele Jahre hinweg konnte die Gesamtzahl der Berater nicht erhöht werden; neu ausgebildete Kräfte konnten gerade die Zahl der resignierend Ausscheidenden ersetzen.

Ende 1970 wurden das Landwirtschaftsministerium und mit ihm die Beratungsabteilung reorganisiert: Die Beratung soll sich nun auf kleinere, ausgewählte Gebiete («minimum package areas») konzentrieren, in denen mehrere Berater mit ständiger Anleitung und Ausrüstung praxisnahe Versuche und Demonstrationen durchführen und die Bauern mit modernen Produktionsmitteln zu versorgen versuchen. Ein straff organisierter Stab im Ministerium plant, koordiniert und bewertet die Arbeit fortlaufend. Im Zuge dieses Programms hat sich die Zahl der Berater rasch auf über 200 (1971) vergrößert, doch ist auch diese Zunahme angesichts der Größe der Aufgabe beklemmend gering.

Die ersten Fortschritte des Beratungsprogramms haben die Hoffnung neuerlich genährt, auch ohne eine Landreform den landwirtschaftlichen Subsistenzsektor aktivieren zu können. Doch trügt dieser Eindruck, denn zunächst werden vorwiegend Betriebe erreicht, die von ihren Eigentümern bewirtschaftet werden, kaum aber die Pächter. Die Gesamtproduktion steigt damit zwar an, aber erstens ist diese Steigerung nicht ausreichend und zweitens entsteht, zumindest längerfristig, die gefährliche Tendenz, daß zugunsten der Großgrundbesitzer und einer neuen «mittelbäuerlichen» Schicht die Millionen Pachtbauern ihre Existenzmöglichkeiten verlieren und von ihren Betrieben ohne alternative Beschäftigungsmöglichkeit vertrieben werden.

Deutliche Hinweise in dieser Richtung zeigen sich schon seit einigen Jahren in Regionen, in denen durch intensive Entwicklungsvorhaben die Landwirtschaft modernisiert werden soll. Solche Regionalentwicklungsprojekte, in denen durch gebündelte Maßnahmen in begrenzten Regionen die landwirtschaftliche Beratung mit der Bereitstellung von Produktionsmittel-Krediten, Vermarktungsmöglichkeiten und Infrastrukturvorhaben gekoppelt wird, gilt als hoffnungsvoller Entwicklungsansatz. Das erste derartige Projekt wurde 1967 mit schwedischer Hilfe in Çelālo (Chilalo) in der Provinz Arusi begonnen, vier weitere sind bereits in Angriff genommen oder werden geplant.

Die Erfahrungen der «Chilalo Agricultural Development Unit» zeigen, daß zwar eine große Zahl von landbesitzenden Bauern zur Teilnahme an einem solchen Projekt angeregt werden kann und sogar einige Pächter bei konzentrierten Anstrengungen erreicht werden; es erweist sich aber vor allem, daß aus den gegebenen Agrarstrukturen ganz negative Entwicklungen erwachsen: Obwohl das Projekt vor allem den kleinbäuerlichen Sektor fördern will, profitieren hauptsächlich die großen Grundbesitzer. Die Steigerung der Produktivität führt einerseits dazu, daß die Pachtsätze angehoben werden, andererseits werden in verschiedenen Gebieten zunehmend mehr Teilpächter entlassen und das Land stattdessen maschinell bebaut. Man nimmt an, daß bis 1975 etwa 35 Prozent der bäuerlichen Bevölkerung (knapp 70 Prozent aller Pächter) aus bestimmten Gegenden vertrieben sein werden. Ähnliche Bewegungen zeichnen sich auch in Walāmo und um Dabra Zayt ab, wo ähnliche Entwicklungsprojekte in Angriff genommen wurden.

Trotz diesen Tendenzen – deren Folgen, ein wachsendes Heer von arbeitslosen «Lumpenproletariern», aus Ländern mit vergleichbarer Wirtschafts- und Sozialstruktur bekannt sind – verlieren die meisten äthiopischen und ausländischen Entwicklungspolitiker nicht den Glauben, auch ohne Änderung der Teilpachtverfassung den äthiopischen Bauern zu einer leistungsfähigen Landwirtschaft verhelfen zu können.

Mit einer Vielzahl von Projekten suchen verschiedene Geberländer zum Fortschritt im Agrarsektor Äthiopiens beizutragen. Die Unterstützungen reichen von Budget-Zuschüssen (USA) über die Durchführung von Agrarforschung (UNDP-FAO, BRD) und Ausbildung (z.B. USA, Großbritannien) bis hin zur agroindustriellen Entwicklung (vor allem USA, Weltbank) und zu Regionalentwicklungsprojekten (Schweden, Weltbank, USA).

Zwar kann diesen Bemühungen der ernsthafte Wille, Äthiopien zu helfen, nicht abgesprochen werden. Gleichzeitig ist jedoch unübersehbar, daß der Optimismus der Entwicklungshilfe-Institutionen, die Landwirtschaft fördern zu können, egal unter welchen strukturellen Bedingungen, nur zu oft von den durchaus eigennützigen Interessen der Industrieländer geleitet wird. Die nachdrückliche Betonung der Einrichtung von kommerziellen Großfarmen und industriell organisierten landwirtschaftlichen Produktionsbetrieben verbindet sich mit der Absicht, «ausländischen privaten Investoren profitable Möglichkeiten zur Kapitalanlage» zu eröffnen (so die Richtlinien der US-amerikanischen Entwicklungshilfe).

Diesen wie anderen Projekten liegt die offensichtliche Absicht zugrunde, den Absatzmarkt für Landmaschinen, Traktoren, Dünger und Pflanzenschutzmitteln in Äthiopien zu erweitern. Vor allem aber fußt die westliche Entwicklungshilfe generell auf dem Konzept, eine Landwirtschaft herauszubilden, die sich an euro-amerikanischen Vorbildern orientiert. Die vorhandenen Bedingungen in Äthiopien (Überwiegen kleinbäuerlicher Existenzen, korporatives Besitzrecht usw.) bleiben weitgehend unbeachtet oder werden, obwohl der inneren Logik der Konzeption selbst widersprechend (Teilpachtverfassung), nicht angetastet.

Die gegenwärtig durch die extreme Nahrungsmittelverknappung gekennzeichnete Situation macht aber bereits deutlich, daß der eingeschlagene Weg die Probleme der äthiopischen Landwirtschaft nicht zu lösen vermochte. Nicht nur eine Großzahl von Verhungerten, sondern auch ständig steigende Lebensmittelpreise, wachsende Zahlen landloser Bauern, stagnierende Produktion, steigende Nahrungsimporte charakterisieren die Lage – und nicht das Gegenteil. Die zentralen Planungsinstanzen haben für die dritte Periode zwar postuliert, daß «zwei Generallinien zu verfolgen seien: die Förderung der kommerziellen Großbetriebe einerseits und der bäuerlichen Subsistenzwirtschaften andererseits», um die beiden großen Probleme des Landes zu lösen: «das Produktionsproblem und das Bauernproblem». Es ist aber offenkundig, daß eine Teilnahme der Masse der kleinen Bauern an wirtschaftlichem, sozialem und politischem Fortschritt nur durch entschlossene politische Entscheidungen zu gewährleisten ist.

AUGENSCHEIN

VOR- UND FRÜHGESCHICHTE

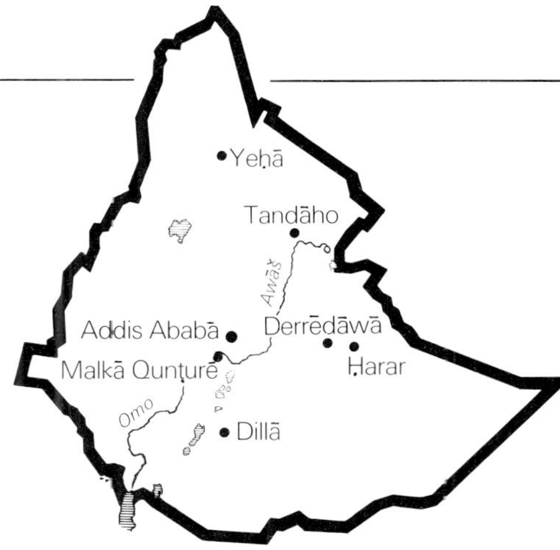

Äthiopien ist eine Wiege der Menschheit. Der Suche nach Urmenschen im Tal des Omo gilt ein eigenes Kapitel (S. 267ff.). Aber auch am Awāš liegen Brennpunkte afrikanischer Vorgeschichtsforschung. 1974 wurde die Entdeckung eines Schädelfragments und einiger Oberschenkelbein- und Schienbeinbruchstücke von Hominiden an seinem Unterlauf, in der Nähe von Tandāho, bekannt. Und die Fundstätte von Malkā Qunṭurē an seinem Oberlauf, nur 50 Kilometer südwestlich der Hauptstadt, hat sich seit ihrer Entdeckung im Jahre 1963 zu einem eigentlichen Mekka der Prähistoriker entwickelt. Sie begründete den neuen Platz Äthiopiens auf der Karte des vorgeschichtlichen Afrika.

Malkā Qunṭurē ist die örtliche Bezeichnung für eine Furt des Awāš-Flusses. Unterhalb des Übergangs, den die ansässigen Galla als Viehtränke benützen, stürzt das Flußbett über eine Reihe von Wasserfällen ab. Oberhalb ist es in einer sanften, mit Schirmakazien besetzten Parklandschaft in Schichtgesteinen eingetieft, die ein eiszeitlicher See und Vulkanausbrüche ablagerten. Mit der berühmten Fundstätte von Oldoway in einer Trockenschlucht der Serengeti-Steppe (Tansania) rivalisiert Malkā Qunṭurē in drei Punkten: dem Reichtum der Artefakte (aus Obsidian und einer Art Lava) und zwar der Vielfalt der Typen und der großen Zahl von Belegen für jeden Typus; der stratigraphischen Gliederung, die eine kontinuierliche, Jahrhunderttausende umspannende Besiedlungsgeschichte wie einen Film ablaufen läßt; und namentlich dem Umstand, daß es sich bei den verschiedenen Fundstellen um eigentliche Habitate, also Wohnplätze des Ur- und Frühmenschen handelt und nicht bloß um sekundäre, mehr oder weniger zufällige Konzentrationen seiner Geräte. 18 Meter dicke Sedimente enthalten Dokumente zur Entwicklung der Menschheit im Zeitraum von einer Million Jahren. Nach neun Grabungskampagnen ist sich der französische Quartärgeologe und Prähistoriker Jean Chavaillon im klaren darüber, daß Malkā Qunṭurē eine Lebensaufgabe ist. Die Serie der Fundhorizonte zeigt am oberen Ende mittelsteinzeitliche und jungsteinzeitliche Industrien. Doch gilt das Hauptaugenmerk des Ausgräbers den Belegen, die der altsteinzeitliche Acheul-Mensch auf verschiedenen Grabungsniveaus hinterließ. 1974 wurde aus einem Horizont des Mittleren Acheul das linke Scheitelbein eines Pithecanthropus geborgen: das erste menschliche Fossil in Malkā Qunṭurē – und der erste Pithecanthropus-Rest in Äthiopien.

Zur Hinterlassenschaft des vor- und frühgeschichtlichen Menschen in Äthiopien gehören Dolmen und Menhire, Felsritzungen und Felsmalereien sowie, vor allen, die Felsskulpturen von Čābē bei Dillā – ein Ensemble, das in Afrika nicht seinesgleichen hat.

Die sprachliche Semitisierung des äthiopischen Nordens durch südarabische Einwanderer – vermutlich in der ersten Hälfte des letzten vorchristlichen Jahrtausends – verführte einst zu der Vorstellung, daß die früheste äthiopische Kultur nichts weiter als ein kolonialer Ableger der südarabischen sei. Archäologen wie Jean Leclant haben stets vor dieser vereinfachenden Annahme gewarnt; andererseits wiesen aber gerade die Belege, die die Archäologie zu der materiellen Kultur der damaligen Bewohner des äthiopischen Nordens beibringen konnte, beharrlich über das Rote Meer hinweg nach Sabaʿ hinüber – einige Abweichungen und Verschiedenheiten (bei noch mehr Ähnlichkeiten und Gleichheiten) zugegeben. Beweis und Durchbruch zu einer neuen Betrachtung gelangen zuletzt der Epigraphik: Roger Schneider legte 1973 zwei vordem unbekannte, in einem äthiopischen Südarabisch abgefaßte Inschriften vor, die er auf zwei Räucheraltären in einer Kirche in Tegrē entdeckt hatte. Aus ihnen geht unwiderleglich hervor, daß es schon um die Mitte des 5. vorchristlichen Jahrhunderts äthiopische Souveräne gab, deren Oberhoheit südarabische (sabäische) Kolonisten auf äthiopischem Boden anerkannten. Der sabäische Einfluß, der sich in der Architektur, in der Ornamentik, in der Religion und in der Schrift bemerkbar macht, erklärt sich zweifellos aus der Existenz solcher kultureller Enklaven. Unter den südarabischen Niederlassungen dürfte Yeḥā die bedeutendste, mit besonders großer Strahlungskraft, gewesen sein. Aber seit der Entdeckung Schneiders steht fest, daß Äthiopien zu der Zeit, da es die Schwelle zwischen der schriftlosen Vorzeit und der inschriftlich gesicherten Geschichte überschreitet, um die Mitte des 5. vorchristlichen Jahrhunderts also, wenigstens politisch bereits seine Identität gefunden hat. Äthiopien war, soweit zurück es urkundlich faßbar ist, immer Äthiopien.

1
Malkā Qunṭurē am Awāš: die Fundstelle Gārbā IV. In Malkā Qunṭurē hantiert man mit Spachtel, Stichel und Pinsel, der Grabungsfortschritt mißt sich in Quadratzentimetern und Quadratdezimetern. Der hier herauspräparierte Fundhorizont liefert Steinwerkzeuge, die typologisch – Ansätze zum Zweiseiter! – ein fortentwickeltes Oldoway oder ein altes Acheul repräsentieren. Alter: etwa 1 Million Jahre. Die Grabung liegt nur wenig über dem jetzigen Bett des Awāš. Zur Zeit der Sommerregen, wenn der Awāš anschwillt, bangt Chavaillon um die Funde, die noch *in situ* sind.
Erstaunlich ist in Malkā Qunṭurē die Vielzahl verschiedener Fundhorizonte innerhalb eines flächenmäßig eng begrenzten Gebiets. Die ältesten sind gleichaltrig mit den oberen Lagen des sogenannten Bed I in der Oldoway-Schlucht (1,2 bis 1,5 Millionen Jahre). Hier dominieren die sogenannten «Pebble tools», d. h. behelfsmäßig zugeschlagene Geröllgeräte. Um viele hunderttausend Jahre jüngere Fundlagen aus der ausgehenden Altsteinzeit bringen dagegen Zweiseiter («Faustkeile»), Äxte und Kugeln – manchmal mehrere hundert Geräte auf einigen Dutzend Quadratmetern. Zahlreiche dazwischen verstreute kleine und kleinste Abschläge belegen die ständige Erneuerung der sich abstumpfenden Kanten an den Zweiseitern und Äxten. Die Kugeln dienten, geschleudert, möglicherweise als Jagdwaffen; Louis S.B. Leakey erinnerte zur Deutung ähnlicher Funde aus der Oldoway-Schlucht an die Bolas der südamerikanischen Indianer. Chavaillon nennt als Hauptgrund für die augenscheinliche Besiedlungsdichte gerade an diesem Ort den Wildreichtum an den Ufern des Sees. Die Hoffnung auf leichte Jagdbeute muß den Ur- und Frühmenschen an Stellen gelockt haben, wo das Wild zur Tränke kam. In allen bisher untersuchten Fundstellen liegen bei den Steingeräten Tierknochen. Chavaillon barg Nashornwirbel, Flußpferdrippen, Antilopenhörner und die Reste anderer Wiederkäuer, zum Teil nachweisbar von ausgestorbenen Arten. Im einen oder andern Fall dürften die vielfältigen Tierreste als Küchenabfälle erklärbar sein. Oder es handelt sich um einen Ort, wo die Jagdbeute enthäutet und zerstückelt wurde.

2–4
Die Felsskulpturen von Čābē: die größte Gruppe mit rund zwei Dutzend Tieren in sechs Registern auf der Ostwand der kleinen Schlucht. Diese öffnet sich auf dem Grund einer bewaldeten Talmulde etwa zehn Kilometer westlich Dillās in der Provinz Sidāmo. In Dillā, einem alten Kaffeeumschlagplatz, fragt man allerdings möglicherweise vergeblich nach Čābē; den Bewohnern scheint der Ort nur unter dem Namen Wālamē geläufig zu sein. Die Gesamtzahl der Rinder – in vier Gruppen auf beiden Wänden der Schlucht – erreicht ein halbes Hundert. Die meisten sind, in Hochrelief wiedergegeben, vierzig bis siebzig Zentimeter lang. Einige wenige, darunter namentlich auch kleinere Tiere (Kälber?), sind im Sandstein nur eingeritzt. Es ist denkbar, daß die Schlucht hier einst eine Grotte bildete, deren Dach seither einstürzte. Wie dem auch sei, der Eindruck eines Kultorts, eines Heiligtums stellt sich unabweisbar ein. Verehrung einer Muttergöttin? Die Alten Ägypter dachten sich den Himmel als den Bauch einer über der Welt stehenden Kuh und stellten die Göttin der Liebe und Musik mit Kuhohren dar. Kein Rind in Čābē paßt zu einem Stierkult, der das zeugungskräftige Tier verehrt: männliche Geschlechtsmerkmale fehlen in jedem Fall, auch dort, wo die Tiere – wie auf der Westwand der Schlucht – ohne die gewaltigen Euter erscheinen. Von der Spitze eines Horns fast aller Kühe baumelt ein Schmuckband, ein Wimpel (?). Eine radikal verschiedene, aber bedenkenswerte Deutung wirft Sameh Veli, ein Kenner des prädynastischen Ägypten und der nubischen Felsbilder, in die Diskussion: er faßt, was *prima vista* als Gehörn erscheint, als eine Pflanze im Maul der Tiere auf, den «Wimpel» als eine lilienartige Blüte am Stengel dieser Pflanze. In bezug auf Alter und Schöpfer der Darstellung tappen wir völlig im dunkeln. Der Umstand, daß die abgebildeten Tiere im Gegensatz zu der heute in Äthiopien bevorzugten und allgemein verbreiteten Rasse keine Buckelrinder (Zebu) sind, läßt sich bestenfalls zu einem *terminus ante quem* verwerten. Keinerlei Steingeräte oder andere Bodenfunde helfen weiter – und keine örtliche Überlieferung kommentiert die einzigartige Felsbildstation. Das letztere Manko erstaunt freilich weiter nicht: seit im 16. Jahrhundert die Gallavölker in Bewegung gerieten, hat das Land um Dillā seine Besitzer mehrmals gewechselt. Überzeugende Analogien zu den Rinderdarstellungen in den Balmen um Ḥarar und Derrēdāwā, deren Alter mit einiger Zuverlässigkeit auf vier Jahrtausende festgesetzt werden kann, bestehen nicht. Vielleicht darf man sich die Urheber der Rinderreliefs als identisch mit dem steinbearbeitenden Volk denken, das die Brunnen der heutigen Boranā (S. 179 ff.) im gewachsenen Fels abteufte. Mit dieser Vermutung ist indes wenig gewonnen: ein neues ersetzt nur ein altes Fragezeichen.

5
Der Tempel von Yeḥā in der Provinz Tegrē: Äthiopiens ältestes Gebäude (Mitte des 5. Jahrhunderts v. Chr.). Das aufgehende Mauerwerk steht noch 12 Meter hoch – ein glanzvolles Zeugnis für die handwerkliche Umsicht der Bauleute, die vor 2400 Jahren die bis zu drei Meter langen Quader mörtellos zusammenfügten. Yeḥā – dreißig Kilometer nordöstlich von Adwā, an der Straße nach Addigrāt – liegt in einer Landschaft, die klimatisch und topographisch die südarabischen Kolonisten wohl an die sabäische Heimat erinnern konnte. Yeḥā, damals ein größerer Ort, wurde zum Eckstein der südarabischen Siedlungspolitik auf äthiopischem Boden. Unweit des Tempels legte das Äthiopische Archäologische Institut unter Francis Anfray 1973 Gebäudereste mit zwei Meter dicken Mauern (verstärkt durch Holzfachwerk) frei – vermutlich die Residenz des örtlichen Machthabers, eines Mannes geteilter Loyalität: er schuldete gleichzeitig dem äthiopischen König und dem Herrscher von Sabaʿ Gehorsam. In Yeḥā lebten Familien aus Mārib, der Hauptstadt des Sabäerreichs (das legen Inschriften nahe) – und an Kultgebäude in Mārib erinnert auch der Tempel, die Architektur, die Art des Mauerverbands, der Dekor... In aksumitischer Zeit muß Yeḥā zur Bedeutungslosigkeit herabgesunken sein; nur darum überlebte vermutlich der Tempel, als die Herrscher Aksums das Christentum zur Reichsreligion erhoben. In Yeḥā richtete Abbā Afṣē, einer der neun Gottesmänner, die im 5. Jahrhundert Äthiopiens Kirchen- und Klosterwesen organisierten, nach vollbrachtem Werk seine Einsiedelei ein – auch das ein Hinweis darauf, daß Yeḥā damals «in der Wüste» lag. Trotzdem bewahrt wenigstens die äthiopische Geschichtsmythe eine Erinnerung an die einstige Bedeutung des Orts: Yeḥā wurde vorübergehend zum Aufenthaltsort der Bundeslade, die Menilek – der Sohn Salomos und der Königin von Sabaʿ – dort Station machen ließ, nachdem sie seine Gefährten aus dem Tempel in Jerusalem entführt hatten.

1

2

3

LAND UND LEUTE AUF DEN ERSTEN BLICK

6
Kalligraphie der Bergstraße: der Allāmāṭā-Paß in Wallo, ein Abschnitt der Fernverkehrsstraße Addis Ababā – Aśmarā. Eine moderne, wellblechgedeckte Rundkirche blitzt aus ihrem Wäldchen. Die Kirchenhaine sind die kläglichen Überreste einer ehemals geschlossenen Bewaldung: die letzten Zufluchtsstätten für Dutzende von Vogelarten; für die Menschen Oasen üppiger Fruchtbarkeit, wenn auf dem Höhepunkt der Trockenzeit ringsum die Kultursteppe verbrennt und verdorrt.

7–9
Vom Salzmarkt im Hochland gelangen die Briketts – geschultert oder an Lederriemen fröhlich geschaukelt – in die entlegensten Teile des Reichs. (Über die Herkunft der Briketts: S. 197ff.) Preise werden auch heute oft in Salzen und Bruchteilen davon angegeben. Alte Reiseberichte geben viele damals gültige Salzkurse. In Süd-Äthiopien brachte 1837 ein Stück Danākelsalz drei große Krüge Honig, einige Säcke Weizen und sechzig Pfund Kaffeebohnen. Ein schönes, junges Mädchen kostete dort um die Jahrhundertwende 120 Salze, eine 40jährige Frau allerdings nur noch vier Salze. Wobei zu berücksichtigen ist, daß die damaligen Salze – mit der Form großer Sensenwetzsteine – nur ein Zehntel der jetzt gebräuchlichen Briketts wogen.

10–11
Graupeln verwandeln das tropisch-grüne Hochland der Guǧi-Galla zwischen Kebra Mangeśt und Wando vorübergehend in eine Winterlandschaft: die Guǧi suchen Zuflucht am Herdfeuer (in Hütten ohne Rauchfang – der Rauch soll das Grasdach gegen Fäulnis imprägnieren); eine kleine Hirtin friert draußen mit ihren Tieren. Immer scheint während den dreizehn Monaten des äthiopischen Kalenderjahres irgendwo die Sonne, immer ist es aber auch irgendwo kalt.

12
Im typischen Hochlandhaus Zentral-Äthiopiens: das Kegeldach ruht nicht auf einer Mittelstütze, sondern auf einem (oder mehreren) Dachbalken.

13
Tegrēaner mit dem charakteristischen Brot seiner Provinz, der Hembāššā, einem gesäuerten Brotfladen aus Weizen.

14
Zur Zeit der Monsunregen: zwei Guǧi-Galla unter ihrem Bambusregenschirm. So viele Völker Äthiopiens, so viele Arten Schirme! Bambusschirme dieses Typs stehen in Sidāmo, hauptsächlich um Wando, in Gebrauch.

15
Regierungsschule in Samēn: der Lehrer amtet gleichzeitig als Telephonist. Talisman (Koransprüche in Lederbeutelchen) oder Brustkreuz – sie machen die verschiedene Religionszugehörigkeit der Schüler deutlich. Zu den Forderungen der Anfang 1974 streikenden Arbeiter und Lehrer gehörte auch die völlige Kostenlosigkeit des Elementarschulunterrichts. Bis dahin hatte die Regierung nur die Lehrer gestellt, die Eltern der Schüler mußten für Schulmaterial und Schulgebäude selber aufkommen – weshalb viele Kinder nicht zur Schule gingen.

16
Konterfeis erfreuen sich in Äthiopien, auch in vorwiegend islamischen Landesteilen, regsten Zuspruchs: Photogeschäft in Dillā.

17–40
Zeichen, Schilder und Signale an Äthiopiens Straßen: Bildersprache und Bilderschrift sind in Äthiopien hochentwickelt – aus Spaß zum Teil, aber auch aus der Not des Sprachenbabels. Soweit die Bilder der Erläuterung bedürfen: Als mit Samson-Kräften begabt empfiehlt sich ein Fiat-Garagist (23). Das Markentier der Wanǧi-Zuckerfabrik, der Elefant, schmückt in Äthiopien alle Ortstafeln und Wegweiser (25). Der Löwe ist das Wappentier Äthiopiens und Maskotte vieler Unternehmen, auch der nationalen Luftfahrtgesellschaft: der Ethiopian Airlines (26). Mit einem Zeburind auf ihren Autobussen begnügt sich dagegen die Sidāmo-Transportgesellschaft (28). Privatschulen führen stets die Fackeln der Erleuchtung durch Lernen im Firmenschild (29). Ein Pfefferhändler und -broker wirbt mit einem bemalten Barbarrē-Strauch (31). Der Masob (siehe Bild 97) auf einem Gasthausschild zeigt an, daß hier das Nationalgericht, Enǧarā und Waṭ, serviert wird (32). Nug-Speiseöl (Bild 109) wird mit einer speziellen Tafel angeboten (35). Mit der Konservendose auf einem Stock vor dem Haus teilt die Äthiopierin mit, daß sie willens ist, Ṭallā (das hausgemachte Hirsebier) entweder zahlenden Gästen bei sich auszuschenken oder über die Gasse zu verkaufen (36). 37: die Nationalfarben. Mit Schriftmustern und einer Palette macht ein Schildermaler auf seine Dienste aufmerksam (40).

41
Auf dem Flug von Gondar nach Lālibalā: der Oberlauf des Takkazē. Der Takkazē entwässert einen Teil des Hochlands via Atbarā in den Nil.

42
Die Höhlen von Sof Umar in der Provinz Bālē: der Wab, ein Zufluß des Wabi Gestro, mäandert durch ein unterirdisches Felslabyrinth, bis er anderthalb Kilometer weiter wieder aus dem Berg hinausfindet. Der Ort hat den Namen von Sof Umar, einem Heiligen, dessen die Muslim Bālēs jährlich am Eingang zu dem Höhlensystem im Gebet und mit Opfern gedenken.

43–46
Die Beschaffung von Trink- und Brauchwasser ist Aufgabe der Frauen: bei weitem die mühsamste Verrichtung ihres Alltags. Gabra-Frauen (Provinz Sidāmo) füllen am Brunnen ihre Flechtflaschen (43/44); Qottu-Frauen (Provinz Ḥarargē) mit vollen Wasserkalebassen auf dem Rückweg ins Dorf (45); Agaw-Frauen (Provinz Wallo), die irdenen Wasserkrüge mit den Schöpfkalebassen notdürftig verpfropft, zwischen Quelle und Hütte. Die Gabra sind ein Vasallenvolk der Boranā; soweit sie mit diesen in Lagern zusammenleben, versehen sie, die Kamelzüchter sind, für ihre Herren, die nur Rindvieh züchten, Transportaufgaben – darunter die Versorgung mit Haushaltswasser. Im Hochland kompliziert die Siedlungslage meist das Herbeischaffen von Wasser erheblich: die Dörfer liegen auf der Ambā, aber die Quellen sprudeln an deren Fuß.

47
Reiterspiele – *Faras gugs* genannt – halten unter den Galla Äthiopiens die Erinnerung an die Kavallerie-Schlachten der Vergangenheit wach. Die Angreifer werfen mit Stöcken, statt mit Lanzen, nach ihren Gegnern, die den Geschossen zu entkommen suchen oder sie mit den Schilden abwehren – Anlaß zur Vorführung von Reitkunst bei Verfolgern und Verfolgten. Gugs-Kämpfe werden bei Hochzeiten oder an religiösen Festtagen ausgetragen; jene von Addis ʿĀlam oder auf dem Enṭoṭṭo, beide am Marienfest des 30. November (nach gregorianischem Kalender), sind weitherum in Äthiopien berühmt. Das gezeigte Bild entstand bei einer Gugs-Demonstration auf dem Flugplatz von Gobbā, dem Hauptort der Provinz Bālē.

6

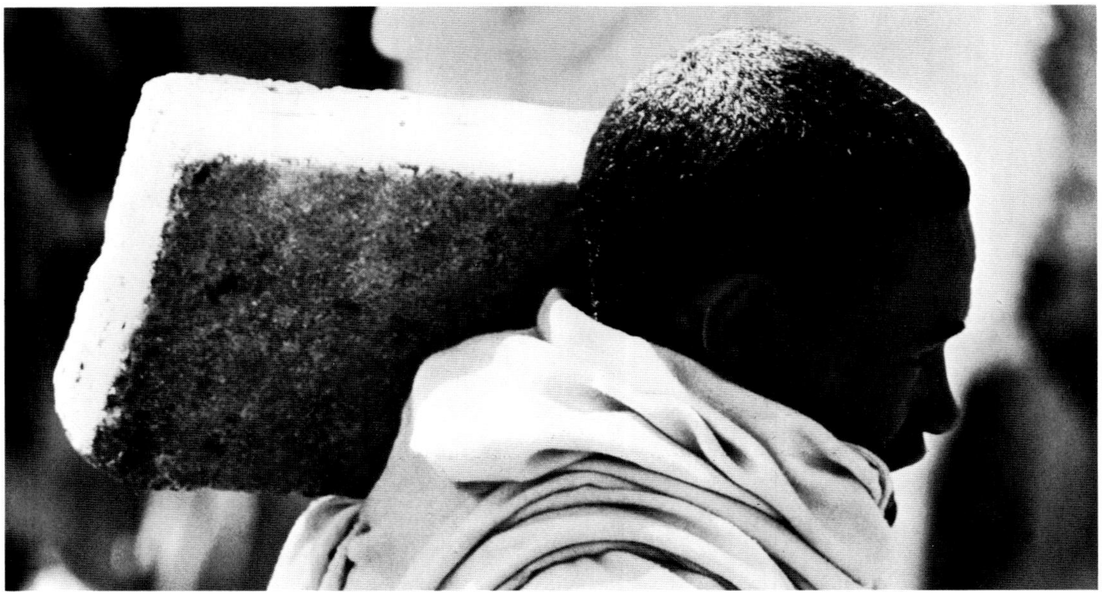
7

8

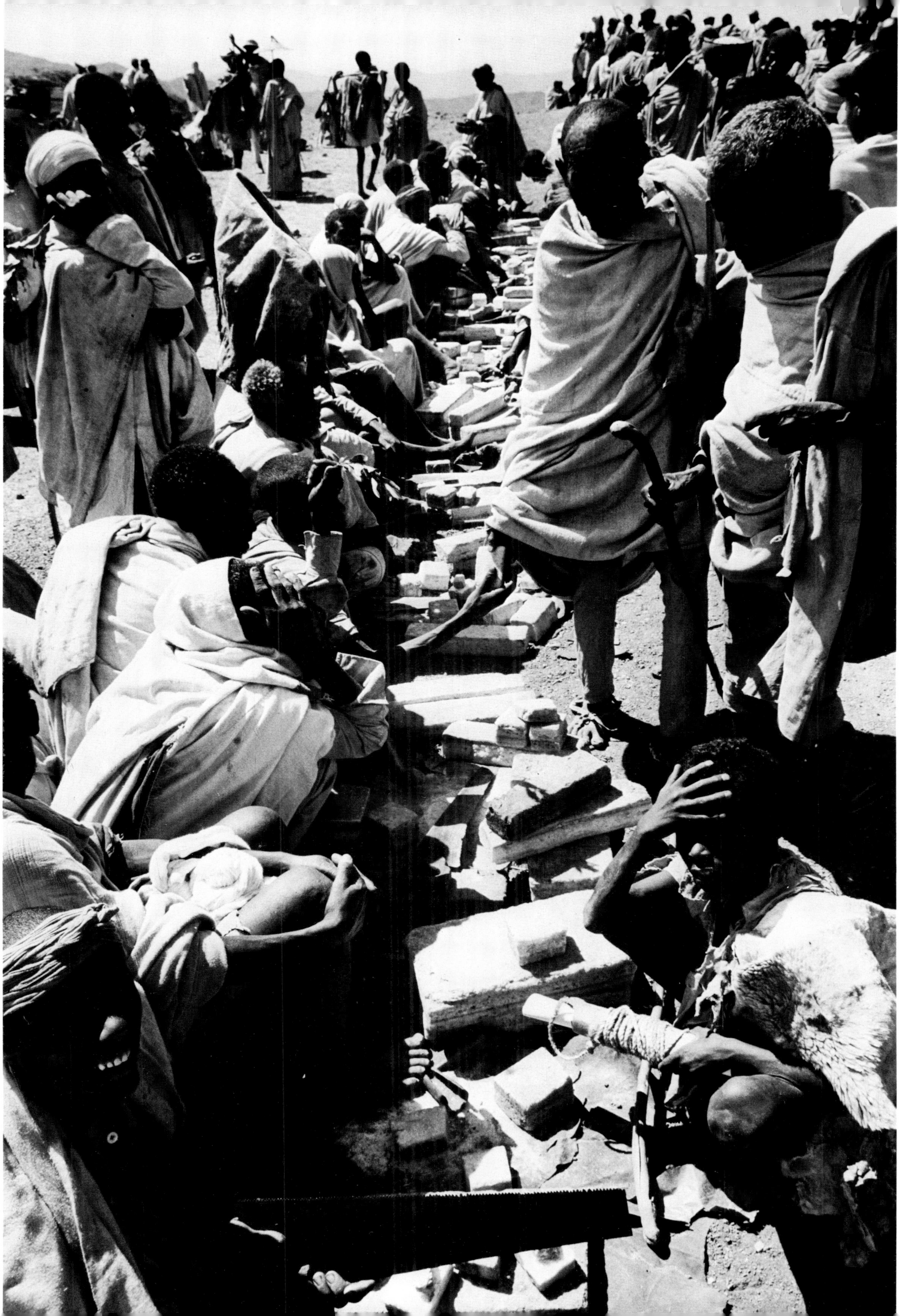

10

11

ቴሌኮሙኒኬሽን
TELECOMMUNICATION

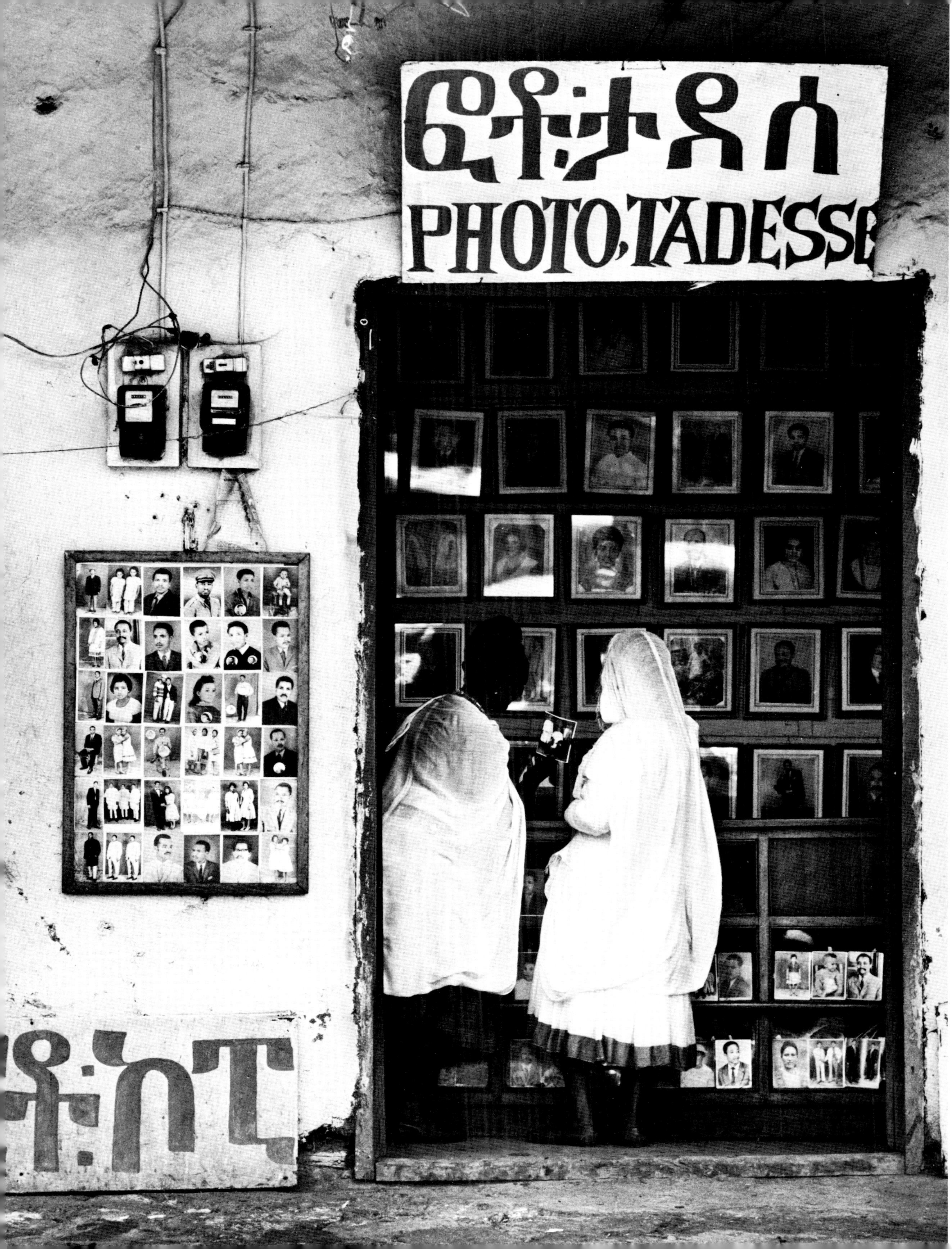

16

17

21-22

26

18-20

23-25

27-29

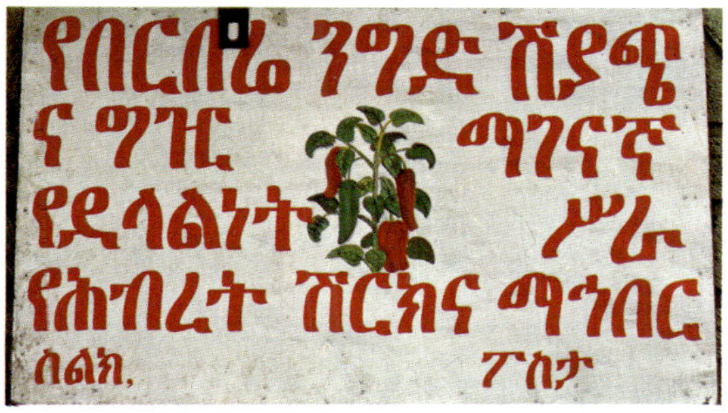

30-31

37

32-34

35-36

38-40

43-44

45

KIRCHEN, KLÖSTER, KLERIKER

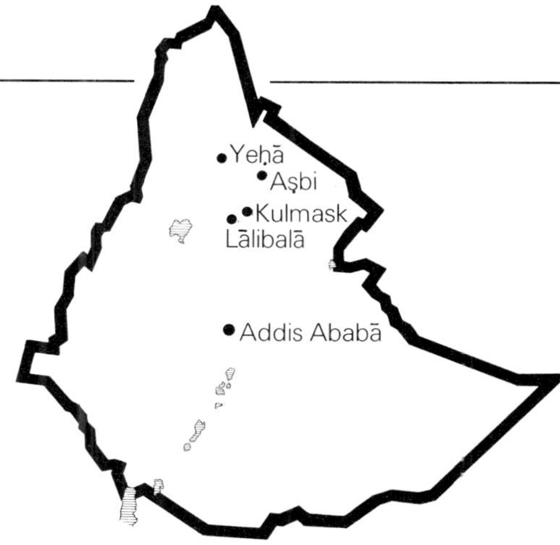

Das Christentum promovierte in Äthiopien etwa zur selben Zeit zur Reichsreligion wie im Römischen Imperium: unter König ʿĒzānā (und eventuell einem Mitregenten) – vermutlich den Bruderkönigen Abrehā und Aṣbehā der äthiopischen Überlieferung – löste in der 1. Hälfte des 4. Jahrhunderts im Aksumreich der «Herr des Himmels», der Gott der Christen, den südarabischen Mondgott Almaqah ab. Kein anderes Ereignis in der äthiopischen Geschichte läßt sich mit diesem vergleichen: auf das Christentum gründete Äthiopien den Staat, die Gesellschaftsform, die Zivilisation. Das Christentum gehört zum Selbstverständnis des Reichs und ist die wesentliche Triebkraft für sein Überleben in einem Jahrtausend und länger. Der gemeinsame Glaube wirkte auch in Friedenszeiten den oft zentrifugalen Kräften im Reichsverband entgegen – und in der Not der Belagerung durch die Muslim schmiedete er ein eisernes Band um die Provinzen. Der Herrscher, nach der äthiopischen Geschichtsmythe ein direkter Nachkomme Salomos, ist auch ein Verwandter Jesu Christi; nur vor dem angedeuteten geschichtlichen Hintergrund wird begreiflich, warum dieser Anspruch noch heute ein Politikum ist.

Schon der Schotte James Bruce, der im Jahr 1769 ins Hochland reiste, konnte sich kaum fassen über die Zahl der Gotteshäuser. «In keinem andern Land der Welt gibt es soviele Kirchen wie in Abessinien. Obwohl das Land sehr gebirgig ist und der Blick daher stark verstellt, sieht man selten weniger als fünf oder sechs Kirchen; die Aussicht von einem beherrschenden Punkt wird wahrscheinlich fünfmal diese Zahl erfassen.» Bruce sprach von den landläufigen Rundkirchen – die Kirchen im Fels, die Grottenkirchen, Gruftkirchen und monolithischen Skulpturkirchen, die jetzt den Ruhm der äthiopischen Kirchenarchitektur ausmachen, verbargen sich noch. Das Land zählt, heute, vierzehntausend Gotteshäuser, die große Mehrheit im altchristlichen Kern des Reichs – allgegenwärtige Zeichen nicht nur der kirchlichen Präsenz, sondern auch einer lebendigen religiösen Gesinnung.

Auch in Äthiopien wird es zur Säkularisation kommen, und bei der emanzipierten Stadt-Jugend haben berechtigte Kritik, aber auch Verteufelung der Kirche bereits eingesetzt. Indes gibt zu denken, daß die Verschworenen beim versuchten Staatsstreich von 1960 sich um den Erfolg ihrer revolutionären Proklamation brachten, indem sie den Namen Gottes wegließen. Und daß im März 1974 eine Demonstration junger Priester, die als Sprecher für Äthiopiens 200000 Kleriker auftraten und mit Streik drohten, in Addis Ababā als ebenso ernsthaftes Symptom der Krise vermerkt wurde wie der vorhergegangene Generalstreik. Noch mehr ließ freilich der Zug von 30000 Muslim aufhorchen, die bald darauf in der Hauptstadt für religiöse Gleichberechtigung demonstrierten: ihre Forderung rührte an die Grundlage des Reichs.

48
Im Kloster des hl. Aaron, zwei Tagereisen – zu Fuß oder mit dem Maultier – nordöstlich Lālibalās: Lesegottesdienst in der Gruftkirche. Um die Mittagszeit fallen Sonnenstrahlen durch das Oberlicht in den Sängerraum der ganz im Fels gefangenen Kirche. Diese Kommunion der Sonne mit dem Innern des Bergs hat hier nicht, wie etwa in Felstempeln des pharaonischen Ägypten, rituelle Bedeutung; doch hat der Vorgang seine Feierlichkeit und läßt sich der Äthiopier kaum eine Gelegenheit entgehen, in Sonne und Licht Allegorien Christi und des Glaubens zu erleben: die beiden Könige, unter denen das Christentum kam, heißen nicht umsonst Abrehā, soviel wie «der das Licht aufleuchten ließ», und Aṣbehā, «der die Morgendämmerung herbeiführte». Abuna Aaron lebte im 14. Jahrhundert; die Kirche dürfte sein Werk sein. (Courtesy NGM, © National Geographic Society)

49
Vier geschnitzte Manbar im Schatz der Kirche Ṭelāsfarri Esṭifānos bei Kulmask. Manbar sind Tragaltäre: früher, als Kaiser und Edle des Landes nomadisierten, und auf Kriegszügen, oder auch jetzt noch bei besonderen Anlässen – etwa wenn der Tābot am Tauffest über Nacht außerhalb der Kirche bleibt – dien(t)en sie als Schrein zur Aufbewahrung der Altartafel.

50
Das Bergkloster von Dabra Dāmo, eine Fahrstunde von Yeḥā: aus einem steilgeböschten Schuttfuß steigen senkrecht Felswände auf, die das Klosterdorf auf der Gebirgstafel wie auf einem Altar dem Himmel entgegenstemmen. Der einzige Zugang zu dem Kloster führt über ein Kletterseil. Za-Mikā'ēl, genannt Aragāwi – einer der Neun Heiligen, die um 500 von Aksum aus die neue Lehre verbreiteten und die Voraussetzungen zu einem äthiopischen Mönchtum schufen – wählte die unzugängliche Ambā als Stätte seines Betens und Büßens. In den 1500 Jahren seiner Geschichte wurde Dabra Dāmo immer wieder zum Refugium; während den muslimischen Invasionen des 16. Jahrhunderts suchte mehrmals die königliche Familie Zuflucht in der Klosterfestung. Diese widerstand jahrelanger Belagerung.

51
Das Klosterdorf auf dem Tafelberg unterscheidet sich kaum von irgendeiner Siedlung in Tegrē. Die Mehrheit der Mönche lebt in individuellen mehrräumigen Flachdachhäusern, deren Obergeschoß dem Gebet und der Betrachtung dient. Zu jedem Haus gehört ein eingezäunter Garten; je eine Gruppe von Häusern ist von einer hohen Mauer mit mehreren Torbauten umgeben. Zisternen für die Trinkwasserversorgung sind über die ganze Ambā verteilt. In Glanzzeiten zählte die Mönchsrepublik Dabra Dāmo tausend und mehr Mitglieder, die frommen Frauen nicht gerechnet, die am Fuß des heiligen Bergs, dessen Betreten jedem weiblichen Wesen verboten ist, ihre Hütten bauten. Heute leben auf der Ambā weniger als 200 Mönche und Novizen. Im Ausgang, bei der Tätigkeit als Prediger vor allem, tragen sie Gelb (Bild 88).

52
Ein Stück altäthiopischer (aksumitischer) Baukunst: Fenster und Wandpartie in der äußeren Vorhalle der Klosterkirche. Sie ist Äthiopiens ältester Freibau (im baulichen Grundbestand möglicherweise schon aus dem 8. Jahrhundert) und der Stolz Dabra Dāmos. Charakteristisch ist das Holzfachwerk zwischen ursprünglich weiß verputzten Bruchsteinlagen, wobei jedes Ankerholz über die Mauerflucht vorsteht – von den Einheimischen «Affenkopf» genannt. Charakteristisch sind auch die Gestelle der Holzfenster mit ebenfalls vorstehenden Eckbalken. Fachwerkbau ist schon aus voraksumitischer Zeit in Yeḥā nachgewiesen.

53
Eine Grottenkirche im Schlund ihrer Höhle: Makina Madḫanē 'Ālam. Die riesige Höhle mit dem dem Erlöser der Welt – Madḫanē 'Ālam – geweihten Kirchlein, einer Basilika im Taschenformat, gähnt in der Ostflanke des Makina, ein Halbtagsmarsch über Lālibalā. Eine Trockenmauer mit Torhaus verschließt den Höhleneingang.

54
Chorknaben mit Stirnkreuz aus Grashalmen, an Hosā'enā (Palmsonntag), in Lālibalā.

55
Tegrēaner mit Stirnreif aus Gras, an Ostern, bei Aṣbi.

56
Die Grottenkirche Yemreḥanna Krestos und ihr Schatzhaus unter dem Felsdach, ein Halbtagsmarsch von Lālibalā entfernt. Trauergäste geben einem Verstorbenen das letzte Geleit. Eine Mauer sperrt die 45 Meter lange Öffnung der Höhle. Die Kirche in altäthiopischer Sandwichbautechnik – mit den verputzten Bruchsteinlagen wechseln die Längsbalken des Fachwerks: es fehlen allerdings Affenkopfanker (Bild 52) – zählt zu den kostbarsten Freibauten des Landes. Ihre königliche Allüre ist unübersehbar. Die Überlieferung schreibt sie dem Zāgwē-Herrscher Yemreḥanna Krestos, einem Vorgänger König Lālibalās, zu und datiert sie damit ins 12. Jahrhundert.

57
Ein junger Diakon versorgt nach dem sakralen Tanz der Dabtarā die Sistren. Das Sistrum erklingt zusammen mit der großen Harfe und der Langtrommel in jedem äthiopischen Gottesdienst. Die Tänzer schütteln es: auf zwei Stäben in einem leierförmigen Rahmen rasseln je drei freibewegliche kreisrunde Metallscheiben. Ihre Dreizahl versinnbildlicht die Heilige Dreifaltigkeit. Das Sistrum war im pharaonischen Ägypten Symbol der rituellen Musik. Ägyptologen leiten es von dem kultischen Brauch her, bei dem ein Bündel Papyrusdolden gepflückt und zu Ehren der Göttin Hathor geschüttelt wurde.

58
Wandmalerei in der Kirche Maria Zion in Aksum: der heilige Yārēd mit Sistrum und Gebetsstock vor König Gabra Masqal, dem Sohn des Kālēb; auf dem untern Register die Hauptjünger Yārēds. Die äthiopische Überlieferung datiert den Heiligen ins 6. Jahrhundert und schreibt ihm die Pionierrolle in der Ausbildung der Kirchenmusik zu: Er erfand ein System der Notenaufzeichnung, mit dem er die vor ihm entstandene Musik schriftlich fixierte; er begründete die drei «Stimmungen» des äthiopischen Kirchengesangs; er komponierte die wichtigsten Hymnen. Und schließlich: er führte, in Nachahmung des Gesangs der Vögel, das Sistrum in den äthiopischen Gottesdienst ein. Das Rasseln der Sistren, so schrieb Yārēd vor, sollte nur fröhliche Musik begleiten. Auf den Gebetsstock stützt sich der Gläubige bei den langen Gottesdiensten; die Dabtarā skandieren mit ihm den sakralen Tanz.

59
Im Kloster des heiligen Aaron: Dachkreuz mit Straußeneiern auf der Rundkirche, die für die Nonnen reserviert ist. Die Verwendung von Straußeneiern wurzelt vielleicht ursprünglich im afrikanischen Brauchtum (Bild 60). In christlicher Auslegung stehen die Straußeneier, stets in der heiligen Siebenzahl, für die jungfräuliche Geburt Christi und die Auferstehung des Herrn – nach dem Glauben, wonach der vergeßliche Strauß seine Eier im Stich und der Sonne zum Ausbrüten lasse. Oder die Straußeneier werden als Mahnung an die Gläubigen verstanden, ihre Seelen vor Schaden zu bewahren – mit einer (der ersten widersprechenden) Vorstellung, die im Strauß den eifersüchtigen Hüter seines Geleges sieht. Straußeneier dieser sinnbildlichen Bedeutung fanden nach den Kreuzzügen Eingang auch in den Kirchen des Westens.

ዘከመ፡ሐለየ፡ቅዱስ፡ያሬድ፡ካህን
በቅድመ፡አፄ፡ገብረ፡መስቀል፡
ወልዱ፡ካሌብ፡ንጉሠ። ዝኒ፡ዘኮነ፡
በደብረ፡ጽዮን፡
ውእቱ።

VÖLKERTRÜMMER IM SÜDEN: DIE OČOLLO UND DORZĒ

Očollo und Dorzē, zwei Volkstrümmer aus dem westkuschitischen Sprachkreis, leben am östlichen Bruchrand des Gamu-Hochlands wie auf einer Aussichtsterrasse über dem Abbāyāsee – die ersteren in Einzelgehöften auf einem Gebiet von etwa 30 qkm, die zweiten verdichtet in einer einzigen Siedlung, deren Hütten im Steilabbruch kleben. Die Očollo sind heute Vasallen der Dorzē. Diese machten sich früher einen Namen als Reisläufer, heute sind sie die Weber der Nation – Bauern waren die Dorzē immer nur mit halbem Herzen. Der Gedanke an Lederkleidung ist ihnen ein Greuel; trotzdem paradierten auch die Dorzē nicht von jeher in feinen Baumwollstoffen. Die Webkunst kam zu ihnen mit frühen amharischen Vorstößen in den Süden schon im 15. Jahrhundert. Jetzt treten sie als gesuchte Wanderweber und erfolgreiche Textilkaufleute in ganz Äthiopien auf. In der Diaspora halten sie zusammen; sie sind selbstbewußt, beweglich, schlau, schnell, smart – und etwas streitsüchtig. In Addis Ababā bilden sie eine Kolonie. Dort sind sie bis Samstagabend wahre Champions des Weberschiffchens, aber der Sonntag gehört dem Honigwein: Montag früh sind die nahen Polizeiposten überfüllt mit Dorzē-Streithähnen. Erst mit der Ernüchterung erstarkt wieder das Gefühl der Zusammengehörigkeit. Zum Masqal-Fest strömen alle Dorzē ihrer Heimat zu, in ihren besten Kleidern, lauter Exzellenzen und große Herren; wie Bettler kehren sie später nach Addis Ababā zurück – ihre Festkleider bleiben zum Verkauf in der Heimat.

60
Straußenei auf einer Očollo-Hütte. Die Očollo verlängern den Mittelpfosten, der das Dachgerüst ihrer Hütte trägt, über die Dachspitze hinaus. Das Ei zeigt Rang oder Reichtum des Bewohners an – die Straußenfeder ist ja bei vielen Völkern Süd-Äthiopiens das Ehrenzeichen des Helden und Töters. Die Riesenblätter der Falschen Banane – *Ensete edule* – machen der Dachbekrönung Konkurrenz. Die Ensete ist eine der wichtigsten Nahrungspflanzen Süd-Äthiopiens: gegessen werden Teile der Wurzelknolle, des Scheinstamms und der Blattscheiden. Ein Beiprodukt ist eine starke Faser, die zur Erzeugung von Seilen und Säcken dient.

61
Očollo-Junge beim Vorbereiten des Zettels. Im Hintergrund, auf der Sohle des Grabenbruchs, der Abbäyäsee.

62
Očollo-Spinner und -Weber bei der Arbeit. In den Webergruben sitzen ausschließlich Männer, an der Herstellung des Garns nehmen auch die Frauen teil. Die Očollo erlernten die Weberei von den Dorzē. Sie pflanzen heute die Baumwolle, auch für die Dorzē, überlassen aber diesen das Vermarkten der Gewebe. Die Hütte der Očollo – im Hintergrund – hat eigentlich die Form der klassischen Rundhütte: Kegeldach über einem Wandzylinder. Aber eine Grasdecke, die sie von oben bis unten einhüllt, schafft den Eindruck einer Bienenkorbhütte.

63
Wenn ein Dorzē umzieht, nimmt er sein Haus mit. Der Umzug ist gewöhnlich ein Akt der Nachbarschaftshilfe. Um einen Umzug à la Dorzē mitzuerleben, kaufte ich eine Hütte und stiftete sie der örtlichen Missionsschule – unter der Bedingung, daß die Bibelschüler sie am alten Standort abholten. Die Studenten versetzten sie fast tänzerisch; die Mädchen gingen trillernd und klatschend mit. Noch nie zuvor hatte ich am Vormittag ein Haus gekauft und es abends wieder weggeschenkt... Preis der durchaus bewohnbaren, mittelgroßen, zwanzigjährigen Hütte: 15 äthiopische Dollar (etwa 23 Franken).

64–65
Bei festlichen oder feierlichen Gelegenheiten trinken die Dorzē das Bier oder den Honigwein Wange an Wange, Mund an Mund aus der gleichen Kalebasse. Diese Trinksitte ist auch bei negriden Völkern Südwest-Äthiopiens, ja sogar bei einzelnen Gallavölkern, den Guǧi und den Arusi, anzutreffen. Anlaß zum Umtrunk auf den hier gezeigten Bildern gibt eine Bestattung: Männer und Knaben haben eben aus dem Stamm eines Kosobaums den Sarg gehöhlt; nun regaliert sie die Trauerfamilie mit Bier.

66
Unter verschiedenen Beileidsbezeugungen der Dorzē ist der Kondolenzsprung die merkwürdigste: jeder männliche Trauergast, der bei Kräften ist, schnellt sich nach einem kurzen Anlauf vor den Hinterbliebenen salto-ähnlich in die Luft. Beim Landen knallt er die ausgestreckten Beine kondolierend auf den Boden. Knochenbrüche sind nicht selten.

67
Das Dorzē-Haus, ein Bienenkorb über einem kreisrunden Grundriß: das Bambusgeflecht wird außen mit Bambusblattscheiden wie mit Schindeln belegt und zusätzlich noch mit einem Grasbelag geschützt. Das Innere ist dreigeteilt: Verschläge für Reittiere, Klein- und Großvieh (links); Aufenthaltsraum in der Mitte; Schlafraum. Für Küche und Vorräte gibt es im Dorzē-Gehöft eigene Hütten. Das Bambus-Haus kann neu acht Meter Höhe erreichen – aber im Laufe eines Menschenalters kürzen es Fäulnis und Termitenfraß. Mit Absicht setzt auch das Vordach über dem Eingang mehr rüsselartig als nasenförmig ganz oben an der Hüttenkuppel an: man umgeht damit die Erneuerung dieses selbständigen Hausteils, wenn das ganze Haus allmählich niedriger wird. Das Gerüst ist freitragend; der Mittelpfosten hat rituelle Bedeutung.

64

65

VÖLKERTRÜMMER IM SÜDEN: DIE KONSO

Die Konso, ein Völklein von 60000, bewohnen ein Berg- und Hügelland (bis 2000 m ü.M.), das südlich des Çāmosees wie ein Sperriegel den Afrikanischen Graben quert. Sie gehören zu den interessantesten Völkertrümmern in Süd-Äthiopien. Sie sprechen eine ostkuschitische Sprache, sind also mit den Galla verwandt, aber negride Elemente, namentlich bei der Kaste der Handwerker, sind unverkennbar. Der Ungunst des Klimas – ausgeprägte Trocken- zwischen zwei nicht immer so ergiebigen Regenzeiten – trotzen sie auf gedüngten Anbauterrassen bis zu zwei Hirseernten ab. Weitere von den Konso angebaute Kulturpflanzen sind Mais, Gerste, Weizen, verschiedene Knollengewächse, Baumwolle. Die aus Steinen mörtellos aufgeschichteten Terrassenmauern sollen weniger die Abspülung des Oberbodens verhindern als Feuchtigkeit zurückhalten. Die Einsicht in die Notwendigkeit der Erneuerung der Bodenfruchtbarkeit durch Düngung, praktiziert mit Stallfütterung des Viehs zur Mistgewinnung, hebt die Konso aus allen Hackbauern Süd-Äthiopiens hervor. Ihr Fleiß ist bei den Nachbarn sprichwörtlich; einige hänseln sie freilich trotzdem als «Mistkäfer», weil sie sogar menschliche Fäkalien auf die Felder tragen. Drei Dutzend Dauersiedlungen – ihre Kompaktheit eine Augenweide für den Urbanisten und ein Alptraum für den Epidemiologen – drängen sich auf einem Gebiet von der Größe des Kantons Zug zusammen. Über ihre Ritualverfassung und die von ihr inspirierten Töterfiguren am Wegrand: S. 279ff. («Die Totenmäler der Arusi und der Konso»).

68
Teile der Siedlung Buso aus der Luft. Die Wohndichte von Konso-Ortschaften, Städten mehr als Dörfern, wird in Äthiopien sonst nicht mehr erreicht, auch nicht bei den Očollo. Die modulare Einheit ist das Einzelgehöft mit Wohn-, Schlaf- und Kochhütte, Speicher und Stall. Die Einzelgehöfte treten auf der Grundlage von Sippe und Klan, Organisationen der Nachbarschaftshilfe und Ritualverbänden zu Quartieren zusammen. Jedes Quartier hat mindestens eine «Mora»: Festplatz mit Männerhaus, in dem die verheirateten und unverheirateten Männer gemeinsam übernachten – um durch sexuelle Abstinenz Energie für Krieg und Jagd zu sparen.

69
Palisaden-gesicherte Gehöfte der Ortschaft Mačallo. Pilzförmige Erweiterung des Kegeldachs, wenigstens über der Wohnhütte, ist Prestige-Architektur, vermutlich in Nachahmung der Pilzdächer der Männerhäuser. Zwischen und in den Gehöften Kohlbäume und Kaffeesträucher. Die Fiederblätter des Kohlbaums *(Moringa stenopetala)* schätzen die Konso als Gemüse. Aus den Blättern des Kaffeestrauchs brauen sie – zusammen mit Zwiebeln und Salz – einen Tee; die Kaffeekirschen verkaufen sie, vor allem an die Boranä. (Diese schmoren sie in zerlassener Butter.)

70
Die Ortschaft Degato, die größte der Konso, in günstiger Verteidigungslage, igelig und wehrhaft mit einer Ringmauer: auf etwa 14 Hektar 3000 Bewohner. Jede Konso-Siedlung ist autonom, regiert von einem Ältestenrat und verfeindet fast mit allen andern Ortschaften. Terrassierung während Jahrhunderten hat die umliegenden Berge und Hügel zu einer in Afrika einzigartigen Kunstlandschaft umgeschaffen.

71
Die Oberschicht der Bauern verachtet die Paria-Kaste der Weber, pfuscht ihnen aber gern ins Handwerk: Baumwolle – als Rohprodukt, Faden oder Gewebe – schafft Bareinkommen. Das ganze Volk der Konso spinnt, die Frauen im Gehöft, die Männer bei Klatsch und Tratsch vor dem Männerhaus. Monumentale Knüppelzäune säumen in der Siedlung die Laufgänge.

72
Konso-Frau im traditionellen Schmuck: Stirnband; im Haar Kamm und Kratzstöckchen; am Hals und Oberarm Ketten aus Glasperlen; am Unterarm Metallreifen; am Gürtel, über dem Lederrock, ein Hüftschmuck aus Lederfransen, Röhrenknochen der Dikdik-Antilope und blauen Perlen.

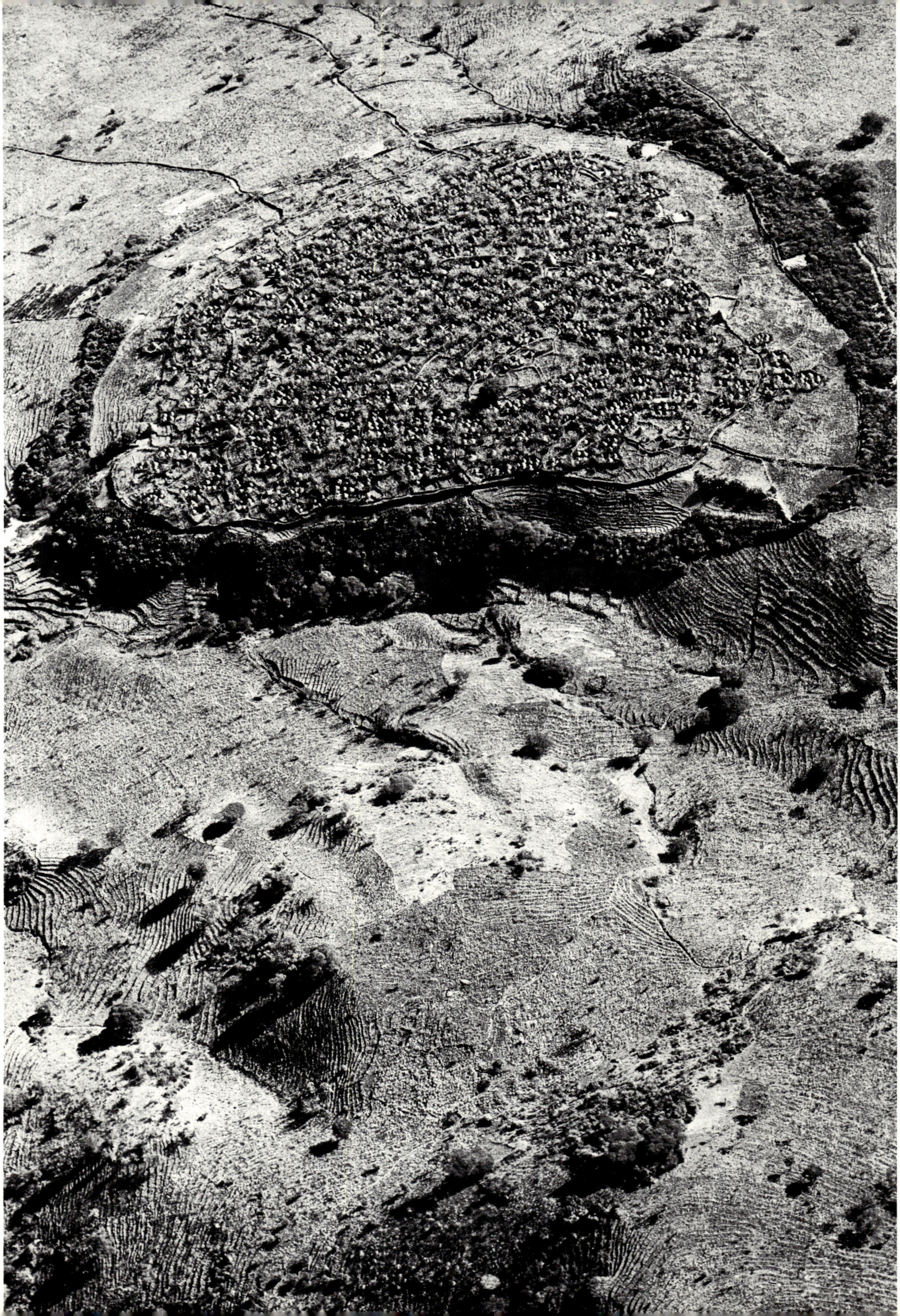

HAUS UND HAUSBAU BEI DEN SIDĀMO, GURĀGĒ UND KAMBĀTĀ

Sidāmo, Gurāgē und Kambātā gehören zur gleichen Völkerfamilie. Sidāmo und Kambātā sprechen noch heute (kuschitische) Sidāmā-Sprachen. Dagegen haben die Gurāgē in einem seit einem halben Jahrtausend andauernden Vermischungsprozeß ihr kuschitisches Erbe, sprachlich, rassisch, kulturell, preisgegeben und sich den aus dem Norden vorstoßenden Herrenvölkern angeglichen. Sie verständigen sich heute untereinander in einer semitisierten Sprache.

Man rechnet mit etwa 500 000 Gurāgē. Bevölkerungszahlen allein genügen aber gerade in ihrem Fall für zuverlässige Rückschlüsse auf ihre wirtschaftliche Bedeutung nicht. Die Gurāgē sind in Äthiopien soviel wie die Schotten in England, die Ibo in Nigeria, die Bündner in der Schweiz oder die Mozabiten in Nordafrika – jedenfalls nach den Vorurteilen, die sie als rührige Minderheit provozieren. Arbeitswilligkeit, Sparsamkeit, Erfolg im Kleinhandel, Unternehmungslust sagt man ihnen nach. Ihre Bereitschaft, jede Arbeit, auch schwere oder sogenannte niedrige, zu verrichten, hat ihnen bei älteren Äthiopiern zwar die Reputation der Brauchbarkeit, aber auch Gefühle der Verachtung und Herablassung eingetragen. Das Rufen nach einem «Gurāgē» – gleichbedeutend mit dem Ruf nach einem Träger oder Knecht oder Handlanger – mußte in der Hauptstadt amtlich verboten werden. Dagegen reden jüngere Äthiopier mit Hochachtung, ja Neid von dem Arbeitsfleiß der Gurāgē: die «Leistungsgesellschaft» steht hier noch nicht am Pranger wie in den satten Industrieländern. Äußerlich ist ein Gurāgē kaum von einem Amharen zu unterscheiden, selbst ein anderer Äthiopier erkennt ihn nur an der Sprache und, so die Meinung eines befragten Amharen, am schnellen Gehen.

Bei den Sidāmā-Völkern erklimmt der traditionelle äthiopische Hausbau einen Höhepunkt, es feiert die architektonische Vitalität des afrikanischen Einraum-Rundhauses einen Triumph. Aber man muß sich nicht lange mit einem Sidāmo oder einem Gurāgē unterhalten, um herauszufinden, daß auch hier traditionelles Bauen einer Krise zutreibt.

Überlieferte Hausformen haben ein hohes Beharrungsvermögen. Das hängt sicher zuallererst damit zusammen, daß der Mensch nicht im Haus wohnt, sondern das Haus im Menschen. Andere Gründe sind mehr technischer Natur. Herkömmliches Bauen ist eingepaßt in eine Gesellschaft, die Nachbarschaftshilfe leistet, und angewiesen auf das Vorhandensein praktisch kostenloser, obzwar wenig dauerhafter Baumaterialien. Ändern sich diese gesellschaftlich-wirtschaftlichen Voraussetzungen, kann eine bestimmte Hausform in kurzer Zeit für immer aussterben. Steht zum Beispiel nicht mehr genügend Bambus zur Verfügung oder wird seine Beschaffung zu teuer, weichen Dorzē und Sidāmo von ihrem geflochtenen Bambushaus auf das weniger anspruchsvolle, weil materialtolerantere Baumuster des Rundhauses aus Wandzylinder und Kegeldach aus: für die Bedachung bieten sich verschiedene Gräser an, für den Wandzylinder taugen Latten jeder Holzart. Sollte sich auch die Versorgung mit Bambus einmal wieder bessern, ist es zu spät: dann finden sich die Handwerker nicht mehr, die ihn zu spleißen und flechten wissen. Gefährdung kommt auch von modernen Erwartungen, die das traditionelle Haus nicht oder nur schwer erfüllen kann. Sidāmo-Kinder beginnen zur Schule zu gehen und bringen Hausaufgaben heim. Aber das Sidāmo-Bambushaus, und nicht nur es, hat keine Lichtöffnung; das Anbringen von Fenstern verträgt sich nicht mit der primären Aufgabe des Hauses, dem Regenschutz. Traditionelle Bauten widerstreben gesellschaftlicher Verjüngung; sie sind labile Ökosysteme, die ohne Schaden keine neuen Eingaben verkraften können. Der Rauch, der vom offenen Dung-Feuer zur Decke (ohne Abzug) emporsteigt, hemmt stark das Verfaulen des Grasdachs. Wer also die offenen Herdstellen untersagt, die für Kleinkinder eine erhebliche Gefährdung sind, gibt die Grasdächer einer beschleunigten Fäulnis preis und treibt die Kosten für den Unterhalt der Behausung hinauf. Wer gar auf den Gedanken käme, das Zusammenleben der Menschen mit ihrem Vieh unter einem Dach im Namen der Hygiene zu verbieten, vertriebe nicht nur das Vieh, sondern auch den Menschen aus dem Haus: die Tiere sind dessen Zentralheizung; ohne sie fällt nachts die Raumtemperatur ins Unerträgliche.

73
Bambushäuser der Sidāmo an der Straße von Wando nach Nēgēllē, bei der Ortschaft Ḥagara Salām. Keine äthiopische Rundhütte ist eleganter als das Zwiebelhaus der Sidāmo. Es besteht aus zwei Schalen – jede ein kunstvolles Bambusgeflecht. Bambusblattscheiden, zwischen diese Schalen gelegt, dichten das Haus gegen Niederschläge ab. Zwiebelform – oben konkav, unten konvex geschweift – macht eine Mittelstütze notwendig. Die Sidāmo bewohnen die Häuser zusammen mit ihren Tieren; von dieser Wohngemeinschaft ist aber wenig zu spüren: mit geradezu schweizerischem Reinlichkeitseifer nehmen sich die Sidāmo-Frauen der Bambuswände und der Böden aus gestampfter Erde an. Sidāmo-Häuser stehen stets im saftigen Grün der Wiesen.

74
Die schönsten Häuser – und die schönsten Zäune Äthiopiens: Sidāmo-Gehöft bei Ḥagara Salām. Oft müssen die Söhne zu Lebzeiten des Vaters mit einem bescheideneren Haus vorlieb nehmen – es gibt in der Umgebung bereits nicht mehr genügend Bambus für alle.

75–76
Im Unterschied zu den umwohnenden Galla-Stämmen, aber auch abweichend von der Praxis der Völker im Hochland, erstellen die Gurāgē das Dach ihres Hauses nicht gleich auf dem Zylinder der Wände, sondern bauen es daneben, Kegelspitze des Dachs nach unten, auf einem Gerüst. Ein spiraliger Wulst aus gesplissenem Bambus und weidenähnlichen Ruten hält die Streben des Dachskeletts (aus Bambus) zusammen; aus Ensete-Fasern gedrehte Schnüre binden den Spiralwulst an die Streben. Der Umzug des Dachs vom Arbeitsgerüst zum Hauszylinder erfolgt durch einmaliges Überrollen. Dabei dürfen die Bambusstrahlen nicht brechen. Zuletzt wird das Dachskelett auf einem Mittelpfahl – womöglich aus termitenfestem Wacholderholz – verankert und mit Ensete-Schnüren am Rand des Wandzylinders festgebunden. Grasbündel machen es zuletzt wasserfest. Den Wandzylinder aus Latten vom Oschurbaum oder von Eukalyptus dichtet innen- und außenseitig lehmige Erde (armiert mit Strohhäcksel) ab.
Das Dach, das offenbar nur darauf wartete, einer Hütte aufgesetzt zu werden, sah ich zufällig von der Erdstraße aus, die Addis Ababā mit dem Kerngebiet der Gurāgē verbindet. Ich fand den Bauern, dem das Haus gehört, auf dem Feld beim Pflügen. Der würdige Mann plante zwar den Umzug des Dachs erst für zwei, drei Tage später, aber Interesse und Ungeduld des Fremden gab er zuletzt nach. Noch am gleichen Nachmittag rief er nach Beendigung der Feldarbeit die Nachbarn zusammen. Ich revanchierte mich für die Liebenswürdigkeit mit 15 äthiopischen Dollar (etwa 22 Franken) für ein Richtfest – eine enorme Summe, wie ich wohl wußte. Der Hausbesitzer konnte sich kaum fassen vor Dank und Freude. Erst später vernahm ich, wie großzügig bemessen das Festgeld wirklich war: mit dem Betrag kauft man hier, nachbarliche Unterstützung beim Bau nicht eingerechnet, ein ganzes neues Haus.

77
Aus der Luft anzusehen wie das Geschmeide einer Halskette: Gurāgē-Siedlung westlich des Zewaysees. Die Siedlungsform ist für die Gurāgē typisch. Die Gurāgē leben sonst in Zeilendörfern mit Ensetepflanzungen hinter jeder Hütte. Hier aber wächst offenbar *Ensete edule* nicht – und die anpassungsfähigen Gurāgē haben sich dem Hirseanbau zugewendet. Bei jeder Wohnhütte stehen Speicher zur Aufnahme der Ernte; der gemeinsame Dreschplatz ist noch gelb von der Spreu. Die Siedler sind anscheinend arm. Habliche Gurāgē ziehen es vor, Wohnen, Schlafen, Essen auf verschiedene Hütten aufzuteilen.

78
Hausbau bei den Kambātā, halbwegs zwischen Šāšamanē und Arbā Menč̣. Das Dach wird hier auf dem Wandzylinder zusammengebaut. Der Hausherr nannte mir als Auslagen für Gras, Holz und Schnüre eine Summe von 120 äthiopischen Dollar (fast 180 Franken). Das Haus ist in zehn Tagen bezugsbereit, wenn dauernd an ihm zehn Mann arbeiten. Die Helfer erhalten nur die Verpflegung nebst der Gewißheit, daß ihr Einsatz auf Gegenseitigkeit beruht: gegebenenfalls wird der Hausherr an ihrem Bau mitarbeiten. Der Mittelpfosten hat bei den Kambātā – wie bei den Sidāmo und den Gurāgē – eine technische, die Stützfunktion. Dem Mittelpfahl kommt aber stets auch eine religiöse, rituelle Bedeutung zu, auf die Eike Haberland in seiner Arbeit über die äthiopischen Dachaufsätze aufmerksam macht. Die Walāmo – Nachbarn der Kambātā – schütten vor der Einsetzung des Mittelpfahls in die dazu bestimmte Grube Malz (als Sinnbild des Keimens und der Vermehrung), Dung (Vieh und Reichtum), immergrünes Laub (langes Leben) und Bier (Nahrung und Sattsein). Der Mittelpfahl ist auch bei vielen äthiopischen Völkern die häusliche Opferstätte. Ihn besprengt man mit Honigwein, bestreicht ihn mit Blut, salbt ihn mit Butter. Zusammen mit der Feuerstelle und der Tür bildet er eine heilige Trias des äthiopischen Hauses. Sogar dort, wo die Mittelstütze technisch entfallen kann, wird sie gelegentlich eingefügt, um dem rituellen Bedürfnis zu genügen (Bild 67) – oder man zeichnet wenigstens durch die Benennung «Mittelpfahl» eine von mehreren, gleichwertigen Stützen aus (so etwa im Haus der Boranā, Bild 130).

75

76

ADDIS ABABĀ

850000 Einwohner – nimm oder gib hunderttausend, niemand hat sie je gezählt – leben auf einem Stadtgebiet so groß wie Paris, auf einer Etage des Hochlands zwischen 2700 und 2200 m ü. M. Vom Enṭoṭṭo aus erscheint Addis Ababā als Waldstadt, seine Wellblechdächer gleißen hinter dem graugrünen Vorhang der Eukalyptus-Pflanzungen. Man kann argumentieren, daß Addis Ababā überhaupt gar keine gegliederte Stadt sei, sondern ein chaotisches faszinierendes Gemenge verschiedener Ethnien – ein Schwarm Dörfer auf der Suche nach einer Stadt. Man lebt in Addis Ababā «hügelabwärts vom Menilek-Reiterstandbild», «in dem Block hinter der Georgskirche», «beim alten Flugplatz» oder «gegenüber der Einfahrt zur französischen Botschaft» – Adressen wie aus Alice im Wunderland! Die wenigsten Straßen haben einen Namen, die Häuser sind unnumeriert, die Post wird nicht ins Haus zugestellt...

Die Entstehung der Landeshauptstadt reicht ins Jahr 1887 zurück, als Menilek noch nicht Kaiser («König der Könige»), sondern lediglich König von Šawā war. Er war noch vom zugigen Enṭoṭṭo, wo er auf 3000 Meter Höhe biwakierte, zur Eroberung Ḥarars aufgebrochen, aber bei seiner Rückkehr fand er 500 Meter tiefer eine neue Stadt im Werden: seine Gemahlin, die spätere Kaiserin Ṭāytu, hatte im Windschatten und in der Nähe von heilenden Thermalquellen Addis Ababā («Neue Blume») gegründet. Menilek beugte sich ihrer Wahl und sanktionierte sie mit dem Neubau seines Gebbi, der Palastburg, am komfortableren Standort. Der Herrscher spielte in späteren Jahren mit dem Gedanken einer nochmaligen Verlegung der Hauptstadt – nach Addis ʿĀlam, 40 km westlich Addis Ababās –, doch ließ sich die Neue Blume nicht mehr entwurzeln: der geplante Umzug scheiterte am Widerstand der fremden Diplomaten und Kaufleute, die sich in Addis Ababā niedergelassen hatten.

Addis Ababā, zwar an der Peripherie des alten Reichs, aber im Mittelpunkt des modernen Äthiopien, ist heute Universitätsstadt. Es erhielt auch Gewicht im binnenafrikanischen Gespräch. 1958 wurde es der Sitz der Wirtschaftskommission der Vereinten Nationen für Afrika (ECA); seit 1963 beherbergt es zudem das Sekretariat der Organisation für Afrikanische Einheit (OAU). Eine bald hundertjährige Geschichte hat die Stadtlandschaft mit Kirchen, Palästen, Prachtsresidenzen der Diplomaten und, in den letzten beiden Jahrzehnten, mit «Buildings» reich gesegnet. Die mehr oder weniger großsprecherischen «Buildings», ein vermeintliches Gegengift zu den Slums, werden auch in Äthiopien, im Widerspruch zu der großartigen einheimischen Bautradition, als Architektur-Fetische verehrt – Beton-Berge des Glaubens, Pseudo-Garanten der Selbstachtung.

79
Tempel der Geldwirtschaft in einem Land, wo noch der Tauschhandel blüht: Schalterhalle am Hauptsitz der Commercial Bank of Ethiopia in Addis Ababā. Imponierarchitektur in einem Meer von Wellblechdächern (unter denen das wirkliche, in höchstem Maß einnehmende Leben der Hauptstadt pulst) – erlösbar höchstens durch die Erinnerung an ihr Vorbild, das bescheidene ländliche Rundhaus mit Kegeldach.

80
Blick aus der Unterstadt auf das Gebäude der Stadtverwaltung in der Mittelstadt: die Churchill Road bei Stoßzeitverkehr. Im Hintergrund erhebt sich, von Eukalyptuswäldern bedeckt, der Entoṭṭo, von dem die Stadt langsam hinunterstieg. Ihr Talmarsch im Laufe von drei Vierteljahrhunderten spiegelt Prioritäten wider, die allem äthiopischen Siedeln eigen sind: die nächst tiefer liegende Stufe wird erst bezogen, wenn diejenige über ihr voll genutzt ist. Höhe gewährleistete früher Sicherheit – vor Feinden und Krankheit.

81–83
Auf dem Markt von Addis Ababā, dem größten Afrikas: Verkauf von Butterkugeln und Ensete-Mark. *Ensete edule*, ein Bananengewächs ohne Frucht (daher «Falsche Banane»), zählt zu den wichtigsten Nahrungspflanzen Süd-Äthiopiens (Bild 60). Das Mark der Wurzelknollen, des Scheinstamms und der Blattscheiden wird, eingewickelt in Ensete-Blättern, zusammen mit einem Gärstoff in Erdlöcher gelegt. Je älter (verwester und fauliger), desto besser! Ensete-Mark, das jahrelang im Erdsilo lag, wird mehr zelebriert als offeriert – ganz wie ein zwanzigjähriger Bordeaux-Schloßwein, *grand cru classé*. Die Hausfrau zerreibt das Mark zu Mehl und bäckt daraus Brot – die Grundnahrung nicht nur der Ensete-Bauern, sondern auch ihrer Söhne, die in der Stadt Arbeit suchen. Der *mercato*, so heißt der Markt der Hauptstadt noch jetzt, ist eine 50 Hektar große Auslegeordnung aller Landesprodukte. Sie findet jeden Werktag statt, mit Aufschwüngen des Spektakels und Pandämoniums am Mittwoch und Samstag – und einem absoluten Höhepunkt am Samstag vor Hauptfesten, wenn das Marktgewühl auf 100 000 Köpfe anschwillt. Die Käuferschaft ist dann ein getreuer Spiegel der äthiopischen Vielvölkerwelt. Nicht so die Kaufmannschaft: man muß nicht lange kratzen, und hinter der Fassade eines scheinbar von vielen Völkern und Stämmen getragenen Handels kommt fast stets ein Gurāgē zum Vorschein. Die Gurāgē (Bilder 75–77), und vor allem auch die Gurāgē-Frauen, sind die unumschränkten Herrscher des Mercato.

84
Unter einer erdrückenden Last geht sie zu Markt: Gurāgē-Frau mit einem Bündel Eukalyptus-Reisig auf dem Weg zum Mercato. Lastenträgerinnen wie sie verstopfen mittwochs und samstags die Straßen, die aus den umliegenden Eukalyptuswäldern nach Addis Ababā führen. Mit dem Raubbau am einheimischen Wald hatten sich die Bewohner Addis Ababās in der Frühzeit ihrer Stadt die Lebensgrundlage entzogen, man sprach schon von der Versetzung der «Neuen Blume». Da wendete die Einführung des Eukalyptus aus Australien, vorwiegend *Eucalyptus globulus*, die Not. Vier Jahre nach dem Pflanzen liefert der Baum bereits Brennholz, später Bauholz, Telephonstangen und Telegraphenmasten... Am frühen Morgen liegt die Stadt jeweils unter dem Rauchschleier der Eukalyptus-Feuer; die ölhaltigen Eukalyptusblätter erzeugen eine schnell auflodernde, heiße Flamme – genau die Hitze, die die äthiopische Hausfrau beim Backen der Enǧarā braucht. Mit der wachsenden Nachfrage haben die Wälder nicht nur Schritt gehalten; ihr Zuwachs übertrifft noch den Einschlag. Gegen 100 qkm Eukalyptuswald verpacken heute die Hauptstadt, für die auch schon der Name «Eucalyptopolis» vorgeschlagen wurde. Eukalyptus-Pflanzungen sind profitabel – und Gurāgē sind nicht unerwartet auf allen Ebenen des Geschäfts, vom Planzen über das Schneiden und Schlagen bis zur Beförderung und Vermarktung dabei. Freilich, die Ökologen sind über die Bonanza weniger erfreut. Die dichten Pflanzungen – bis zu 42 000 Bäume pro Hektar – trocknen den Boden übermäßig aus. Zudem sind sie ein schlechter Erosionsschutz: in ihrem Dunkel kommt kein Unterholz auf. Die Spülfurchen an den Steilhängen des Entoṭṭo sind unübersehbar.

85
Biologische Übungen an der Universität: eine muslimische Studentin aus Ḥarar beim Mikroskopieren. Äthiopien hat verhältnismäßig früh eingesehen, daß das Problem der Entwicklungsländer weniger ein Problem unterentwickelter Rohstoffquellen ist als vielmehr das Problem unterentwickelter Köpfe. Den Studenten, die bei der Quasi-Revolution im Frühjahr 1974 (weit und breit die einzigen mit einem allgemeinen Reformprogramm) katalytisch wirkten, wird freilich die Einsicht anstehen, daß die Zukunft ihres Landes letztlich von der selbstlosen Solidarität abhängt, mit der die wenigen Gebildeten und Ausgebildeten den vielen Ungeschulten beizustehen willens sind.

86
Stolz und Staunen über das Moderne: Mutter und Sohn vor dem neuen Hauptpostgebäude.

87
Jugend auf der Straße. Volkswirte rechnen in Äthiopien schon die Zehnjährigen zu den ökonomisch aktiven Altersklassen. Das Elementarschulsystem alimentierte den Arbeitsmarkt der ganz Jungen auf seine Weise: eine Prüfung auf der vierten Primarschulstufe zwang viele Schüler, ihre Schulung vorzeitig abzubrechen. (Der Übertritt in eine – teure – Privatschule war nur wenigen möglich.) Die Streiks der Lehrer und Arbeiter Anfang 1974 richteten sich, mit Erfolg, auch gegen diese Prüfungspraxis. Ein Besucher Addis Ababās wird bald genug mit den Staßenjungen bekannt, den fleißigen und den müßigen. Es ist eine Frage seines Temperaments, welche ihm zuerst lästig fallen, die übereifrigen Zeitungsverkäufer, Schuhputzer und Souvenirhändler oder die bettelnden Lungerer. Er wird sich allerdings selber die Unmutsreaktion mit dem Einwand ausreden müssen, daß eine Großstadt mit erschreckend verbreiteter endemischer Arbeitslosigkeit ihrer Jugend nicht gerade viele Überlebens-Nischen offenhält.

italia
ONY
ONY
ONY
ONY
PAN AM
UAA
AS STATIONERY

81-82

83

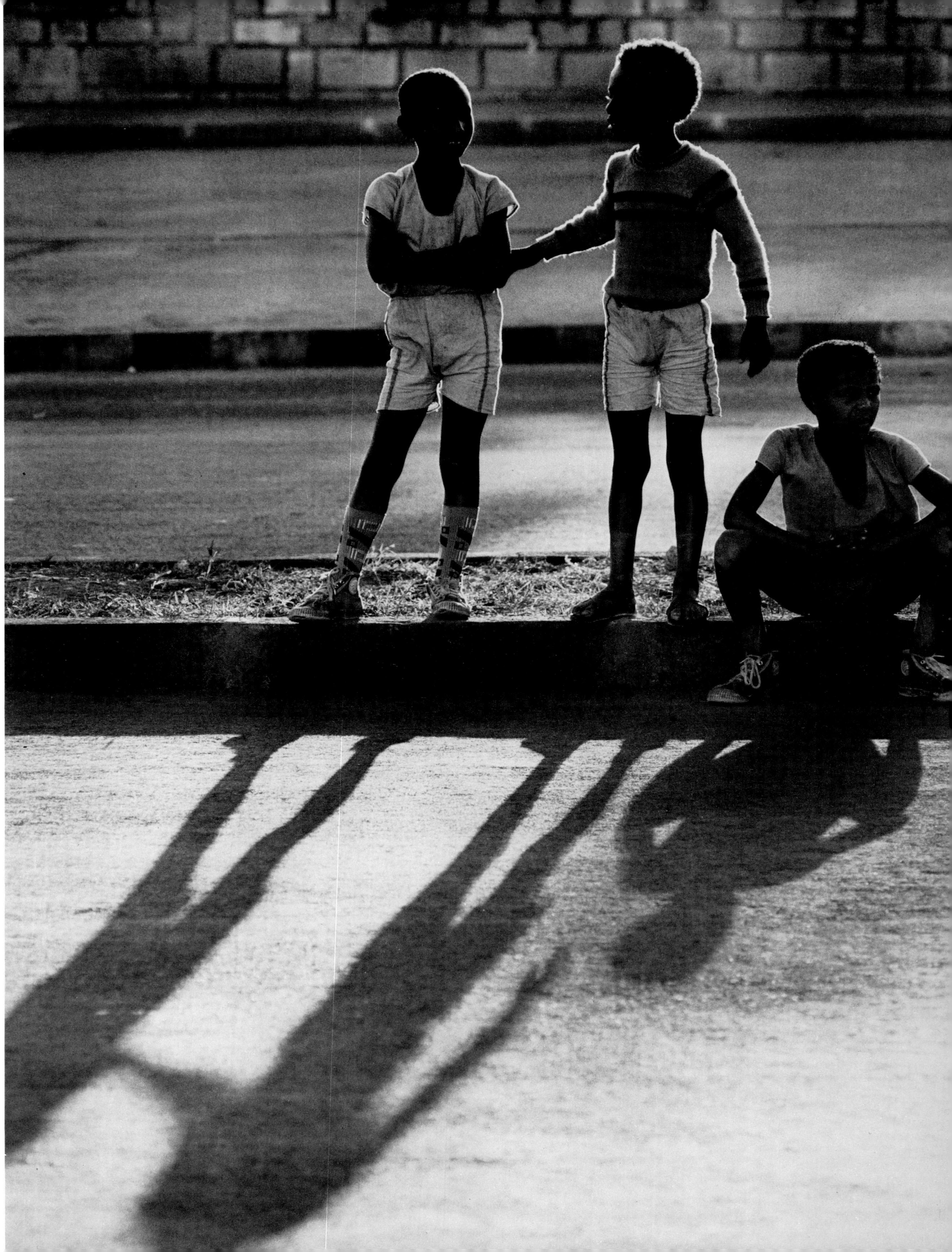

AKSUM

Als erstes äthiopisches Machtzentrum profiliert sich Aksum kurz nach der Zeitenwende. Die um die Mitte des 1. oder zu Anfang des 2. Jahrhunderts gegründete Stadt wurde zur Hauptstadt des gleichnamigen Reichs, das im Westen bis nahe an die Grenze des heutigen Sudan und im Osten bis an den Rand des Afrikanischen Grabens mit der Danākel-Senke reichte. Nord- und Südgrenze des Reichs sind genau nicht mehr bestimmbar, aber die Annahme geht kaum fehl, daß sein Kern wesentliche Teile der heutigen Provinzen Ēretrā, Tegrē und Bagēmder einschloß. Aksum setzte in der äthiopischen Kultur und Zivilisation neue Akzente: in dem bis dahin rein bäuerlich-agrarischen Hochland entwickelte sich eine städtische Gesellschaft mit weitgespannten Handelsbeziehungen. Die politische und wirtschaftliche Macht Aksums stützte sich auf die Häfen an der afrikanischen Rotmeerküste. Namentlich die Hafenstadt Adulis, unweit des heutigen Meṣewwā, war eine eigentliche Drehscheibe für den Indien- und Fernosthandel einerseits und die Karawanenwege nach Meroë am mittleren Nil und dem Mittelmeer andererseits. Um 100 v. Chr. hatte der alexandrinische Steuermann Hippalos die Monsunwinde entdeckt und die bisher übliche, zeitraubende und gefahrvolle Küstenschiffahrt durch die Direktfahrt über den offenen Ozean ersetzt: der Südwest-Monsun im Oktober trieb die Schiffe nach Indien, der Nordost-Monsun im November oder Dezember blies sie zurück an die ostafrikanische Küste. Hippalos' Entdeckung war gleich revolutionierend wie, zweitausend Jahre später, der Bau des Suezkanals. Von der Belebung des Seeverkehrs nach Indien – dank drastischer Verkürzung der Gesamtfahrzeit um zwei Drittel – profitierte Aksum als Stapel- und Umladeplatz. Der älteste namentlich bekannte aksumitische König, Zōskalēs, war «engstirnig und geldgierig, sonst aber edel und der griechischen Kultur eng verbunden». Der Periplus Erythraei Maris («Umschiffung des Roten Meeres»), eine Segelanweisung für Indienfahrer (umstrittenen Datums, möglicherweise aber schon aus dem 1. Jahrhundert), erwähnt König Zōskalēs mit dieser Charakterisierung als Herrn über etwa den gleichen Anteil an der Rotmeerküste, der heute der Hoheit des äthiopischen Kaiserreichs untersteht. Aksum trat auch als Exporteur afrikanischer Exotika auf. Für Straußenfedern und Rohelfenbein konnte es stets auf römische Abnehmer zählen. Noch zur Zeit Kosmas' des Indienfahrers (6. Jahrhundert) erzielte äthiopisches Elfenbein auf den Märkten rund ums Mittelmeer Höchstpreise. Dafür kauften die Aksumiten vor allem den Wein der Römer. Der Handel brachte Aksum Reichtum und Ruhm in der ganzen alten Welt. Eine Schrift aus dem Umkreis des Babyloniers Mani (3. Jh.) spricht von «vier Königreichen der Welt»: Aksum neben Rom, Persien und, wahrscheinlich, China.

Aksum trieb Großmachtpolitik – und erlag auf dem Höhepunkt militärischer Erfolge dem Evangelium. König ʿĒzānā wendet sich in zwei Inschriften, die seine Siege am Atbarā und am Nil verherrlichen, unerwartet an den «Herrn des Himmels» und die Dreifaltigkeit, den Gott der Christen. Und auf den Münzen seiner späteren Regierungsjahre verdrängt das Kreuz die heidnischen Sinnbilder von Mondsichel und Scheibe. Das Christentum rückte – um 330 – zur Reichsreligion auf: eine Neu-Gründung des Staates, die noch heute unerschüttert ist.

Als christliches Reich intervenierte Aksum im 6. Jahrhundert in Südarabien, wo ein jüdischer Herrscher die ansässigen Christen verfolgte. Im Geburtsjahr des Propheten Mohammed zog sogar der aksumitische Statthalter im Jemen mit Elefanten bis vor Mekka, um die Schändung der Kirche in Ṣanʿā zu rächen; die 105. Sure des Korans hält die Ereignisse im sogenannten Elefantenjahr fest. Sonst verraten aber die spärlichen Nachrichten weniger kurzlebige Triumphe als wachsende Schwierigkeiten. Der byzantinische Kaiser Justinian versuchte Aksum als Bundesgenossen zur Brechung des persischen Zwischenhandelsmonopols für Seidengewebe aus Fernost zu gewinnen. Die Äthiopier sollten den Seidenhandel in ihre Hände bringen, indem sie die Seide direkt in Indien aufkauften und sie unter Umgehung der Perser nach Ostrom verfrachteten. Dazu kam es freilich nicht; überraschend arrangierte sich Byzanz mit Persien – und Aksum hatte das

Nachsehen. Persien unterwarf zuletzt ganz Südarabien und dehnte seine Kontrolle auf das Rote Meer aus. Die islamischen Eroberungen des 7. Jahrhunderts im Vorderen Orient und in Nordafrika legten vollends einen Riegel zwischen Aksum und seine Kunden am Mittelmeer. Der Rest war Isolation und schleichende Anämie. Die geschichtlich weiter nicht faßbare Königin Judith, die Ende des 10. Jahrhunderts an der Spitze von durch aksumitische Kultur unbeleckten Stämmen aus den Bergen hervorbrach, vollstreckte ein längst gesprochenes Todesurteil.

Aksum überlebte als Idee bis zum jetzigen Tag. Im 12. und 13. Jahrhundert ließen sich wahrscheinlich die Zāgwē-Könige beim Aushöhlen der Kirchen von Lālibalā von dem ideellen Bild der ehemaligen Reichshauptstadt leiten (S. 223ff.). Und noch heute ist Aksum, «die Mutter der äthiopischen Städte», für die äthiopischen Kaiser Krönungsstadt.

88
Ein Predigermönch, mit Fliegenwedel und Handkreuz, übersetzt und paraphrasiert den Text der Heiligen Schrift, den ein Dabtarā unter dem Schirm in der Kirchensprache vorliest. Das gelbe Pilgergewand verrät seine Zugehörigkeit zu der Klostergemeinschaft von Dabra Dāmo (Bilder 50–51). Im Hintergrund neben unverzierten Stelen die einzige noch aufrechte Stockwerkstele; sie ist, ihren in den Boden eingesunkenen Fuß mitgerechnet, 24 Meter hoch. Das Aksum von heute ist eine staubige Stadt von 15000 Einwohnern – und man hat nicht geringe Mühe, die Zeugen einer glanzvollen Vergangenheit, die Stelen, Thronsitze (vermutlich für Götterbilder), Felsgräber und Reste von Palastanlagen, mit ihrer gegenwärtigen Umgebung in Beziehung zu bringen. Das ändert sich an Festtagen, namentlich am Palmsonntag und an dem am 30. November (gregorianischen Kalenders) begangenen Marienfest – dann stehen die steinernen Mäler im Gedränge der Gläubigen geheimnisvoll und herausfordernd an.

89
Aksum ist übersät mit zerborstenen Stelen: der Oberteil der sogenannten «Stele am Bach» gehört zu den Paradestücken unter den Trümmern. Auf Aksums Stockwerkstelen, Monolithen aus Granit, die weder in Äthiopien noch anderswo ihresgleichen haben, «versteinert» die altäthiopische Bauweise mit Holzfachwerk (Bild 52): glatt verputzte (und daher etwas vortretende) Mauerschichten wechseln mit einem Holzrost. Rundhölzer mit herausragenden Köpfen verankern in der Mauertiefe die Längsbalken des Rosts. Bei den hölzernen Fenster- und Türgestellen stehen die Eckriegel vor; Sprossen unterteilen jedes Fensterfeld. Die letzte noch aufrechte unter den großen Stelen (Bild 88) zählt, das Erdgeschoß mit der durch ein Fallstift-Riegelschloß gesicherten Tür eingerechnet, zehn Stockwerke. Vor- und Rücksprünge brechen bei ihr die Mauerflucht. Der Oberteil der «Stele am Bach» zeigt besonders deutlich die Dübellöcher für eine – verlorene – Bronzeplatte in der vertieften Fläche des Kopfs. Die Stockwerkstelen stammen – so glaubt die Mehrzahl der Archäologen – aus der Zeit von Aksums größter Machtentfaltung vor Einführung des Christentums (2.–4. Jahrhundert) und sind wohl als schriftlose Gedächtnismäler mit Opferstätten für die anderwärts beigesetzten Herrscher aufzufassen. Ihre Auftraggeber monumentalisierten das semitische Stelengrab, angestachelt vielleicht von dem Gerücht über die Wunder Ägyptens. Dem verwendeten Architekturschmuck liegt jedoch die einheimische Palastarchitektur zugrunde. Die Wohntürme des Totenkults steigerten offenbar visionär profane Stockwerkarchitektur eines Typs, dem heute die Hochhäuser Südarabiens («Die Wolken berühren ihren Turban») am nächsten kommen. Neuerdings tritt Neville Chittick – nach Grabungen in Aksum, die er für das *British Institute in Eastern Africa* unternahm – für eine christliche Herkunft der Stelen ein. Er sieht in ihnen gigantische Ex Votos an den Allmächtigen, hat aber Schwierigkeiten, die Opferaltäre an ihrem Fuß – flache Steinplatten mit Höhlungen – befriedigend zu erklären. Nur wenn der ergrabene (noch nicht publizierte) Befund keinen Zweifel erlaubt, werden ihm wohl die übrigen Archäologen folgen, aber auch dann noch zögernd genug. Nach Chittick zeigte die Bronzeplatte im Kopf der Stele vermutlich ein Kreuz; bis anhin hat man sie sich mit dem südarabischen Gotteszeichen, dem Vollmond im Halbmond, vorgestellt. Wie dem auch sei: Rätselhaft sind die technischen Mittel, mit denen die in örtlichen Steinbrüchen losgesprengten Stelen aufgerichtet wurden: ihr Champion, die über 33 Meter lange «Riesenstele» – beim Fall zerborsten – übertrifft alle andern jemals in der Alten Welt bewegten Monolithe.
Die Kenntnis der Stelen ist nicht nur für das Studium der Felskirchen unerläßlich. Sie zwingen ganz allgemein, über äthiopische Meisterschaft im Umgang mit großen Steinen als ein gründendes äthiopisches Kulturelement nachzudenken: dieser megalithische Zug bricht sogar im Süden immer wieder durch, bei den Felsskulpturen von Čābē (Bilder 2–4) oder den Brunnen der Boranā (S. 179ff.).

90
Der Besuch eines Souveräns in Aksum: Wandmalerei in der (alten) Kathedrale Māryām Ṣeyon (= Maria Zion). Der gekrönte Herrscher küßt die Hand des Nebura'ed; zur rechten Hand des Königs steht der Abuna (Patriarch). Das abgebildete Gotteshaus ist die Kirche Maria Zion selber.

91
Metropolit Yoḥannes, Erzbischof von Tegrē, bei einem Staatsempfang (für Königin Elisabeth II.). Noch mehr als im übrigen Äthiopien ist in Aksum kirchliches und politisches Leben unlösbar ineinander verwoben. Der Nebura'ed, der Vorsteher des heiligen Bezirks von Aksum, ist gleichzeitig auch der oberste zivile Beamte der Subprovinz Aksum.

92
Im Vorhof der Kirche Maria Zion. Der Bau stammt aus dem 17. Jahrhundert; ihm gingen an der gleichen Stelle mehrere Kathedralen voran, die jeweils bei einem «sacco di Aksum» (Judith; Grāñ, «der Linkshänder»!) in Schutt und Asche sanken. Seit den sechziger Jahren erhebt sich unweit der alten Kathedrale ein Protzbau aus Beton und Kupfer: er freut hauptsächlich die Archäologen, die während den Bauarbeiten diesen ehrwürdigsten Boden Äthiopiens umwühlen durften. An Exklusivität übertrifft aber der Alt- den Neubau beträchtlich: keine Frau darf die Kirche Maria Zion oder auch nur deren Hof betreten. Nicht einmal für Königin Elisabeth II., die er in der neuen Kathedrale mit Pomp empfing, machte Aksums Klerus eine Ausnahme. In Maria Zion hütet er die Bundeslade, die angeblich die Gefährten Menileks, des Sohns Salomos und der Königin von Saba', aus Jerusalem verschleppten.

93
Das Blätterdach eines Warkā-Baums (einer Würgfeige) ist wie ein Baldachin: unter gewaltigen, geheiligten Bäumen sitzen Äthiopier von jeher zu Rat und zu Gericht. Unter dem Versammlungsbaum von Aksum erwarten die Notabeln am Tag des Marienfestes den Zug der Musikanten und Dabtarā. Vor dem Stamm (von links nach rechts) Prinz Rās Mangāšā Seyyum, ein Enkel Kaiser Yoḥannes', Generalgouverneur der Provinz Tegrē; Metropolit Yoḥannes, Erzbischof von Tegrē; der Nebura'ed von Aksum (im Ornat, unter dem Schirm). Eine Stufe tiefer, rechts außen, Prinzessin Aida Dassetā, eine Enkelin Kaiser Ḫayla Śellāsēs, die Gattin Rās Mangāšās.

GONDAR

Kaiser Fāsiladas (1632–67) machte Gondar – etwa 50 Kilometer nördlich des Ṭānāsees – zur Residenz. Sechshundert oder siebenhundert Jahre nach dem Untergang Aksums hatte Äthiopien erstmals wieder eine Hauptstadt. Gondar, das sich durch sein gesundes, malariafreies Höhenklima empfahl, war schon vorher Königspfalz gewesen, und es muß auch auf der religiösen Landkarte eine besondere Bedeutung gehabt haben. Als dort Fāsiladas das erste Schloß anlegte, zählte Gondar schon fast zwei Dutzend Kirchen – eine Zahl, die sich nach der Beförderung zur Reichshauptstadt verdoppelte. Fāsiladas verbannte die Jesuiten oder ließ sie hinrichten und schloß die Grenzen des Landes. Als der Vatikan an Stelle der mißliebigen Jesuiten Kapuziner einschleusen wollte, ließ sie Fāsiladas abfangen und köpfen. Andere Kapuziner, die unter einem Vorwand sogar bis an den Hof vordrangen, wurden gesteinigt. Fāsiladas kam auch auf eine alte äthiopische Tradition zurück: er sperrte alle männlichen Mitglieder des Königshauses, die als Kronprätendenten zu fürchten waren, auf einen unzugänglichen Berg, die Ambā Waḫni. Fāsiladas baute in Gondar und in Aksum, wo er die in Ruinen gesunkene Kathedrale durch einen Neubau ersetzte. Die Bautätigkeit hielt auch unter seinen Nachfolgern, namentlich unter Iyāsu (Jesus) dem Großen (1682–1706) und Bakāffā (1721–30), an und bescherte Gondar einen ganzen Schloßbezirk. Literatur und Malkunst blühten vorübergehend auf; die Maler richteten sich erstmals im ganzen Reich nach verpflichtenden höfischen Mustern und schufen einen gondarinischen Stil, der bis heute nachwirkt. Die zwei europäischen Besucher, die an den Hof gelangten (und ungeschoren wieder nach Hause) – der französische Arzt Charles Jacques Poncet (1699/1700) und der Schotte James Bruce (1770) – zeigten sich von Prunk und Zeremoniell in Gondar beeindruckt. Freilich, hinter der höfischen Repräsentationskulisse wuchs das Chaos. Kabalen gehören zum täglichen Brot jeden Hofs, in Gondar aber wurde der Austrag des Ränkespiels blutiger und blutiger. Gift und Dolch, Folter und Mord, auch Königsmord, und selbst durch Söhne, waren die bevorzugten Mittel der politischen Auseinandersetzung. Bruce, gewiß kein zimperlicher Mann, hatte schließlich keinen andern Wunsch, als möglichst bald aus diesem blutigen Land wegzukommen. Die Anarchie wurde zuletzt allgemein. Feudalherren übten die tatsächliche Macht aus und manipulierten den Hof, mit Einflüsterung oder mit Gewalt. Rās Mikā'ēl Se'ul aus Tegrē, damals Gouverneur von Gondar, erboste sich über den Versuch, ihn zu erschießen, während er auf der Veranda seines Hauses Siesta machte. Er ließ noch am selben Abend den Kaiser, den er für den Urheber des Anschlags hielt, erwürgen und besorgte sich aus dem Prinzen-Sortiment auf der Ambā Waḫni einen Nachfolger. Die Kaiser wurden zu bloßen Marionetten in der Hand ihrer Vasallen, beliebig ein- und absetzbar. Aber selbst in der «Zeit der Richter», wie die äthiopische Geschichtsschreibung in Anlehnung an Verhältnisse im Alten Israel diese bis zur Mitte des 19. Jahrhunderts reichende Zeit der Rāse nennt, blieb die *Idee* des Kaisertums unangetastet.

94
Māryām Gemb am Ṭānāsee: Rest des Gewölbes über dem Chor. Der Preis für die portugiesische Hilfe in der Abwehr der muslimischen Invasoren in der ersten Hälfte des 16. Jahrhunderts war die folgende katholische Jesuitenmission in dem altchristlichen Land. 1622 nahm Kaiser Susenyos (1607–32) für seine Person den römischen Glauben an. Der spanische Jesuit Pedro Páez begnügte sich nicht damit, nur der Architekt der Bekehrung zu sein – er baute seinem Täufling auf einer Landnase über dem Ṭānāsee auch Kirche und Palast. Páez hat einen Platz unter den ungewöhnlichsten Gestalten der Missionsgeschichte: hochgelehrter Theologe, Linguist, Mathematiker, Mechaniker, Zimmermann, Maurer, Maler, Steinmetz – der Katalog seiner Fähigkeiten summiert sich zu «Universalgenie». Der Bau für Kaiser Susenyos, den er plante und bei dessen Ausführung er selber Hand anlegte, gehört zu den schönsten Beispielen von Missionsarchitektur: die Schmuckfreudigkeit, die sich im Innern der Kirche manifestiert (soweit aufgehendes Mauerwerk noch vorhanden ist), wurzelt im iberischen Barock. Páez' Einfühlungsvermögen für das Missionieren ging seinem Nachfolger ab: er brachte den Kaiser dazu, die Unterwerfung von Kirche und Reich unter Rom öffentlich zu verkünden. Gegen diesen Unionsversuch erhoben sich das altgläubige Volk und der Klerus, Aufstände brachen aus: 1632 gab Susenyos dem Land den angestammten Glauben zurück und dankte zugunsten seines Sohnes Fāsiladas ab. Fāsiladas richtete sich dauernd in Gondar ein, von dem aus schon Susenyos zeitweilig regiert hatte. Palast und Kirche des Susenyos zerfielen und sanken in Vergessenheit. Heute ist das «Marienschloß» – von Gorgorā aus in einem vierstündigen Umgehungsmarsch oder per Schnellboot, Uferbuchten abschneidend, in einer halben Stunde erreichbar – Äthiopiens stimmungsvollste Ruine: weiße Mauern in einem blühenden, bienensummenden Pflanzengefilz, von dem großen See am Fuß des Landvorsprungs wie auf einer Silbertafel dargeboten.

95
Blick aus der Neustadt auf den Schloßbezirk in Gondar: die Kaiser eines Jahrhunderts, angefangen bei Fāsiladas (1632–67), haben an ihm gebaut. Es ist eine nebensächliche Frage, ob an dem Bau trotz Fāsiladas' fremdenfeindlicher Politik portugiesische Bauhandwerker oder gar (nach einer arabischen Quelle) indische Baumeister mitwirkten – die Schlösser sind stilistisch jedenfalls weder portugiesisch noch indisch. Allerdings auch nicht äthiopisch: verglichen mit der altäthiopischen, vor-gondarinischen Baukunst sind sie architektonische Pauper. Die Geschichte hat ihnen und der Stadt Gondar übel mitgespielt. 1868 suchte sie Kaiser Theodor heim, 1888 brandschatzten sie die Derwische des Mahdī, und 1941, im Kampf gegen die italienischen Besetzer, fielen auf sie Bomben und Geschosse der englischen und äthiopischen Befreier. Ein Wunder, daß von den Schlössern heute wenigstens noch die leere Schale übrig ist – freilich auch sie nur nach zum Teil zweifelhafter Restaurierung.

96
Der Gefängnisberg der gondarinischen Prinzen: Ambā Waḫni östlich des Ṭānāsees. Die Praxis, mögliche Rivalen um den Thron, namentlich Brüder und Söhne, an einem leicht bewachbaren, gesicherten Ort fern vom Hof zu halten, ist in Äthiopien alt. Vielleicht diente schon der Klosterberg von Dabra Dāmo (Bild 50) zeitweilig diesem Zweck. Mit Gewißheit gab es einen Zwangsaufenthaltsort für die Prinzen nach der Restauration der Salomonischen Dynastie im 13. Jahrhundert: Ambā Gešen. Auf ihr deponierten die Herrscher mit den Prinzen auch den Reichsschatz, Ambā Gešen war daher in den muslimischen Invasionen des 16. Jahrhunderts ein vorrangiges Angriffsziel. Die Ambā Waḫni – die ausgewitterte Schlotfüllung eines Vulkans – übertrifft alle früheren (und alle späteren) Gefängnisberge durch ihre Unzugänglichkeit und die Knappheit des Lebensraums auf ihrem Gipfel. Die Holztreppe, die den Berg erschloß, ist abgefault; auf dem grasigen Gipfelplateau erkennt man vom Flugzeug aus Gebäudereste. Der jeweilige Herrscher vergoldete nach Möglichkeit die Verbannung der Prinzen. Ihre Apanage war königlich. Indes sorgten offenbar die Wächter nicht nur dafür, daß keiner ohne Erlaubnis vom Berg herunterkam, sondern schauten auch dazu, daß nicht zuviel von der königlichen Munifizenz zu den Verbannten hinaufgelangte. Jesus I., der den Beinamen «der Große» auf dem Schlachtfeld sowohl als auch mit Reformen verdiente, besuchte einmal die Prinzen auf dem Berg, hörte ihre Klagen und stellte die Ausbeutung der Gefangenen durch ihre Wächter ab.

ḤARAR

Die Stadt Ḥarar, die Hochburg der äthiopischen Muslim, liegt etwa 1850 m ü. M. auf dem Südabhang des Gebirgszugs, der den Afrikanischen Graben und das Danākel-Tiefland von der Somalitafel trennt. Die Anfänge der Stadt sind im Dunkeln. Sie dürfte eine Gründung südarabischer Kolonisten sein, die aus dem Norden Äthiopiens kamen oder direkt übers Meer. Noch heute spricht man innerhalb der Stadtmauern eine eigene semitische Sprache, das Harari – von den Eingesessenen, den Harari, stolz «die Sprache der Stadt» genannt, von den zugezogenen Galla, Somali und Arabern demütig «die Sprache der Bürger». In Ḥarar laufen Karawanenwege vom Golf von Aden und vom Indischen Ozean zusammen; als der Islam sich entlang der afrikanischen Küste ausbreitete, machte er Ḥarar zu einem Vorposten gegen das christliche Hochland. Erstmals wird die Stadt in äthiopischen Chroniken unter ʿAmda Ṣeyon (1314–1344) erwähnt, der die Macht der erstarkenden islamischen Sultanate an den Reichsgrenzen vorübergehend brach. Ḥarar, in engem Kontakt mit den Danākel- und Somalistämmen, konnte diese zu Plünderungs- und Kriegszügen mobilisieren. In der ersten Hälfte des 16. Jahrhunderts wurde es für die christlichen Äthiopier zu einem Schreckenswort: Aḥmad ibn Ibrāhīm von Ḥarar – von den Äthiopiern mit dem Spitznamen Grāñ, «Linkshänder», belegt – einte als Imam den muslimischen Südosten zum Heiligen Krieg und brachte zeitweilig, unterstützt von türkischen Hilfstruppen, das christliche Hochland zu drei Vierteln in seine Gewalt. Der Kaiser irrte vor Grāñs Horden von Zufluchtsort zu Zufluchtsort, von Provinz zu Provinz. Erst das Eingreifen eines portugiesischen Expeditionskorps wendete das Kriegsglück. Aber auch nach Grāñs Tod in der Schlacht setzte ein Neffe, der Emir Nūr, angestachelt von der nach Vergeltung dürstenden Witwe Grāñs, die Einfälle fort. Unter ihm erhielt die Stadt ihre Mauern, die sie zwar nicht vor der Plünderung durch zurückschlagende äthiopische Truppen bewahrten, ihr aber später in den Gallastürmen der zweiten Jahrhunderthälfte zustatten kamen. Emir Nūr, der sein eigenes und das Schicksal des Islam mit demjenigen der Stadt verband, gilt jetzt als eine Art Stadtpatron; sein Grab zieht jährlich viele Pilger an. Ḥarar, ein selbständiger Stadtstaat, entwickelte sich zu einer Handelsmetropole und einem Zentrum islamischer Gelehrsamkeit. Seine Händler wirkten gleichzeitig als Glaubensboten. Im Süden Äthiopiens sind seither die Begriffe «Großkaufmann» und «Muslim» vertauschbar. 1874 bemächtigten sich die Ägypter der Stadt; nach der Besetzung Ägyptens durch die Engländer regierte sie ein britischer Statthalter, freilich nicht für lang. 1887 eroberte Menilek, damals erst König von Šawā, die Stadt, die die Kontrolle der Galla und Somali erleichterte, und setzte seinen Vetter, den Heerführer Rās Makwannen (den Vater Ḫāyla Śellāsē), als Gouverneur ein. Heute ist Ḥarar (40000 Einwohner) die Hauptstadt der Provinz Ḥarargē, der größten Äthiopiens, und Sitz der Militärakademie, Äthiopiens Westpoint.

In Europa gelangte Ḥarar zu Ruhm durch Richard Burton, der das jedem Nicht-Muslim verbotene Mekka Ostafrikas 1855 in Verkleidung betrat, und durch den Dichter Arthur Rimbaud, der sich, ein Deserteur der Literatur und nun ganz an die «runzlige Wirklichkeit» hingegeben, in den 1880er Jahren in Ḥarar aufhielt. «Rimbaud führte ein abenteuerliches Leben und betätigte sich sogar im Elfenbeinhandel», sagt der Larousse. «Elfenbeinhandel» steht beschönigend für Sklavenhandel und Waffengeschäfte. Rimbaud, «mit dem Gesicht eines Engels im Exil» (Verlaine), verhökerte Flinten, Musketen, Karabiner, Büchsen und zugehörige Munition an Menilek, dessen Bedarf an Feuerwaffen unersättlich war. Leider hat Rimbaud keine Beschreibung des damaligen Ḥarar hinterlassen. Ein Knietumor zwang ihn zur Rückkehr nach Frankreich, wo er 1891 an den Folgen der Beinamputation starb. Das Haus, das er in Ḥarar bewohnte, ist längst abgerissen. Das hindert freilich die Fremdenführer nicht, Besuchern der Innenstadt «das Haus Rimbauds» zu zeigen. Ihrer Zuschreibung will nun ein Rimbaud-Komitee in Frankreich den Segen geben, indem es das einsturzgefährdete Gebäude restauriert und als Museum einrichtet.

97
Straßenszene in Ḥarar: Transport eines Masob. Ḥarars Frauen sind berühmt für ihre Korbflechtereien. Die Masob, die sie herstellen, sind im ganzen Land begehrt. Der Masob gehört zum Mobiliar des äthiopischen Hauses. Auf diesem Korbtisch legt die Hausfrau die Enǧarā, säuerlich schmeckende, wie Schaumgummi anzufühlende Brotfladen als Unterlage für Waṭ (verschiedene Fleisch- und Gemüsegerichte) aus. Die Enǧarā dient dabei als Teller – und als Besteck: man schiebt sich mit Hilfe von Enǧarā-Häppchen die Speisen in den Mund und tunkt mit ihnen die Saucen auf. Auf dem Land sieht man oft um die Mittagszeit Bäuerinnen, die den Masob, den Deckel über Enǧarā und Waṭ gestülpt, zu ihren Männern auf den Feldern tragen. Auch dem Mahl im Freien gibt erst der Tragtisch Würde.

98
Luftaufnahme der Innenstadt. Ein Labyrinth von Gassen und Gäßchen, verschwiegene Höfe hinter hohen Mauern, in sich gekehrte Flachdachhäuser, geweißt oder ockerfarben von der Besonnung.... Außerhalb Ḥarars findet sich dieses als typisch orientalisch-islamisch empfundene Stadt- und Wohnmuster in Äthiopien kein zweites Mal.

99–100
Verheiratete Harari- oder Qottu-Frauen auf dem Markt für die Muslim in der Innenstadt. Harari, die alteingesessenen Bürger der Stadt, und die Qottu-Galla, Zuzüger seit dem 16. Jahrhundert, unterscheiden sich zwar nach der Sprache – nicht aber in ihrer materiellen Kultur. Bei den Harari wie bei den Qottu sind die zwei kugeligen Haarknoten ein Vorrecht der verheirateten Frau. Blumen im Haar, Stirnbänder und Armreifen, leuchtende Umschlagtücher, gemalte Schönheitsflecken auf der Wange und hennagefärbte Fingernägel – mit Recht gelten Harari- und Qottu-Frauen als die schmuckfreudigsten Äthiopierinnen. Bunt wie Ostereier, haben sie Ḥarars Ruf begründet, die malerischste Stadt des Landes zu sein. Am Marktleben weiden sich übrigens nicht nur die Augen. Düfte exotischer Gewürze wehen über den Platz – und die Frauen, die ihm Farbe geben, sind auch an dem Nasenkitzel nicht unbeteiligt. Nach dem Waschen räuchern sie ihre Haare mit der aromatischen Rinde einer Eichenart.

101
Die holprig gepflasterte Straße führt hinunter zum Muslim-Markt. Die Geschäfte sind aus Anlaß des Krönungstages des Kaisers beflaggt. In diesem Teil Alt-Ḥarars mischt sich unter die Patio-Häuser mit Terrassendach ein Haustyp, der von den türkisch-ägyptischen Rotmeerhäfen her bekannt ist. Wohlhabende arabische Kaufleute bauten als erste Balkone und wählten Giebeldächer aus Wellblech.

99

100

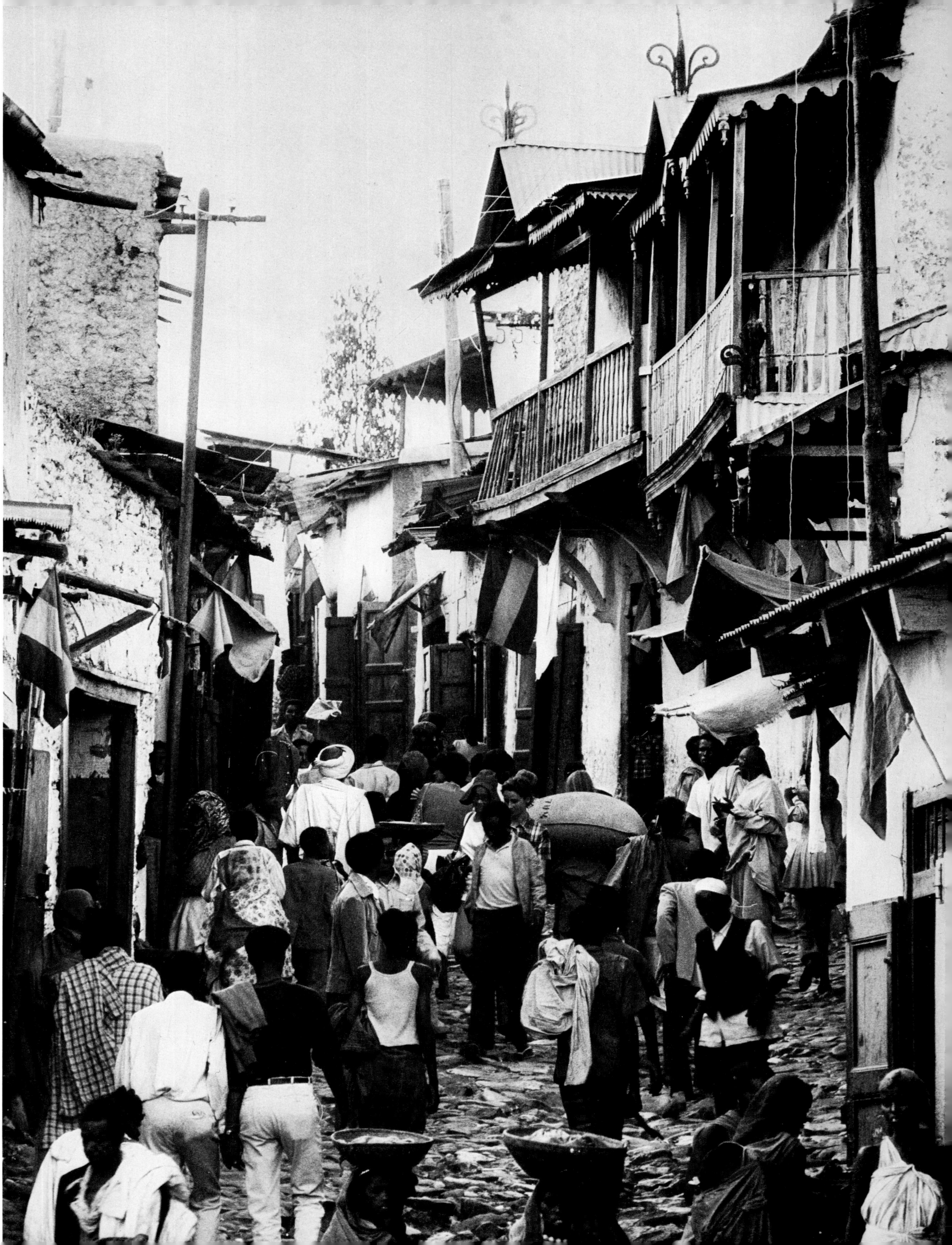

ACKERBAU UND SAMMELWIRTSCHAFT

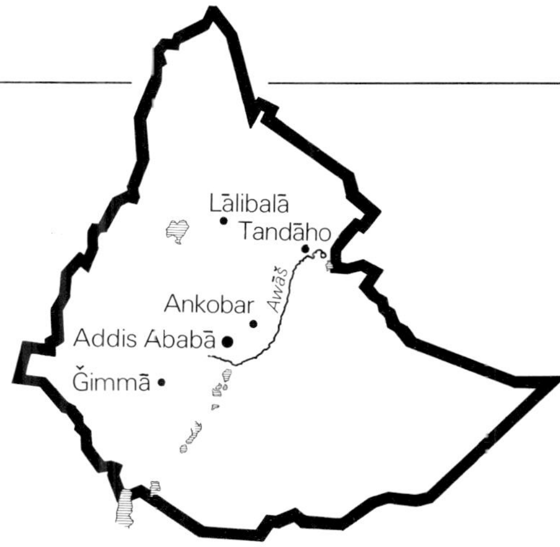

Neun von zehn Äthiopiern wohnen auf dem Land, acht von zehn leben unmittelbar von Ackerbau, Sammelwirtschaft oder Viehzucht. Da aber der Boden überwiegend jenen nicht gehört, die ihn bebauen, verwundert es kaum, daß das Problem der Landreform in Äthiopien politische Brisanz hat. Die protestierenden Studenten, die meuternden Militärs, die streikenden Arbeiter, die im Frühjahr 1974 ein neues Kapitel in Äthiopiens Geschichte begannen, schrieben Landreform alle mit Großbuchstaben: die Forderung nach Landreform ist bei dem Wunsch nach Veränderung der größte gemeinsame Nenner – eine Solidaritäts-Klammer, die die agitierenden Studenten und die apolitische ländliche Bevölkerung zusammenhält. Landreform in gemäßigter Auslegung heißt: Verbesserung der Pachtverhältnisse durch schriftlichen Vertrag; durch Begrenzung des Anteils des Grundeigentümers am Netto-Produkt (nach Abzug des Saatguts und des Subsistenzbedarfs des Pächters) auf 30 Prozent; durch Verbot jeder Fron des Pächters und seiner Familie im Dienste des Grundherrn; durch Belastung des Grundherrn mit den Kosten für den Abtransport des geschuldeten Ernteanteils. Soweit die Hauptpunkte einer beantragten Gesetzesnovelle, die das Parlament – in dem die Verpächter den Ton angeben – noch im Jahr 1973 schubladisierte. In der radikalen Auslegung heißt jedoch Landreform: Auflösung des Großgrundbesitzes und Verteilung des kulturfähigen Bodens an die landlosen Bauern. Spätestens mit der Hungerkatastrophe der letzten Jahre erlangte der Ruf «Der Boden dem Pflüger!» jene Dringlichkeit, die in Politik umschlägt. Die Neu-Ordnung des Landbesitzes – als gesellschaftspolitische Maßnahme und zur Anhebung der Nahrungsproduktion – wird auf Jahre hinaus das wichtigste Traktandum äthiopischer Politik bleiben.

102
Ein Gehöft unweit Ankobars in Šawā: auf dem terrassierten Abhang sprießt die zweite Getreideaussaat des Jahres, hervorgelockt von reichlichen Frühjahrsniederschlägen. Nach der Regenzeit, nach der sommerlichen Großen, manchmal aber auch nach der Kleinen im März und April, explodiert das Hochland in allen Schattierungen von Grün. Gehöfte und Weiler, die Kegeldachhütten wie in Pilzfamilien zusammenstehend, dominieren im christlichen Hochland als Siedlungsform.

103
Akazie mit Bienenröhren in Sidāmo: Bienenbäume sind ein Wahrzeichen der ländlichen Szene in ganz Äthiopien. Ein Blechring um den Stamm schützt Honig und Bienenbrut vor Mardern. In besonders «süßen Provinzen» wie etwa Goǧǧām ist Honig billiger als Zucker. Der Honig wird mit Wasser gemischt, unvergoren, als *berz* getrunken oder mit Gēšo-Blättern *(Rhamnus prinoides)* als Fermentierhilfe zu Honigwein, *ṭaǧǧ*, verarbeitet. Bei vielen äthiopischen Völkern ist die Biene traditionell ein Königstier: bei der Wahl des Thronfolgers sowohl als auch im Totenkult des Herrschers spielten Bienenschwärme als Orakel eine Rolle. Honigwein war einst ausschließlich ein Zeremonialgetränk und dem König vorbehalten; dieser wurde in einer Bienenröhre beigesetzt. Die religiöse Legende kennt zahlreiche Immen und Schwärme, die Kirchen vor Plünderern bewahrten. Bei dieser Wertschätzung verwundert ein wenig, wie primitiv die Bienenwirtschaft vergleichsweise in Äthiopien ist – nur einen Schritt weiter als bloßes Einsammeln wilden Honigs. Die Zylinder werden auf gut Glück ins Geäst gehängt; höchstens daß der Imker versucht, der Wohnung durch Räuchern in einem Feuer aus grünen Oleasterblättern ein den Bienen angenehmes Parfum zu geben. Hat ein Volk gesiedelt, wartet der Imker geduldig, manchmal jahrelang, bis die Röhre voll ist von Waben und Honig.

104
Fell-Fetzen verschließen den irdenen Krug, in dem Honig und Waben auf den Markt kommen. Der Wert einer vollen Bienenröhre wurde mir in Sidāmo mit 20 äthiopischen Dollar (30 Schweizer Franken) beziffert.

105
Eine Kalebasse mit Fluglöchern verschließt die Röhre am einen, ein Pfropfen aus Stroh am andern Ende. Mit einem rauchenden Span vertreibt der Imker die Bienen, ehe er die von Honig triefenden Waben herausholt. Die Form der Bienenröhren variiert im Hochland und in den Tiefländern des Südens und Südwestens wenig, wohl aber sind die Baumaterialien von Gegend zu Gegend verschieden. Die Zylinder bestehen manchmal statt aus Flechtwerk aus sonnengebackenem Lehm.

106
Ein Feldermosaik auf den Schultern des Abuna Yosēf bei Lālibalā, Provinz Wallo. Gerstenfelder klettern in Äthiopien auf nährstoffreichen vulkanischen Böden bis fast auf 4000 Meter Höhe; Grasland wird im Weidebetrieb bis etwa 4300 Meter Höhe genutzt. Anbauober- und Siedlungsobergrenze fallen zusammen. (Courtesy NGM, © National Geographic Society)

107–108
Gelbe Punkte tüpfeln die Landschaft zur Erntezeit: Dresch- und Worfelkreise. Wenn die Ochsen das Erntegut zu einer Masse von Körnern, Spreu und Staub zertrampelt haben, werfen die Bauern mit paddelähnlichen Schaufeln den Drusch vor den Wind: die Körner fallen steil zu Boden, Häcksel, Spelzen und Staub werden verweht.

109
Nach der Regenzeit leuchten im Hochland noch die Nug-Felder, während der Bauer mit dem Hakenpflug schon die Getreideäcker für eine zweite Ernte umbricht. Nug *(Guizotia abyssinica)*, eine Verwandte unserer Sonnenblume, ist Äthiopiens wichtigste Ölpflanze: ihre fettreichen Samen liefern ein geschätztes, in der Hauptstadt speziell beworbenes Speiseöl (Bild 35). Als einziges Gebiet im tropischen Afrika kannte Äthiopien schon in vorkolonialer Zeit neben dem Hack- auch den Pflugbau – Teil des von südarabischen Einwanderern ererbten Kulturguts.

110
Reifen Hirse und Mais, werden in den Feldern Beobachtungstürme errichtet. Sie sind von Sonnenauf- bis Sonnenuntergang besetzt. Wächterinnen und Wächter bekämpfen mit Steinen alle Eindringlinge, namentlich Mantelpaviane und Vögel.

111
Ṭēf-Ernte östlich von Addis Ababā in Šawā: Wanderarbeiter schneiden mit der Sichel das kurzhalmige Getreide. Ṭēf – eine außerhalb Äthiopiens nur noch in Südarabien angepflanzte kleinsamige Grasart – ist im Hochland das wichtigste Brotgetreide. Ohne Ṭēf keine Enǧarā – und damit kein Nationalgericht!

112
Anbauoase in der Gebirgswüste: eine Ambā auf dem Flug von der Hauptstadt nach Lālibalā. Aus dem Erlebnis des äthiopischen Hochlands sind solche bebaute Tafelberge – Siegesmeldungen im Kampf des Menschen ums Überleben – nicht wegzudenken. Die Behausungen der Bauern drängen sich am Steilabbruch der Ambā: so geht weniger Ackerfläche verloren – und Quellen sind näher. Von den Siedlungen führen breite Viehtreibwege zu den von den Büschen durchsetzten und vornehmlich an den steilen Hängen liegenden Weiden. Die kreisförmige Anordnung der Felder nimmt Rücksicht auf einen Hügel, der der Ambā aufsitzt und vielleicht einst eine Kirche oder Festung trug. Die gelben Parzellen sind Nug-Pflanzungen; Schwarzbrache steuert die dunklen Farbtöne in der Blockflur bei. An den gesteinsbedingten Hangterrassen wird der Charakter eines Schichttafellands – der für Hoch-Äthiopien charakteristische Aufbau – besonders deutlich: harte Schichten bilden Stufen, weiche Schichten werden zurückgetrieben.

113–115
Äthiopien, die oder eine Heimat des arabischen Kaffees *(Coffea arabica)*, treibt für die Gewinnung seines wichtigsten Exportprodukts noch immer mehr Sammel- als Plantagenwirtschaft. Der Kaffee wird meist von halbwilden Sträuchern geerntet (114). Zwischenhändler kaufen ihn zum Teil in kleinsten Mengen auf den Märkten der Provinzen Wallaggā, Ilubābor und Kafā auf (113); von Ǧimmā aus operierende «Kaffeeflüge» holen ihn an den von Straßen nicht erschlossenen Sammelplätzen im Urwald ab. In den Schuppen der Exporteure in Addis Ababā wird er verlesen (115). Kaffee und Tabak waren für den christlichen Äthiopier lange muslimische Greuel; Kaffeestrauch und Tabakpflanze wuchsen angeblich unter Christi Kreuz, Kaffee- und Tabakgenuß waren daher verboten. Unterdessen ist auch der christliche Äthiopier auf den Geschmack des Kaffees gekommen, aber er bleibt – wenigstens in nicht-städtischen Verhältnissen – überzeugter Nichtraucher.

116
Die Tandāho-Pflanzungen am Awāš erzeugten 1974 26000 Tonnen Rohbaumwolle: ein Rohr saugt den Baumwollberg in die Entkernungsanlage. Industrielle Landwirtschaft löst die Probleme des äthiopischen Kleinbauern nicht. Auf der andern Seite schätzen Fachleute, daß allein das Awāšbecken nach dem Voll-Ausbau zu einem Grünen Tal viermal die jetzige Bevölkerung Äthiopiens ernähren und kleiden könnte.

104

105

113

114

BERICHTE

DIE BRUNNEN DER BORANĀ

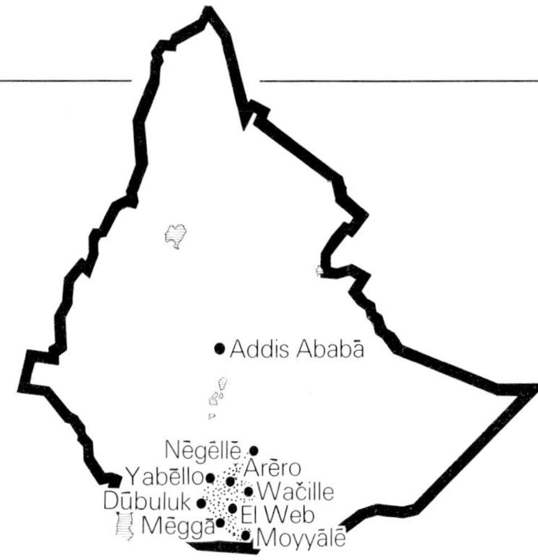

Ich stehe in unsicherem Gleichgewicht. Ein Fuß sucht Halt auf einem schmalen Felsabsatz, schlüpfrig von Algen und Moos; der andere tastet auf dem glitschigen Querholz eines Gerüsts nach vertrauenswürdigem Auftritt. Ich bin der vierte Mann einer sechsköpfigen Schöpfkette im Felsschacht eines Boranā-Brunnens. Drei Mann über mir, von der Schachtöffnung ausgeschnitten, leuchtet der Himmel; zwei Mann unter mir schimmert im Finstern das Grundwasser. Alle paar Sekunden erglänzt in der Dunkelheit unter mir schweißnaß ein braunes Gesicht, und zwei Arme halten mir einen ledernen Schöpfeimer entgegen, bis zum Rande gefüllt mit Wasser. Nach ihm bücke ich mich, mit zwei Fingern der rechten Hand den Eimer durch ein Öhr nahe dem Rand anhakend; gleichzeitig lasse ich aus der Linken einen leeren Eimer meinem Untermann zufallen. Des leeren Schöpfgefäßes ledig, kann ich nun beim Weitergeben des vollen Eimers auch die Linke einsetzen. Ich richte mich auf und stemme mit beiden Händen den Eimer meinem Obermann zu. Der greift mit der Rechten nach ihm; gleichzeitig gleitet mir aus seiner Linken ein leerer Eimer entgegen. So steigen die vollen und fallen die leeren Eimer pausenlos. Die Kette wird doppelt geführt; auf jedem Absatz mühen sich zwei Schöpfer Seite an Seite. Meine Unbehilflichkeit belustigt meinen Nebenmann derart, daß er mitunter den Arbeitsrhythmus seiner Kette stört. Mit Chorgesang, der sich an den Wänden des Schachts bricht, schreiben sich die Schöpfer selber die Arbeitsgeschwindigkeit vor. Der Chor setzt bedächtig ein, Stärke der Stimmen und Tempo des Vortrags wachsen ganz allmählich. Aber der Gesang endet *furioso* und *prestissimo*: das menschliche Schöpfwerk scheint unter der Belastung eines rasenden Schlußlaufs zu vibrieren. Ich kann nicht mehr mithalten. Ich vergreife mich – und ein volles Schöpfgefäß, neun Kilogramm schwer, stürzt in die Tiefe, daß das Grundwasser bis zu mir hochspritzt. Der Gesang, wie aus einem Munde, erstirbt mit einem Schlag. Atemlos klettere ich aus dem Brunnen – auch dazu reichen die Kräfte kaum mehr. Die Boranā sehen meinem Rückzug gleichmütig zu, ihre Gesichter widerspiegeln höchstens etwas Wir-haben-es-ja-immer-gewußt-Genugtuung. Der Brunnenmeister ordnet Ersatz für das fehlende Kettenglied an. Spott beabsichtigt er nicht, meine Beschämung ist ganz freiwillig: eine junge Frau nimmt meinen Platz ein.

Mit meinem Kurzeinsatz in El Ginda, einem Brunnen des Brunnenkomplexes El Web, warb ich um das Wohlwollen der Boranā. Andere Versuche der *captatio benevolentiae* waren diesem vorangegangen, neue folgten ihm. Ich verarztete ein Mädchen, das sich beim Sturz in einem Brunnenschacht verletzt hatte. Ich verschenkte Kaffeekirschen und Kautabak, ich stiftete ein Opferrind... Vergeblich. An der Weigerung der Boranā, mich an oder in einem Brunnen photographisch arbeiten zu lassen, änderten sie nichts.

Die Boranā, ein Gallavolk, leben heute im Süden der Provinz Sidāmo. Ihr Kerngebiet wird durch das Dreieck der Marktflecken und Verwaltungsorte Yabēllo, Moyyālē und Nēgēllē umschrieben. Boranāland liegt auf einer Geländestufe zwischen dem feuchten Sidāmo-Hochland und der nordkenyanischen Wüste, etwa 1200 bis 1800 Meter über dem Meeresspiegel. Dornbuschsavanne und Akaziensteppe charakterisieren diesen Lebensraum. Der Galla-Kenner Eike Haberland hat überzeugend für eine Urheimat der Galla in den kühlen Bergen von Bālē argumentiert, wo sie als Großviehzüchter und Getreidebauern lebten, ehe sie sich im 16. Jahrhundert auf großen Wanderzügen fast explosionsartig ausbreiteten. In der ökologischen Nische ihres derzeitigen Verbreitungsgebiets haben sich die Boranā als Viehzüchternomaden eingerichtet. Viehzüchter sind sie von Kopf zu Fuß, mit der eingefleischten Verachtung des Nur-Hirten für den Ackerbauern und mit einem tausendfältigen Vokabular für das liebe Vieh. Selbst wenn sie sich friedlich miteinander unterhalten, schreien sie so, als ob sie mit Rufen ihre Herden zusammen- oder ein zum Zweikampf angetretenes Paar Stiere auseinandertreiben müßten. Meinungsverschiedenheiten gar arten in Rededuelle aus, die den Eindruck geben, daß im nächsten Augenblick die Speere sprechen werden. Mein Dolmetscher, ein Amhare, hielt sich manchmal verzweifelt die Ohren zu, nahe einem Nervenzusammenbruch. Auch das Nomadendasein prägt ihr Verhalten bis in Einzelheiten. Zwei Boranā, die sich treffen, beginnen ein langwieriges Begrüßungszeremoniell. Aber sie werden wortlos auseinandergehen: ihr Wanderleben besteht ohnedies aus dem Elend des Abschieds; unnötig, Schmerz und Trauer des Scheidens mit Worten noch zu vergrößern.

Die Gada-Ordnung ist bei den Boranā bis heute die herrschende Sozialverfassung; nur bei ihren nördlichen Nachbarn und Erbfeinden, den Guǧi – einem andern Gallavolk – ist das Gada-System ebenfalls noch die zentrale Institution. (Mehr über das Gada-System bei der Betrachtung der Totenmäler der Arusi-Galla und der Konso, S. 279f.) Jeder Mann durchläuft in der Gada-Ordnung in je acht Lebensjahre umfassenden Klassen die Stufen von behüteter, geheiligter Kindheit zu rituell einflußreichem, geheiligtem Alter. Das System regelt Rechte und Pflichten jeder Klasse; die jeweils in die sechste Klasse (die im engeren Sinne «Gada» heißt) hinüberwechselnde Gruppe kommt für acht Jahre auf den Höhepunkt von Macht und Ehre. Das Gada-System enthält den Keim auch zu einer staatlichen Ordnung. Die Qallu – für jede Stammeshälfte einer – sind die Hohenpriester der Stammesreligion. Die Überlieferung krediitiert ihnen himmlischen Ursprung. Im Klassenwechsel sind sie der ruhende Pol: weder sie noch ihre Klane nehmen am Gada-System teil; das Qallu-Amt vererbt sich vom Vater auf den Sohn. Sie wirken von außen auf die Gada-Ordnung: als Verwalter und Gestalter des Rituals und, vor allem, als Wahlbehörde. Sie wählen den Führer der sechsten, der Gada-Klasse. Der Abbā Gadā, «Vater des Gada», regiert den Stamm acht Jahre lang als oberste politische, militärische, richterliche Instanz. Er verlegt periodisch das Lager, in dem er mit seinen Beratern und den Würdenträgern der Gada-Klasse kampiert – nicht unähnlich dem Wander-Hof früherer äthiopischer Kaiser und Könige. Freilich, seine Bewegungen bestimmt nicht das Kräftemessen mit aufmukkenden Territorialfürsten, sondern ein rituelles Schema. Seine Wanderung in Boranāland beschreibt stets die Figur einer 8. Früher war auch das Amt des Abbā Gadā erblich; sein Sohn folgte ihm – allerdings mit der Gada-verordneten Verzögerung von fünf Klassen, d.h. vierzig Jahren – automatisch nach. Heute begründet der regierende Abbā Gadā durch weise Geschäftsführung und Verdiensttaten die Wahlchancen seines Sohnes.

Alle acht Jahre dreht sich das Gada-Rad weiter. Feste und Zeremonien markieren den Klassenwechsel jeder Gruppe. Kalenderkundige legen die Termine fest. Haberland fand das astronomische Wissen der Galla bescheiden, ihren Kalender widersprüchlich – und vermutlich ein ererbtes, nicht selber erworbenes Kulturelement. Aber der äthiopische Ethnologe Asmarom Legesse, der andere bedeutende Galla-Kenner, glaubt an eine originale Leistung der Galla; um sie ins rechte Licht zu rücken, vergleicht er die Boranā sogar mit so genialen und passionierten Kalendermachern wie den Maya. Die Kalenderweisen der Boranā, die Ayāntu, verwerten – so Legesse – die wechselnden Lichtgestalten des Monds, namentlich Neu- und Vollmond, und dessen Ostwärtswandern am Fixsternhimmel, namentlich seine Position gegenüber sieben Sternbildern, zu erstaunlich genauen Zeitangaben. Diese – kombiniert mit der achtjährigen Periodizität des Gada-Zyklus (wobei eine Periode gewöhnlich nach dem regierenden Abbā Gadā heißt) – geben ein zuverlässiges chronologisches Gerüst ab für vier Jahrhunderte ausschließlich mündlich überlieferter Boranā-Geschichte.

Einem unwürdigen Qallu droht die Verbannung. Die Mitbewohner ziehen aus dem Lager des Qallu aus; zurück lassen sie nur ein Maultier. Bei ihrer Rückkehr sind Qallu und Maultier verschwunden – der mißliebige Qallu hat den Wink beherzigt, «er ist auf dem Maultier davongeritten». Den physischen Tod eines Qallu umschreiben die Boranā mit einem ähnlich schönfärberischen Satz. Die Wahrscheinlichkeit, daß der Qallu «das Maultier nehmen muß», ist gemäß Tradition der Boranā besonders groß, wenn die Sonne stirbt, d.h. nach einer Sonnenfinsternis. Offenbar profitieren die Stammesältesten gegebenenfalls von einem so furchteinflößenden Himmelsereignis, um einen unerwünschten Qallu in die Wüste zu schicken.

Der amtierende Qallu der Stammeshälfte Karayu bietet Angriffsfläche genug. Daß er ein notorischer Frauenheld und Trunkenbold ist, fällt allerdings weniger ins Gewicht; mit der Qallu-Würde vertragen sich Wein und Weib durchaus. Nicht jedoch, daß der Qallu Karayu sie häufig in den Ṭaǧǧ-Häusern von Yabēllo sucht: der Brauch verlangt von ihm, daß er sein Lager, ein geistiges Machtzentrum in Boranāland, möglichst wenig verläßt. Noch schockierender ist für die Boranā, wie der Qallu aufwuchs. Ein Qallu darf lebenslang keine Waffe berühren und soll sein Haupthaar niemals schneiden. Aber der jetzige Qallu Karayu jagte als junger Mann Elefanten und Giraffen – und ließ sogar, das flüstern die Boranā nur, entsetzt über soviel Sittenlosigkeit – den Kopf kahl scheren. Die Voraussetzungen für ein «Impeachment» des Qallu im Zusammenhang mit der Sonnenfinsternis am 30. Juni 1973 schienen günstig. Um den anthropologisch ergiebigen Vorgang zu beobachten und aufzuzeichnen, schickte die Bostoner Organisation *Educational Expeditions International* eine Gruppe unter Leitung Asmarom Legesses zu den Boranā. Ihre Erwartung wurde jedoch enttäuscht. Die Totalitätszone der Finsternis verlief durch Nord-Kenya, aber die südlich der äthiopischen Grenze lebenden Boranā hatten sich ihrer Überlieferung entfremdet. Wenn überhaupt Nachrichten über das sinistre Ereignis am Himmel bis nach Yabēllo durchsickerten, dann verunsicherten sie den Qallu nicht. Gelassen nahm er sich eine vierte Frau. (Immerhin machten die Boranā die Verfinsterung der Sonne später für die katastrophale Dürre im Frühjahr 1974 verantwortlich.)

Als Teilnehmer der Bostoner Expedition sah ich erstmals die Brunnen der Boranā – ein Paradigma für die Plackerei des Menschen mit dem Wasser, wie es auf Erden kaum ein zweites, ähnlich bewegendes gibt.

Zwei Regenzeiten, die Großen Regen zwischen Februar und Mai und die Kleinen Regen zwischen August und November, decken den Tisch für die Bukkelrinder der Boranā zeitweilig üppig. Saftige Futtergräser begrünen die verbrannte Steppe, und zahlreiche Regenteiche bieten sich als Tränkstellen an. In den beiden jährlichen Trockenzeiten verschlechtert sich die Versorgungslage für die Herden beträchtlich. Die Boranā weichen nur mit einem Teil der Tiere an zwei ganzjährig fließende Gewässer am Rande ihres Wandergebiets aus. Für die in Boranāland verbleibenden Herden schafft im östlichen Teil, in der Ebene Liban um den Ort Nēgēllē, reichliche Taubildung Abhilfe: die Tiere werden noch vor dem morgendlichen Melken zum Aufschlecken des lebensrettenden Naß ausgetrieben. Im westlichen Boranāland, in der Landschaft Dirre, sind aus dem Felsen geschlagene Brunnen, die das Grundwasser erschließen, Vorbedingung des Überlebens. Allerdings haben nur sechs Brunnenkomplexe – Dūbuluk, Melbana, El Gāyu, El Web, Wačille und Lei – Schächte, die auch auf dem Höhepunkt der Dürre nie ganz trocken fallen.

Ein Brunnenkomplex besteht aus bis zu einem Dutzend Einzelbrunnen und mag etwa ein Quadratkilometer großes Gelände beanspruchen. Jeder Einzelbrunnen ist eine zyklopische Anlage, von Wällen aus Dorngestrüpp so eingezäunt, daß kein streunendes Tier in den Brunnenschacht abstürzen kann. Schutthügel innerhalb dieses Zauns vermitteln einen Begriff von dem Ausmaß der Erdbewegungsarbeiten beim Graben eines Brunnens. Ein Laufgang, oft spiralig gewunden, das Gefälle durch Treppenstufen gemildert, gibt dem Vieh Zugang zu einer Art Hof, fünf bis zehn Meter tiefer gelegen als der Eingang in der Dornstrauch-Umfriedung. In dem Hof befindet man sich auf dem Niveau des gewachsenen Felsens. Ein Trog, aufgemauert aus Lehm und Dung, dient zum Tränken des Viehs. Hinter dem Trog, von einer Bruchsteinmauer abgetrennt, öffnet sich im Fels der Brunnenschacht, über mehrere Stufen bis zu 17 Schöpfer und Schöpferinnen, also gegen 30 Meter tief. (Noch höhere Zahlen, die gelegentlich genannt werden, beziehen sich auf die doppelte Besetzung der ganzen Kette oder einzelner ihrer Stufen.) Auf den oberen Stufen arbeiten die Schöpfer unbeengt und im Licht, das durch die dem Hof Schatten spendenden Baumkronen filtert. Auf den unteren Stufen verengt sich der Schacht zur engen, finstern, feuchtmuffigen Felsröhre. Jede Stufe endet mit einem aus dem Felsen geschlagenen Vorratsbecken. Damit ist für den Fall vorgeplant, daß keine Kette über die ganze Brunnentiefe zustande kommt. Die Zahl der Schöpfer genügt, mit der die längste Stufe bemannt werden kann. Die verkürzte Kette hebt dann das Wasser von Vorratsbecken zu Vorratsbecken. Die Schöpfer stehen auf einem Gerüst aus Stämmchen und Ästen und auf Absätzen im Gestein. Um Auftrittsmöglichkeiten zu schaffen und auch wegen der Unterteilung in verschiedene Stufen dringt der Schacht weder geradlinig noch senkrecht in den Fels ein. Der letzte Schöpfer, der aus dem obersten Vorratsbecken den Trog für die Tränke alimentiert, kann den ersten Mann der Kette, der im Grundwasser steht, nicht sehen. Die Verwendung von Seilen beim Schöpfvorgang, eine bescheidene Mechanisierung, die vielen Brunnen etwa der Sahara das Gepräge gibt, ist unter diesen Umständen ausgeschlossen.

In der Trockenzeit kreisen viele Herden wie Satelliten um die Brunnen. Ein Brunnen kann beispielsweise täglich fünfzehn Herden, die Herde zu achtzig Häuptern, versorgen. Die Rinder kommen alle zwei oder drei Tage zur Tränke. Die Schöpfmannschaften, von den Klans und den Familien der Herdenbesitzer gestellt, stimmen bei Tagesgrauen in den Brunnenschächten ihre Rinderlieder an. Zum Schöpfdienst werden eigentlich nur junge unverheiratete Männer kommandiert; für einen verheirateten älteren Mann gilt die Arbeit im Brunnen als Schmach. Ich fand freilich beim Besuch der Brunnen nur selten eine Kette in der von der Überlieferung geforderten idealen Zusammensetzung: Männer bestandenen Alters waren häufig und junge Frauen die Regel im Schöpfverband. Mit dem Sonnenaufgang kommen die Fliegen in dichten Schwärmen, eine Plage in Boranāland – und bis zum Sonnenuntergang wird man nur zwischen zwei Übeln wählen können: Myriaden Fliegen oder Wind, der zwar die Fliegen vertreibt, dafür aber den Staub in blindmachenden Wolken aufwirbelt. Die Herden erreichen die Brunnen gegen neun Uhr, manche nach einem anstrengenden Nachtmarsch. Die Hirten parken sie unter den Schirmen der Akazien. Schon vor ihrer Ankunft haben die Brunnenmeister festgelegt, welche Brunnen an diesem Tag geschont werden müssen und welche Reihenfolge des Tränkens bei den aktiven Brunnen einzuhalten ist. Die Hirten wachen mit

Stöcken beim Tor zu dem Laufgang wie die Cherube vor dem Paradies: sie lassen nur soviele Tiere ein, als an der Tränkrinne unten im Hof auf einmal Platz haben. Knaben halten die Brunnen peinlich sauber: sie sammeln Exkremente vom Boden auf – oder pflücken sie, noch ehe sie fallen. Durch Zugabe von Mineralien verbessern sie den Geschmack des Wassers im Trog. Wenn die Sonne im Zenit steht, sind alle beschatteten Parkplätze besetzt – und rund um die Brunnen ist muhendes Chaos, es wirbeln Stock und Staub. Dann, am Spätnachmittag, schweigen in den Brunnen die Schöpfgesänge, und die letzten Herden machen sich auf den Rückweg zur Weide, zehn, zwanzig Kilometer von der Tränkstelle entfernt. In den Höfen bleiben für einige Stunden Beauftragte der Schöpfmannschaften zurück. Sie bessern die Tränkrinnen aus und stellen andere beschädigte Einrichtungen wieder her.
Die Brunnenschächte wurden in Gestein ganz verschiedener Härte abgeteuft, im Kalk, im Mergel, in konglomerierten Kiesen, im kristallinen Gneis. An keinem Ort behaupten die Boranā die Urheberschaft an den Brunnen: eingestandenermaßen erbten sie sie von unbekannten Vorgängern. Vergleichbare, obwohl weit weniger spektakuläre Brunnenanlagen kommen auch außerhalb Boranālands, im Süden, Westen und Norden, vor. Haberland weist zudem darauf hin, daß viele Völker für diese gegrabenen Brunnen denselben Namen haben; Tegray, Konso und Galla nennen sie *ela*. Vielleicht sind sie, spekuliert Haberland, das Werk einer für ganz Nordost-Afrika einheitlichen megalithischen Kultur. Möglicherweise darf man die Felsskulpturen von Çābē, die Felsbautechnik Aksums und die Subtraktionsarchitektur der Felskirchen vor demselben Hintergrund sehen. Der Fels selber scheint zu erklingen, wenn im Morgengrauen die Schöpfmannschaften singend die Wassereimer hinauf und hinunter laufen lassen; genauso vibrieren die Monolithkirchen Lālibalās vom liturgischen Gesang, wenn an kirchlichen Festen der Tag anbricht. Da öffnet sich für die Forschung ein neues Feld...
Für die Boranā sind die Brunnen wirtschaftliche, politische, soziale, rituelle, religiöse Brennpunkte. Die Brunnen sind das Hauptthema endloser Männerpalaver, ihr Betrieb und ihr Unterhalt stiften Allianzen. Die Wiederinstandstellung eines durch Einsturz oder jahrelange Vernachlässigung unbrauchbar gewordenen Brunnens gehört zu den bedeutenden Verdienstaten. Der Amtsvorgänger des jetzigen Abbā Gadā (berichtet Asmarom Legesse) grub mit Hilfe seines Klans und seiner Gada-Klasse einen verschütteten Brunnen in El Web wieder aus. Er verwendete auf die Unternehmung sieben Monate, bot total viele hundert Arbeiter auf und organisierte 280 Rinder, um sie zu ernähren. Der Klan lieferte neun von zehn Schlachttieren und erwarb damit kollektiv das Eigentum an dem Brunnen. Für alle Zeiten wird er den Abbā Ela, den «Vater des Brunnens» stellen – und die Verdiensttat des Abbā Gadā wird politisch zu Buche schlagen, wenn er den Wahlfeldzug für seinen Sohn beginnt.
Die Boranā-Brunnen gehören nicht dem ganzen Volk, sondern einem Klan, einer Familie, ja sogar einem Einzelnen. Der Eigentümer tränkt seine Tiere zuerst. Grundsätzlich hat er das Recht, mißliebigen Hirten die Benützung seines Brunnens zu untersagen. Dieses Recht wird freilich durch den Brauch eingeschränkt. Herden auf dem Durchmarsch muß er seinen Brunnen öffnen, die Sitte heiligt den Herdenzug. Und auch sonst ist Willkür bei der Ausübung seiner Eigentumsrechte verpönt. Er wird die Tränke andern nur verweigern, wenn er dazu von der Gadaversammlung, etwa im Zusammenhang mit der Ächtung eines Viehdiebs, aufgefordert wird. Sogar jahrelange Abwesenheit schmälert die Rechte des Eigentümers an seinem Brunnen nicht. Kehrt er zurück und findet dort andere Benützer, muß er – so verlangt es Boranā-Sitte – diese um die Erlaubnis bitten, seine Tiere tränken zu dürfen. Aber schon am nächsten Tag fragt er nicht mehr, sondern treibt seine Tiere als erster zur Wasserstelle – ein Wink an die bisherigen Benützer, weiterzuziehen, falls nicht das Wasser für alle genügt. Squattertum begründet hier keine Eigentumsrechte.
Der Betrieb der Brunnen, vor allem die Bemannung der Schöpfketten, ist eine Übung in Gemeinsinn. Kleinere Gruppen, oder solche mit behinderten Mitgliedern, sind beim Wasserschöpfen auf die Unterstützung größerer angewiesen. Die Boranā sind stolz auf diese in ihrer Überlieferung verankerte Verantwortung des Stärkern für den Schwächern. Während zehn Tagen Biwakierens in El Web lernte ich allerdings solche Behauptungen mit einem Körnchen Salz verstehen. Der Versuch von Spätankömmlingen, ihre unvollständige Kette mit Schöpfern aus der ablösungsreifen Mannschaft aufzufüllen, führte stets zu – ich kann es nicht anders sagen – Schrei-Schlachten, die bei höchstem Stimmeinsatz stundenlang tobten und trotzdem ergebnislos ausgingen.
Bedeutung für das Gada-Ritual hebt einige Brunnen aus dem Restbestand hervor. In ihrer Nähe werden wichtige Gada-Feste gefeiert. An besonders geheiligten Brunnen bitten die Boranā-Frauen um Kindersegen. In den Wurzeln, mit denen sich in El Web Sykomoren in den Brunnenschächten festkrallen, hängen da und dort Votivgaben: dankbar für Erhörung stiften Boranā-Frauen in Beutelchen aus Baumwolltuch Kaffeekirschen und Kautabak.
Seit Jahren sinkt der Grundwasserspiegel, in vielen Brunnenkomplexen sind ehedem ergiebige Brunnen für immer ausgetrocknet. Die meisten Boranā suchen

die Schuld nicht bei der Ungunst des Klimas oder bei der Übernutzung, sondern bei magischen Praktiken. Die Verwünschung eines Somali-Zauberers traf den Brunnenkomplex von El Gāyu in den fünfziger Jahren, erzählten mir die Boranā. Längst herrscht zwischen Somali und Boranā wieder Frieden, aber es gelang nicht, den Zauberer zu finden, um ihn zu der Zurücknahme seines Fluchs zu bewegen. Die Brunnen von El Gāyu bleiben unbenützbar, außer vier Schächten, mit Wasser oft genug nur für Jungtiere.

Der Widerstand, auf den meine photographischen Wünsche stießen, wurzelte in den gleichen Ängsten. Beim Bau der Fernverkehrstraße Addis Ababā – Nairobi, die an Dūbuluk vorbeiführt, fielen Brunnen dieses Komplexes trocken; die Ingenieure hatten in Unkenntnis der Grundwasserverhältnisse allzu nahe Wasserbohrungen für ihre Zwecke niedergebracht. Das Unglück kam nach Ansicht der Boranā vom bösen Blick der Vermessungsinstrumente – und meine Kameras glichen in ihren Augen den Theodoliten der Straßenbauer wie ein Ei dem andern. Erst als ich den «Vater des Brunnens» durch den Sucher blicken ließ und er sich von der Harmlosigkeit der Kamera überzeugt hatte, erteilte er, zwar immer noch halben Herzens, Aufnahmeerlaubnis. Ich durfte sogar mit meiner Ausrüstung in den Brunnen hinuntersteigen. Die Arbeit auf der Sohle des Schachts war ungemütlich. Offenbar entglitten auch erfahrenen Schöpfern gar nicht so selten die vollen Eimer – wie Bomben schlugen sie von Zeit zu Zeit vor mir ins Grundwasser ein. Mancher sei schon, versicherte mir später der «Vater des Brunnens», von fallenden Eimern erschlagen worden. Mich durchzuckte der Verdacht, daß der Abbā Ela vielleicht an der überraschenden Ungeschicklichkeit der Schöpfer nicht ganz so unschuldig war.

Die jungen Boranā träumen von Motorpumpen, um der Fron des Schöpfens zu entlaufen. Der Abbā Gadā, den ich in seinem Lager bei Arēro aufsuchte, um seine Ansicht zu einer Mechanisierung der Wasserentnahme zu hören, kannte sicher weder das Wort Ökologie noch das Wort Wasserhaushalt. Aber seine Antwort verriet Einsicht in beide: «Mit Händen und Füßen werden wir uns gegen Motorpumpen sträuben. Mehr Wasser heißt mehr Vieh, und mehr Vieh heißt noch mehr Wasser – und immer mehr von beidem, bis die Weiden zertrampelt und die Brunnen trocken sind – für immer…»

Pumpen oder nicht, für die traditionelle Wirtschaftsweise der Boranā sind die Tage gezählt. Ein seit sieben Jahren bei Yabēllo laufendes «Range Improvement Project», bis vor kurzem hälftig finanziert von den USA, ist ein Versuch des Landwirtschaftsministeriums, die Boranā anzubinden – durch Verbesserung von 10000 Quadratkilometer Weide für 50000 Stück Vieh, durch Schaffung von ausdauernden Wasserstellen und Abteufen von Rohrbrunnen, durch Zeckenbekämpfung in dem Vieh halbjährlich verordneten Desinfektionsbädern, durch Anleitung für bessere Zuchtwahl usw. Die Boranā zahlen für diese Gaben mit dem Verzicht auf das Wandern. Nur als Seßhafte werden sie der Landgier Fremdstämmiger, vor allem der Amharen und Konso, die sich auf ihrem Weideland als Bauern niederlassen, Schach bieten können. Erstmals will die Zentralregierung ihnen als Viehzüchter helfen. Das Projekt wird von einem baumlangen Boranā geleitet, vor dem eine Hürde des Mißtrauens nach der andern auftaucht. Hilfe aus dem Norden ist verdächtig, Hilfe aus dem Norden war bis jetzt stets Hilfe für die Bauern…

Immerhin ist das Verhältnis der Boranā zu Addis Ababā unbefangener als das anderer Gallavölker. Die Boranā unterwarfen sich Menilek kampflos und erwiesen sich beim Einfall der Italiener als Patrioten: Ursache und Folge des Umstands, daß die Zentralregierung Boranāland – im Gegensatz zu andern Territorien in Süd-Äthiopien – niemals wie eine Kolonie verwaltete. Im Sommer 1973 zogen erstmals drei Boranā ins äthiopische Parlament ein und wurde der Gouverneursposten in Yabēllo mit einem Boranā besetzt. Vor zwei Jahrzehnten hatte der Kaiser sechzig Boranājungen nach Addis Ababā entführen lassen – zur Erziehung, Schulung und Ausbildung. Sie kehren nun allmählich nach Boranāland zurück, Sauerteig ihres Volkes.

117
Die Endstufe eines Brunnens in Melbana, zwanzig Kilometer südlich von Mēggā. Die doppelt geführte Schöpfkette schafft das Wasser aus dem obersten Vorratsbecken zu dem Ausguß in die Tränkrinne (hinter der Bruchsteinmauer). Die Schöpfeimer sind aus Giraffenleder – eine Kostbarkeit, seit Giraffen nicht mehr gejagt werden dürfen. Drei Schöpfeimer, verwendbar auch als Melkgefäße, gelten soviel wie ein Ochse.

118
Ein Doppelbrunnen in El Gāyu. Ein Wall aus Dornsträuchern sperrt das ganze Brunnenareal ab und faßt im besonderen die Laufgänge für das Vieh sowie den Tränkhof ein. Im Luftbild verschwindet dieser unter üppiger, schattenspendender Vegetation.

119–120
In El Web: Vieh am Eingang zum Brunnen und im Laufgang zum Tränkhof. Der Gang ist für Gegenverkehr in Einerkolonne angelegt; sein gewundener Verlauf hemmt die Geschwindigkeit der ankommenden Rinder, die sich durstig zur Tränke stürzen.

121–122
Der Brunnen El Ginda in El Web: Endstufe, Zwischenbecken und Felsschacht; Blick von der Höhe des Grundwassers hinauf zur Mündung des Felsschachts ins Freie. Sieben Männer bilden die Schöpfkette im Schacht.

123
Im Tränkhof eines Brunnens: an der Wand die Speere schöpfender Männer; in den Tragkörben Holzgefäße mit Haushaltswasser, bereit zum Verlad auf Maultiere. Haushaltswasser dient ausschließlich zum Trinken und Kochen. Die Boranā waschen sich nie. Da sie aber ihre Körper und Kleider regelmäßig räuchern, riechen sie stets appetitlich wie Rauchwürste.

124
Holzbeschaffung verödet weiter die umliegende Akaziensteppe: die Gerüste, auf denen die Schöpfer arbeiten, müssen ständig ausgebessert werden.

125
Um die Brunnen spielen sich, vor und nach dem Tränken, Kuh- und Stierkämpfe ab, manche mit tödlichem Ausgang.

126
Im Tränkhof: ein Mädchen überwacht an der Tränkrinne das Saufen der Rinder.

127
Im Tränkhof: ein Junge beseitigt von Hand frisch gefallene Exkremente. Nichts was vom Vieh kommt, ist für einen Boranā schmutzig.

128–129
Salzgewinnung im Boranāland: der Krater El Sōd, Ergebnis einer vulkanischen Explosion; im Salzsee auf seinem Grund schafft ein Boranā einen Behälter voll Salz an Land. An Zweigen, die in die Sole getaucht werden, kristallisiert das Salz. Bei der Ernte werden die Zweige herausgenommen und geschüttelt; die Salzkristalle fallen ins Wasser und bewirken in der übersättigten Lösung die Bildung größerer Salzklumpen. Diese werden mit Händen und Füßen zusammengescharrt und dann zum Trocknen ans Ufer getragen. Alle Salzarbeiter sind nackt; das Salz würde jeden Fetzen Tuch schmerzhaft verkrusten. Esel befördern die Salzlasten auf einem Zickzackpfad zu dem 300 Meter höher gelegenen Kraterrand. Das Salz – etwa 1100 Tonnen pro Jahr – wird zum Teil exportiert. Die Boranā verwenden es als Speisesalz und für die Lecke des Viehs. Das Salz, das sie zusammen mit dem Tabak kauen, stammt aus einem andern, kleineren Krater. Jeder Boranā-Bräutigam muß vorübergehend in einem Salzsee für ein Salzgeschenk an die Familie seiner Braut arbeiten – eine Geste der Demütigung gegenüber seinen Schwiegereltern.

130
Im Lager des Abbā Gadā: im Haus eines Richters (Hayu). Die Hayu-Hütte ist ein Spezialfall der Boranā-Architektur: ein nicht weiter unterteilter Großraum, das Rutenflechtwerk von Dach und Wänden weder regen- noch sonnendicht, enthält freistehende, igluähnliche Schlafräume und Ställe für Zicklein, die bei Bedarf mit übergelegten Häuten wasserdicht gemacht werden.

131
Verheiratete Frau im Alltagsschmuck: Ketten aus kantigen Aluminiumperlen – an Stelle der einst üblichen Glasperlen – umschnüren den Hals wie ein Kragen. Zöpfchenfrisur und Ohrgehänge deuteten früher darauf hin, daß der Mann der Trägerin in einer bestimmten Gada-Klasse war; heute nimmt sie jede verheiratete Frau für sich in Anspruch. Ihr Ehemann schenkt ihr keinen Schmuck. Sie erbt ihn von der Mutter, kauft ihn selber oder läßt ihn sich von ihrem Geliebten schenken. Die Boranā erlauben außereheliche sexuelle Beziehungen: findet der Ehemann bei der Heimkehr den Stab des Liebhabers seiner Frau vor seiner Hütte, entfernt er sich – meist – diskret. Die Frau ist allein verantwortlich für alles, was sich in der Hütte tut, auch für deren Bau.

132
Das Lager des Qallu Karayu in der Akaziensteppe (mit den charakteristischen nadelförmigen Termitennestern). Typische Boranāhütten: eine Einschnürung zwischen Vorder- und Hinterteil; die Hinterhütte mit alkovenähnlichen Ausbuchtungen, die als Schlafkojen eingerichtet sind. In einem Viehkral (oben Mitte) – einem Ehrenplatz – das Steinzylinder-Grab einer Qallitti. Die Qallitti, jeweils die zweite Frau des Qallu, gebiert den rechtmäßigen Erben des Amts. Der gegenwärtige Qallu, Dido Gēdo, ist rechtmäßiger Abkunft. Aber wegen seiner Fehlerziehung ist er trotzdem nur ein halber Qallu: seine Mutter enthält ihm einen Teil der Qallu-Insignien, dazu gehört auch eine Puffotter, vor. Im Dorf kann man auch dem Prätendenten, einem schmächtigen Jüngling, begegnen: er stammt zwar von einer Linie ab, die die Qallu-Würde in der Vergangenheit usurpiert hat, wurde aber als zukünftiger Qallu ritualgemäß erzogen.

133
Boranā mit Speer und Fliegenwedel aus Antilopenhaar. Er trägt die turbanähnliche Kopfbedeckung des erwachsenen Mannes und am rechten Oberarm Töterringe aus Elfenbein: sie sind ein Vorrecht des Kriegers, der Menschen, Elefanten, Büffel oder Nashörner getötet hat (das Erlegen von Großkatzen, Löwe oder Leopard, gebietet nicht den gleichen Respekt). Auch die durchbohrten Ohrläppchen waren ursprünglich ein Töterzeichen. Töterringe sind auf dem Markt erhältlich – aber wehe dem Boranā, der sie ohne Berechtigung überstreift...

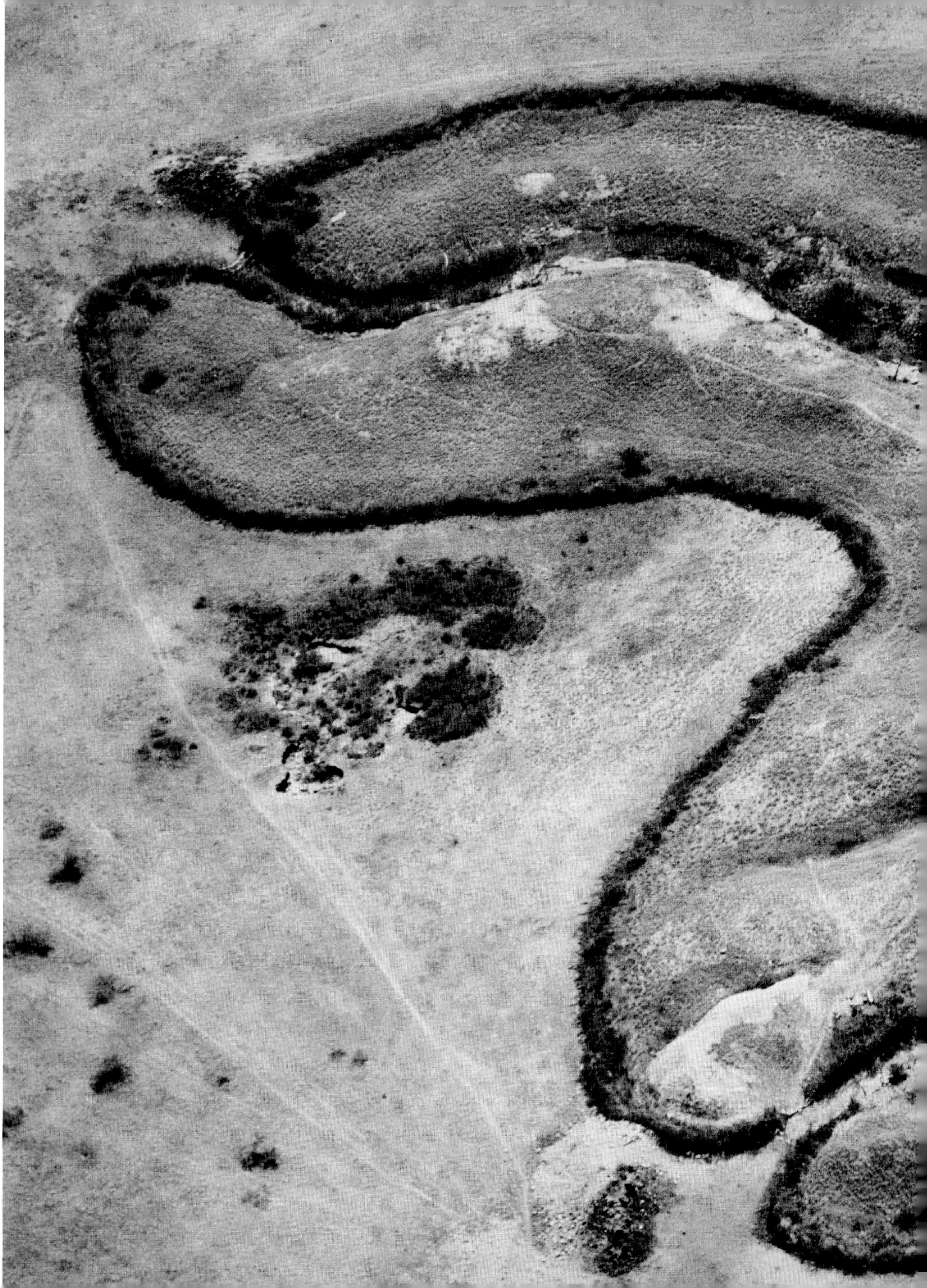

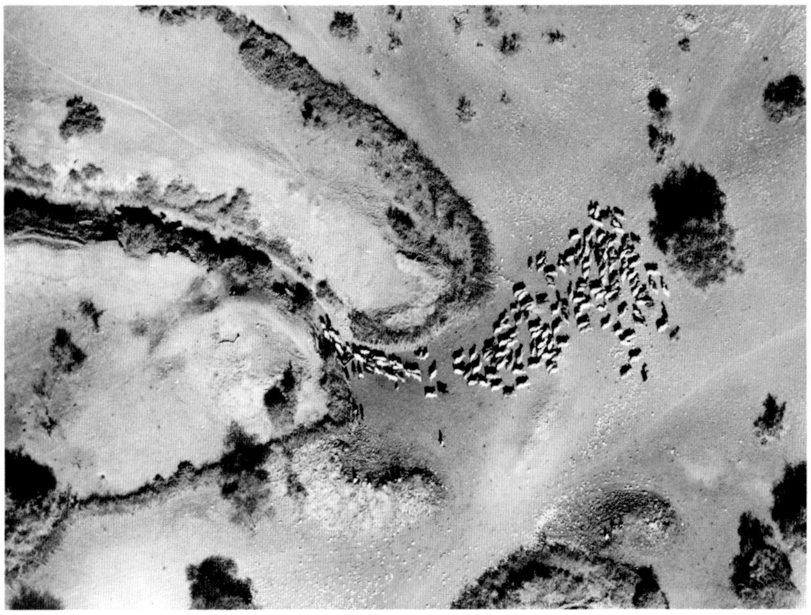

119-120

121-122

123

124

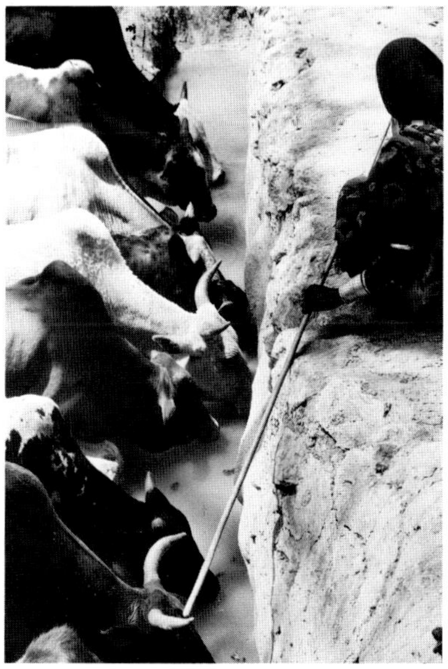

125-127

SALZ AUS DANKALIEN

Zugegeben: ich genoß den verachtenswerten Komfort eines Land-Rovers, und manchmal rannten sogar einige Männer voraus, die den Anschein einer Straße herstellten, wo das Gelände selbst für ein Fahrzeug mit Vierradantrieb zu rauh war. Trotzdem: sechs Tage auf Äthiopiens Salzstraße, sechs Tage unter Kamelen, die mit Schaum vor dem Maul ihre Ladung bergwärts schleppen, sechs Tage unter keuchenden Maultieren und unter Eseln, die sich aus Erschöpfung zum Sterben legen, haben mein Verhältnis zu Salzfaß und Salzstreuer für immer gewandelt.

Zwanzigtausend Lasttiere und mehr pendeln auf dem uralten Salzpfad hin und her; fünftausend Menschen beuten die unerschöpflichen Vorräte an Speisesalz im Tiefland der Danākel aus und schaffen die Salzbriketts zu den Verbrauchern im Hochland. Die Lastenzüge benötigen für Hin- und Rückweg – zusammen gegen vierhundert Kilometer, mit dreitausend Metern Höhenunterschied in jeder Richtung – eine Woche.

Der Verkehr auf der äthiopischen Salzstraße ist vermutlich schon seit Jahrtausenden gleich dicht: wie keine andere vermag sie die Trampelpfade zu illustrieren, auf denen sich in der Morgendämmerung der Geschichte, so etwa im Europa der Bronze- und Eisenzeit, mit dem Salz die Errungenschaften der beginnenden Zivilisation ausbreiteten. Schon Aksum, das früheste äthiopische Großreich – Quellen des 3. Jahrhunderts nennen es im gleichen Atemzug mit Rom, Persien und China –, rechnete das Salz der Danākel zu seinen Aktiven. Aksumitische Handelsexpeditionen tauschten bei den Stämmen an der Süd- und Westgrenze des Reiches Salz gegen Gold, Sklaven und Elfenbein ein; diese wiederum bildeten die Hauptausfuhrartikel in Aksums regem Handel mit Rom, Ägypten, Syrien, Arabien und Indien. Aksums Glanz verblich; aber noch ein Jahrtausend später nannte der portugiesische Kaplan Francisco Alvares, der das Land in den 1520er Jahren kennenlernte, Salz (zitiert nach einer frühen deutschen Übersetzung seines Berichts) «die beste Wahr in gantz Ethiopien». Heute erzeugen die Meeressalinen bei Meṣewwā und Asab Kochsalz für den Inlandverbrauch und den Export (nach Japan); das Salz aus der Danākelsenke verdrängten sie bisher jedoch nicht von dem angestammten Platz. Nach wie vor ist es auf Äthiopiens abgelegenen Märkten (Bilder 7 bis 9) so gut wie Gold – und weit besser als Geld. Salzbriketts aus Dankalien, an einem Stück oder zum Gegenwert von Scheidemünzen zersägt, stehen auch jenseits der äthiopischen Landesgrenzen in ganz Nordafrika als harte, Paritätsschwankungen nicht unterworfene Währung im Kurs.

Salzhandel seit unvordenklichen Zeiten gewissermaßen als lebendes Fossil... Mag sein. Freilich gehört die Betonung auf das Wort *lebend.*

Ein Hubschrauber hatte mich vor einem Jahrzehnt in der Danākelsenke abgesetzt. Von Dālol aus, einem Hügel, der sich über die umgebende, hundertzwanzig Meter unter dem Meeresspiegel liegende Salzebene erhebt und daher manchmal eine kühlende Brise einfängt, prospektierten damals die Geologen eines amerikanischen Unternehmens. Dālol war eine kleine Oase. In den zum Teil aus Salzblöcken gebauten Häusern summten Klimaanlage und Eiswürfelmaschine. In ihrem Schutze ließ sich ohne Schweiß und Tränen über die abschreckenden Eigenschaften dieses Orts plaudern. Offenbar befand man sich in Dālol am Wärmepol der Erde: im Sommer sahen die Geologen die Quecksilbersäule im Schatten der 60 °C-Marke entgegenklettern. Die Salze, die in dem Becken des Trockensees kilometertief lagern, sind das Erzeugnis der Blasen hervorrufenden Hitze: Hebungsvorgänge schnürten einen Arm des Roten Meers von der offenen See ab, die Sonne saugte ihn gierig leer. Nicht nur ihre rekordbrechende Unwirtlichkeit empfiehlt übrigens diese Stelle der Erde der wissenschaftlichen Neugier: Untersuchungen namentlich des Vulkanologen Haroun Tazieff rückten sie neuerdings in den Brennpunkt der Erörterungen über das Driften der Kontinente. An dieser Nahtstelle zwischen Arabien und Afrika, wo zwei oder drei sogenannte Riftzonen in einem geologisch komplizierten Gebilde aufeinandertreffen, kann der (andernorts auf dem Grund der Weltmeere verlaufende) Prozeß, der zu der ständigen Erneuerung der Erdkruste führt und die Kontinente wie riesige Schollen in Bewegung hält, trockenen Fußes studiert werden. Zu dem frischen Ruhm Dankaliens tragen zudem von den Vereinten Nationen veranlaßte Studien bei: sie bescheinigen der Nahtstelle ein Potential an gewinnbarer Erdwärme (geothermaler Energie), das den gegenwärtigen Elektrizitätshunger ganz Afrikas stillen könnte.

Das ist die Danākelsenke: Schweflige Quellwasser, die wie gelbes Geäder die Öde masern. Grün umrandete, warme Quellseen in toten Kratern. Aktive Vulkane, in denen Feuer schwelt. Fumarolen und Solfataren, Lavafelder und Dünenmeere. Geiser, die periodisch Dampf und Wasser speien. Zweihundert Kilometer Landschaft aus purem Salz, manchmal einförmig, einfarbig – und dann wieder ein Tumult von Farben und Formen. In Dālol wachsen aus grüner Nährlösung gelbe Salzblumen; chlorsaures Kali und chlorsaures Eisen erblühen zu einer unirdischen Welt...

Bei meinem Helikopterausflug hatte ich sie als eine Art «Schnell-Mond», als «instant moon» erlebt. Beim zweiten Abstieg, dieses Mal auf die mühsame Weise, im Bodenfahrzeug, erschien sie mir eher als ein Stück Hölle. Und farbig wie die Sünde. Von Maqalē aus, dem Hauptumschlagplatz für die aus dem Tiefland der Danākel kommenden Karawanen, stießen wir in zweitägiger erschöpfender Fahrt in die Welt des Salzes vor. Über von eisigen Winden gefolterte Hochflächen. Und dann hinunter, durch Wälder wildwachsender Olivenbäume, vorbei an Baumheide, Wacholder und Kandelabereuphorbien, in das Reich der Mimosen und Schirmakazien, durch mäandernde Canyons zu der wasserlosen Ebene am Fuße des Steilabfalls. Und zuletzt auf die Kruste des fossilen Sees. Bleichende Skelette weisen den Weg durch die Weite ohne Trost und Horizont, Salz knirscht unter den Füßen, salziger Schweiß beizt die Augen. Im verlassenen Camp von Dālol raschelt der Nachtwind in den Wellblechdächern wie im Herbstlaub; die Tage des Eistees sind hier unwiederbringlich dahin, die Wüste zeigt ihr wahres Gesicht. Eine Abteilung äthiopischer Polizei hat in dem verfallenden Lager Unterschlupf gesucht, für den fremden Besucher ein willkommener Garant seiner leiblichen Sicherheit. Und nicht zuletzt seiner leiblichen Vollständigkeit. Der ehrwürdigen Gewohnheit der jungen Danākel-Nomaden, ihre Bräute mit Halsbändern aus den Geschlechtsteilen verstümmelter Feinde zu schmücken, hat der von Addis Ababā verordnete Frieden unter den Stämmen zwar einen Riegel geschoben. Aber der Gedanke an die frustrierten Bräute und die Überzeugung der jungen Männer, daß zu Schmuckzwecken ein Fremdling schließlich genau so taugt wie ein einheimischer Feind, bleibt ein Quell der Beunruhigung.

Die Danākel-Nomaden haben das Vorrecht, das Salz in ihrem Lebensraum auszubeuten, stets eifersüchtig gehütet und es notfalls mit zweischneidigen Krummdolchen verteidigt. Gegen 500 ʿĀfar («Freie», wie sich die Danākel selber nennen) hausen zwanzig Kilometer von Dālol entfernt in niedrigen Salzhütten. Verlassene Siedlungen nahebei verraten, daß die Salzarbeiter auf dem Salzsee gelegentlich umziehen, auf der Suche nach Salz von besserer Qualität. Stöcke und Stangen als Brecheisen benützend, lösen einzelne Trupps große Platten aus der obersten Salzschicht. Axtschläge zertrümmern Platten in Bruchstücke von höchstens einigen Quadratfuß Oberfläche. Diese Trümmer sind der Rohstoff für den zweiten Arbeitsvorgang: sie werden mit der Dechsel zu Briketts von zwei Größenklassen – dicken und dünnen – zugehauen. Die Normierung des Salzes, die in vorgeschichtlicher Zeit auf das Fehlen von Waagen Rücksicht nahm, erleichtert noch heute seine Vermarktung. Die dünnen Briketts sind namentlich für jene Märkte bestimmt, wo Salz in kleinsten Portionen gehandelt wird: nur sie können der Länge nach in vier und mehr Teile zersägt werden. Eine Gruppe Aufbrecher spannt stets zusammen mit der nötigen Anzahl Zuhauer. Diese Interessengemeinschaft sucht sich unter den Karawanenführern, den Händlern, ihre Kunden. Eine regelmäßige Zusammenarbeit der Salzerzeuger mit immer den gleichen Transportunternehmern scheint es nicht zu geben. Auf dem Salzsee werden die Briketts in Losen von sechzig Stück verkauft. Bei dem von der Regierung kontrollierten Preis von drei äthiopischen Dollar (nicht ganz fünf Schweizer Franken) pro Los springen für die beteiligten Salzarbeiter je Kopf und Tag etwa anderthalb äthiopische Dollar heraus. Dazu schuldet der Aufkäufer den Salzarbeitern das Lebensnotwendige: einen Laib Brot und einen Ziegenbalg voll Wasser je Kopf und Tag. Die Bemessung der Naturalentlöhnung paßt durch Auf- und Abrunden die starre Barentlöhnung an die Schwankungen der Nachfrage an.

Am Tage meiner Ankunft hielten die Salzarbeiter erregt eine Versammlung ab. Sie forderten für das Los mehr als die bewilligten drei Dollar mit der Begründung, daß die jetzt gerade ausgebeutete Salzschicht härter sei als anderswo. Härteres Salz bedeutet vor allem für die Zuhauer mehr Arbeit – und für die Händler, weil es Transportverluste herabsetzt, mehr Gewinn. Der Obmann, der für die Regierung sprach, beruhigte zuletzt die Aufgeregten. Und sie verkauften zum alten Preis. Aber ich bin sicher, daß die Nachricht von der drohenden Salzteuerung so schnell wie die nächste Karawane in die Berge reiste.

Tagsüber warten die Lasttiere ergeben in der stechenden Sonne. Schatten kommt hier in kleinen Raten: was die aufgespannten Häute abwerfen, ist für die

Männer reserviert, die die Briketts herstellen, und – die Briketts selber. Salz, das allzusehr austrocknet, wird brüchig. Die Tiere sind wohlgenährt: man hat ihnen, ehe sie die Salzebene betraten, alles Futter vorgeworfen, das sie aus dem Hochland bis hierher bukkelten. Nun sind sie frei für ihre Ladung Salz – und einen langen Hungermarsch zurück in die Berge. Ihre Treiber gehen zu Fuß mit, um die Nutzlastkapazität der Karawane voll ausnützen zu können, und mancher lädt sich noch einen Block Salz auf die Schulter. Ein Kamel trägt bis zu fünfzehn Stück der dicken Briketts, ein Maultier kaum weniger. Matten schützen die Ladung vor der ausdörrenden Sonne. Ohnedies trecken die Karawanen im Tiefland möglichst nur dann, wenn die Sonne tief steht. Und bei Vollmond reißt die Kette der Karawanenzüge die ganze Nacht nicht ab; das Getrappel eilender Hufe dringt dann in die Träume eines Schläfers am Rande der Karawanenstraße wie das Geprassel eines Sommerregens.
Barāhlē, ein Dorf auf der Grenzscheide zwischen dem christlichen Hoch- und dem muslimischen Tiefland, liegt am Karawanentreck für die Rückkehrer nicht ganz halbwegs und noch nicht ganz auf halber Höhe. In Barāhlē ziehen Beamte die Salzsteuer ein. Für jedes Kamel, ohne Ansehen seiner Last, bezahlt der Treiber drei äthiopische Dollar, für jedes Maultier halb soviel, für jeden Esel nochmals die Hälfte. Die Karawanen defilieren durch ein Tor aus Knüppeln und Dornen wie durch das biblische Nadelöhr. Kontrolleure vergleichen dort die Zahl und Art der Tiere in jedem Zug mit dem erlegten Betrag. Die Steuerquittung ist von nun an das Passepartout der Karawane bis zum Engros-Markt in Maqalē.
Ein Los dicker Salzbriketts, in der Danākelsenke für drei äthiopische Dollar und wenige Naturalien erhältlich, bringt auf dem Salzmarkt von Maqalē das Zwanzig- oder Dreißigfache. In einem Land, dessen jährliches Pro-Kopf-Einkommen (ermittelt aus dem Sozialprodukt) noch unter zweihundert äthiopischen Dollar liegt, erscheinen daher der Transport von und Handel mit Salz als ein einträgliches Geschäft. Das blendende Bild bedarf freilich einiger dämpfender Retuschen. Außer der Salzsteuer belasten noch andere Nebenkosten die Rechnung: Nahrung für Tiere und Treiber, Miete für die Ziegenbälge, Ankauf der Seile zum Festschnüren der Ladung. Dazu kommen die Kapitalkosten. Eine Woche dauert die Reise – und einen ganzen Monat die Erholung, die jedes Lasttier braucht, wenn es eine zweite Reise überleben soll. Vielfach handelt der Treiber ohnehin in Lohn und Auftrag – gegen anderthalb Dollar je Tier in seinem Zug und gegen Erstattung der Auslagen für Kost und Unterkunft; aber selbst wenn er sein eigener Unternehmer ist, ist er nur ausnahmsweise der Eigentümer aller Tiere, die er führt. Für jedes Tier aber, das er zu den eigenen hinzumietet, schuldet er die Hälfte der Ladung. Der Fremdling, der *farang̃*, durchschaut nur mit Mühe das Gewebe der wirtschaftlichen Faktoren und sozialen Abhängigkeiten, an dem Jahrhunderte und Jahrtausende gewirkt haben.
Warum trifft man überhaupt Kamele auf der Salzstraße, da doch Maultiere fast soviel tragen, weniger Salzsteuer bezahlen und erst noch für weniger anzuschaffen sind?
«Du wärest bald bankrott, *farang̃*», belehrte mich ein Kameltreiber mit nicht eben viel Hochachtung für meinen Versuch, den Betrieb auf der Salzstraße zu vereinfachen. «Weißt du denn nicht, daß Maultiere anspruchsvoll sind wie Menschen – ein Dach überm Kopf verlangen, Nahrung und Wasser – noch das gar jeden Tag...»
So ehrwürdig der Salzhandel auf dieser Straße ist: die Jahrhunderte gingen nicht ganz spurlos an ihm vorüber. Die *Pax Aethiopica*, die Menilek dem Land aufzwang, regelte neu die Beziehungen zwischen den Hochländern, die die Karawanenführer stellen, und den Danākel, die das Salz brechen und zu Briketts verarbeiten. Weder stellen die Danākel heute mehr Geiseln, um die Hochländer ihrer Loyalität zu versichern, noch brauchen sie selber jetzt Überfälle räuberischer Bergler auf ihre Salzvorräte zu fürchten.
Jährlich gelangen etwa 17000 t Kochsalz aus der Danākelsenke ins Hochland – die Transportleistung von 8000 Kamelen, 10000 Maultieren und 5000 Eseln. Nur im Juli und August verdünnt sich der Strom der Karawanen zu einem Rinnsal. Der expandierende See an der tiefsten Stelle der Senke setzt den Ort, wo das Salz gebrochen wird, zeitweilig unter Wasser. Oder die Sommerhitze vertreibt sogar die einheimischen Salzarbeiter. Ganz abgesehen davon, daß die Karawanen zur Zeit der Monsunregen in den engen Schluchten die Gefahr plötzlicher Fluten laufen.
Der sogenannte Fortschritt wird vermutlich über kurz oder lang den Strom ganzjährig auf ein Rinnsal herabsetzen. Oder gar versiegen lassen. Eine Straße und einige Lastwagen können Tausende von Tieren ersetzen. Vielleicht haben die Behörden tatsächlich schon mit diesem Gedanken gespielt. Aber die Straße, die Dālol erreichen sollte, blieb vorläufig im Gebirge stekken. Die Ungunst des Geländes schreckte die Straßenbauer ab; möglicherweise dämmerte ihnen auch die Einsicht, daß ihr Werk lediglich wenige viel reicher und viele noch ärmer machen würde. Der Prinz von Maqalē, der Generalgouverneur der Provinz Tegrē, zog es vor, den Karawanen den Weg zu erleichtern. An besonders abschüssigen Stellen des Steilabfalls bulldozerte er einen Zickzackpfad, der den Nutzeffekt des Salztransports erheblich steigerte. Bei starkem Ge-

genverkehr waren vorher oft gefährliche Stauungen entstanden, Tiere waren abgerutscht und hatten ihre Salzbriketts durch Scheuern an den Felswänden oder durch gegenseitiges Anstoßen zerbrochen; nun kommen die Züge bequem aneinander vorbei – noch immer nahe genug, daß ein seine Salzlast bergwärts schleppendes Kamel aus dem Heuballen, den ein Artgenosse talwärts trägt, beim Kreuzen einige Halme naschen kann. Freilich, für einen Land-Rover ist eigentlich auf diesem Pfad nicht auch noch Platz. Mitten im Stoßzeitverkehr vor dem Montagsmarkt in Maqalē richtete mein Fahrzeug gelegentlich Unheil an und sprengte den Gänsemarsch der Tiere auf. Der Gleichmut, mit dem die Treiber hinter den ausreißenden Kamelen herrannten und die scheuenden Maultiere beruhigten, beschwichtigte etwas mein schlechtes Gewissen: der *farang̃* wurde gutmütig als Abwechslung eher denn als Störenfried hingenommen.

134
Die beiden Krater in der Caldera des Vulkans Ērtā Alē in der Danākelsenke; der Durchmesser des größeren Kraters beträgt 300 Meter, des kleineren 70 Meter. Der Ērtā Alē ist ein in Bildung begriffener basaltischer Schildvulkan. Ihm gilt die besondere Aufmerksamkeit der Vulkanologen: der Ērtā Alē und der Nyiragongo (Kirunga) in Zaïre sind zurzeit die einzigen Vulkane des Planeten mit einem ständigen Lavasee. Völlig einzigartig ist der Ērtā Alē als ständig eruptions-aktiver Vulkan im Scheitelgraben eines Meeresrückens (der hier an Land gegangen ist). Das Luftbild entstand 1965, als die Lavafüllung Ebbe hatte; seither stieg sie um mehr als 140 Meter und fließt zeitweilig über die Ränder der Krater. In der Danākelsenke werden die Zerspaltung der Erdkruste und das tektonische Wirken des oberen Erdmantels so augenfällig wie kaum anderswo auf der Erde.

135
Sozusagen ein totgeborener Vulkan: ein Magma-Einschub aus der Tiefe, der aber nicht bis an die Oberfläche durchstieß, warf in den überlagernden Salzschichten ein wirbelförmiges Labyrinth von Salzblöcken auf. Die Erosion veränderte es zu dem jetzigen Aussehen: leichter lösliche Salze wurden weggespült und füllten die Zwischenräume zwischen den Blöcken bis zu dem Niveau der umliegenden, von sechseckigen Ausdehnungswülsten krakelierten Salzebene auf. Der «Wirbel» hat einen Durchmesser von 150 bis 200 Metern. (Ich verdanke diese Erklärung Derek T. Harris, Los Angeles. Harris gehörte zu dem Team von Geologen, die die auf viele hundert Millionen Tonnen geschätzten Pottaschevorräte der Danākelsenke untersuchten. Er hatte das Wirbel-Labyrinth, nur zehn Kilometer vom Basislager der Prospektoren auf dem Dālol-Hügel, selber nie gesehen, brachte mein Luftbild aber sofort in Zusammenhang mit mehreren extrem hohen magnetischen Anomalien ähnlich kreisförmiger Ausbildung, die auf der magnetischen Karte der Gegend erscheinen. Die Anomalien deuten auf stark eisenhaltige Intrusionskörper, von denen freilich viele keinerlei Oberflächenanzeichen erkennen lassen.)

136
Eine bizarre Welt aus reinem Salz: Der Dālol-Hügel erhebt sich über die 120 Meter unter dem Meeresspiegel liegende Salzebene. Unterirdisch aufquellendes Magma beulte den mit Geisern bestückten Hügel aus; gelegentliche Regenfälle zerfraßen die Salzstöcke zu Nadeln und Türmen. Kappen aus schwerem löslichem Gips schützen die Salzstiele vor dem Zerlaufen.

137
Tumult der Farben in der Salzwüste: Blick aus dem Hubschrauber auf die Gipfelwölbung des Dālol-Hügels. Heiße Quellen (etwa 100 °C) lagern Salze ab. Die Farben – auch das Gelb, bei dem man versucht ist, an Schwefelausblühungen zu denken – rühren von der Oxidation geringer Eisenbeimengungen her. Jede Quelle sprudelt rund einen Monat lang; mit ihrem Versiegen verbleichen allmählich auch ihre Ablagerungen.

138–142
Dank periodischen Überflutungen kommt das Salz lageweise vor: nach jeder Überflutung scheidet sich zuerst der Gips ab – als Unterlage für die darüber sich bildende Salzschicht. Die Gewinnung der Salzbriketts auf dem Trockensee: Stöcke wie Brecheisen benützend, lösen Salzarbeiter große Schollen der Salzkruste; im schütteren Schatten einer aufgespannten Haut verarbeitet der Zuhauer das von den Aufbrechern gelieferte Material zu Briketts; an Stangen über Mauern aus Salzbriketts hängen in Lederbeuteln die Wasservorräte; zu Paketen verschnürt, werden die Salzbriketts auf dem Rücken der Tragtiere ausbalanciert; im Wettlauf mit den ankommenden und abfahrenden Karawanenzügen macht der Zuhauer immer neue Lasten bereit, daß die Salzkristalle nur so stieben...

143–147
Eine Kamellast besteht aus bis zu 15 großen Salzbriketts; ein Maultier trägt bis zu zwölf, ein Esel bis zu acht Briketts. Jedes große, dicke Brikett wiegt etwa 7, ein kleines, dünnes etwa 5 Kilogramm. 8000 Kamele, 10 000 Maultiere, 5000 Esel pendeln auf der uralten Salzstraße hin und her. Bei der Annahme von neun Reisen pro Tier und Jahr und unter Berücksichtigung der Lasten errechnet sich eine jährliche Salzförderung von etwa 17 000 Tonnen, ein Sechstel des äthiopischen Salzverbrauchs. Die Bilder zeigen den Aufbruch eines Kamelzugs; einen Karawanenführer aus dem Hochland, mit Stock, Dolch und Patronengurt; Kochen für die Karawane am Rande des Pfads; Opfer der strapaziösen Rückkehr in die Berge.

148
Mit der Dechsel, einem Querbeil, verwandelt der Zuhauer formlose Trümmer in Briketts zweier Standardgrößen. Die Briketts haben dekorativere Gebilde von früher, namentlich Salze in Form großer Sensenwetzsteine, abgelöst: eine Verbesserung ihrer Stapelbarkeit.

149
In Barāhlē erlegen die Karawanen die Salzsteuer. Ein kaum je abreißender Zug von Lasttieren windet sich hinter dem Zollposten den kahlen, abweisenden Bergen entgegen. Die Zolleinnahmen: 30 000 äthiopische Dollar pro Monat im Jahresdurchschnitt (von Barāhlē und einer zweiten Zollstation). Diese Zahl ist nicht amtlich, sondern auf Grund mündlicher Auskünfte an Ort und Stelle geschätzt; sie stimmt jedoch mit der genannten jährlichen Förderleistung von 17 000 Tonnen Salz einigermaßen überein.

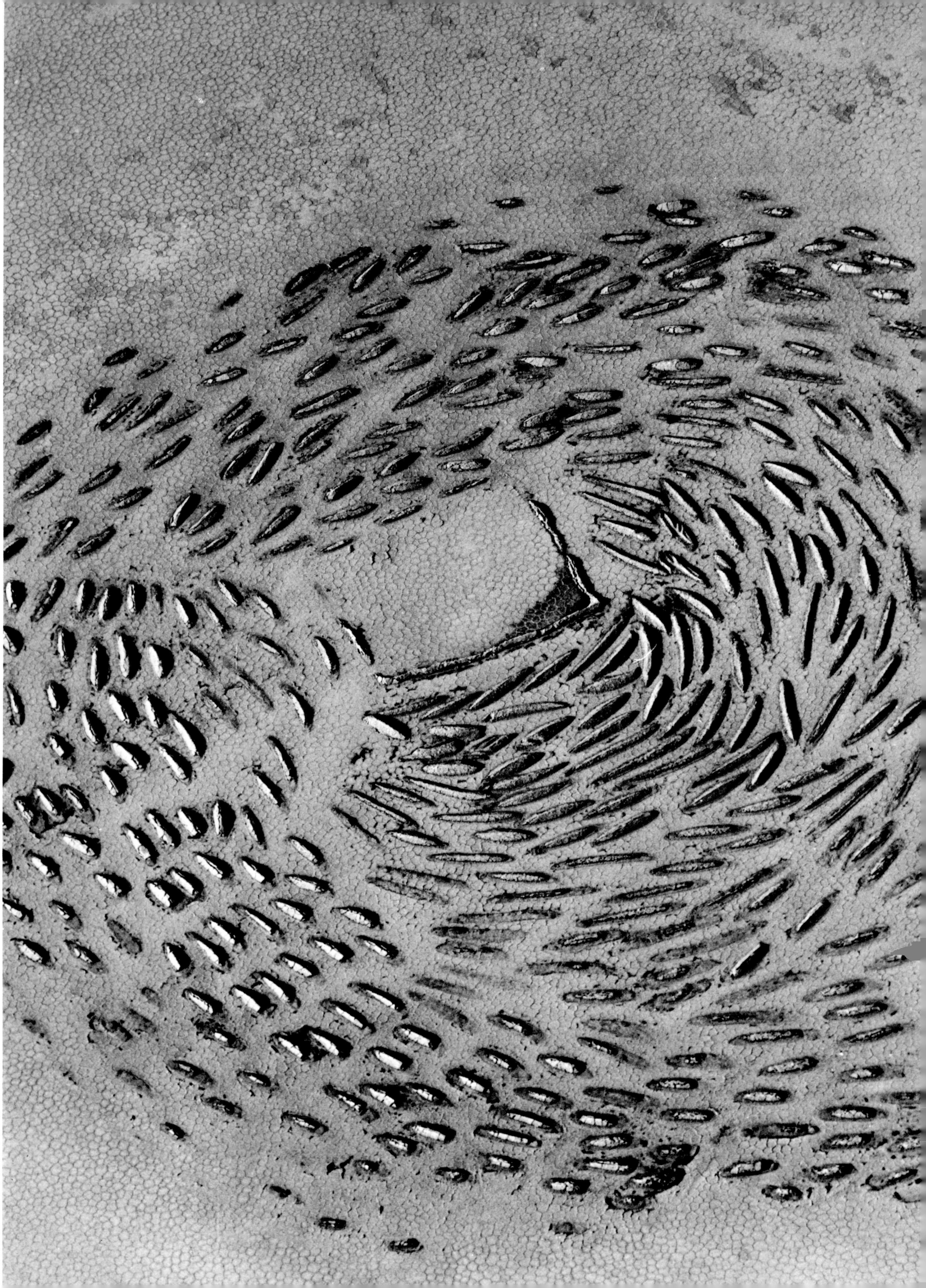

138

139-140

141-142

143

144-145

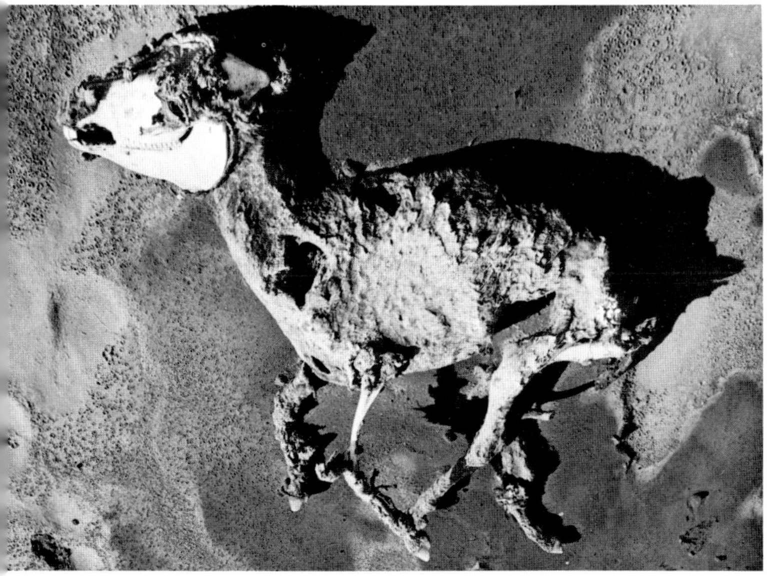

146-147

HOCH-SAMĒN, DIE ZITADELLE ÄTHIOPIENS

Äthiopien ragt wie eine Insel mit steilen Felsklippen aus dem Meer der Steppen und Wüsten Nordostafrikas. Einem kristallinen Unterbau liegen unmittelbar oder über Kalk- und Sandsteinschichten vulkanische Decken auf; über diesen türmen sich alte Ausbruchszentren. Die Samēn-Berge wandeln dieses Aufbaumuster abweisender und grandioser ab als jede andere Berglandschaft des Kaiserreichs. Der Takkazē, ein zum Entwässerungssystem des Nils gehörender Fluß, der die Samēn-Berge umarmt, hat sich tief in den Sockel eingesägt. Aggressive Sommerregen haben die Ränder des Hochplateaus verfranst und zerschlissen. Auf der Hochfläche, hinter einem schützenden Kranz von Klippen, Kreten und Klammen, baut sich der Rās Dāšan zu einer Höhe von 4550 m ü.M. auf.

Äthiopiens höchstes Massiv – eine magmatische Beule, die nicht aufgebrochen ist. Zweihundert Quadratkilometer in Hoch-Samēn – Gebirgsteilen, die 3000 Meter übersteigen – bilden seit 1969 den *Semien Mountains National Park*: Schutz, jedenfalls ausschnittsweiser, für die einzigartige Lebensgemeinschaft dieser Bergwildnis.

Schon dem Frankfurter Forschungsreisenden Eduard Rüppell gingen in den 1830er Jahren die Augen auf für die Einzigartigkeit dieses Gebiets. Auch Sammler-Zoologen schossen damals noch recht sorglos nach links und rechts – und Rüppell erbeutete auf Anhieb Exemplare der drei Bergbewohner, die jetzt den Ruhm Hoch-Samēns ausmachen: den Äthiopischen Steinbock, den Samēn-Fuchs und den Dschelada. Nach Rüppell schlief das naturkundliche Interesse an der Samēn-Fauna für mehr als ein Jahrhundert wieder ein. Und die Einzigartigkeit seiner afro-alpinen Flora tritt sogar erst jetzt richtig ins Licht.

Mit der Einzigartigkeit der Samēn-Szenerie wird der heutige Äthiopienreisende mühelos vertraut. Auf den Inlandflügen der Ethiopian Airlines, namentlich bei dem Luftsprung von Gondar nach Aksum, gehört das Spektakel der Zinnen und Zacken zu den Sehenswürdigkeiten. Freilich, wer sich mit dem Gedanken eines Besuchs von Hoch-Samēn trägt, tut besser daran, auf diese Vorbesichtigung von oben zu verzichten: der Anblick der (freilich nur scheinbar) unbezwingbaren Bastionen entmutigt.

In Wirklichkeit braucht keiner, der gut zu Fuß ist, den Mut sinken zu lassen. Der Besuch des Samēn-Nationalparks auf Trampelpfaden, die sich den Bergflanken anschmiegen, ist größtenteils eine Alpenwanderung und niemals eine Kletterei. In vier oder fünf Tagen – das Minimum an Zeit, das er aufbringen muß – legt der Besucher zu Fuß oder reitend rund 100 Kilometer mit einer Überhöhung von etwa 3000 Metern zurück; allerdings zehrt die Höhe zwischen 3000 und 4000 Metern über Meer an seiner Energie. Vorsehen muß er sich gegen den Mangel an touristischer Infrastruktur. Lediglich am Sitz des Parkhüters, beim Dorf Geč, bietet ein Rundhaus Besuchern Obdach; aber auch in ihm kann nur das lodernde Feuer im Kamin die schneidende Kälte vertreiben, die nach Sonnenuntergang die Knochen beschleicht. Übernachten im Freien setzt frostsichere Schlafsäcke voraus. Die örtlichen Verpflegungsmöglichkeiten sind, vor allem auch für den Landesunkundigen, bescheiden und unsicher. Immerhin tauschen leere Konservendosen stets und überall Eier ein, und Bargeld kauft hie und da ein Schaf oder eine Ziege...

Debārq, ein Marktflecken an der Straße von Gondar nach Aksum, ist der Verwaltungshauptort des Samēn-Distrikts und das Tor für die Reise in die Berge. Jährlich rüsten sich hier etwa zweihundert Fremde für einen Parkbesuch aus: eine bescheidene Zahl, aber doch groß genug, daß sich im Dorf die Führer, Treiber und Vermieter der Reit- und Packtiere organisiert haben und nach Möglichkeit den zu verteilenden Kuchen jedesmal etwas vergrößern. Will sagen: Leicht lahmen die Maultiere und galoppieren die Preise. Wer freilich die landesüblichen Vergütungen kennt – zweieinhalb äthiopische Dollar pro Tag und Maultier, anderthalb Dollar für Tag und Treiber; der äthiopische Dollar zu etwa Schweizerfranken 1.50 –, setzt sie für gewöhnlich auch durch. Debārq liegt schon auf einer Bergschulter über der Schlucht des Takkazē, auf 2800 Metern Höhe. Eine halbe Stunde Marsch – und die Erinnerung an Wellblechhütten, Markttumult und

Feilschen verblaßt schnell in einem weiträumigen, sanft gewellten Hügelland. Am Wegrand blühen feuerrot Aloen, und Kniphofien treiben Blütenähren, die zwischen orange und gelb schillern. Da und dort stehen noch ein Kosobaum *(Hagenia abyssinica)*, eine knorrige Olive oder ein Wacholder – Erinnerung daran, daß diese Geländestufe Äthiopiens einst dichte Bergwälder trug. Feuer und Pflug haben aus ihr eine bäuerliche Kultursteppe gemacht. Später und höher sind die Felshänge mit flechtenbärtigen Baumheiden bestanden, die bis zu der Waldgrenze um 3700 Meter über Meer emporsteigen. Hoch-Samēn zeigt sich mit schroffen Abstürzen, schmalen Felsleisten und Steilwiesen an, man hat die Grenze des Samēn-Parks erreicht. Śānqābarr, eine Stunde innerhalb des Parks und sieben Stunden von Debārq, lädt zum Biwakieren ein. Hier unterhält die Parkverwaltung ein Hauptcamp für die Wildhüter, hier ist man im Reich der Dscheladas.

Starke Trupps dieser großen, pavianähnlichen Affen sind um Śānqābarr morgens und abends unterwegs von und zu ihren Schlafgesimsen. Das letzte Stück des Saumpfades zum Sitz des Parkaufsehers ob Geč̣ (auf 3650 Metern Höhe) durchquert Alpweiden. Steinbrech, Frauenmantel, Ehrenpreis, Strohblumen, Hauswurz, dicke Polster von Nabelkraut und Gänsekresse, im Himmel darüber der Lämmergeier – da kann man wohl für Augenblicke vergessen, daß man nur 13 Breitengrade nördlich des Äquators wandert. Afrikanisches drängt sich allerdings immer wieder auf. Stammlobelien punktieren das Grasland, Charakterpflanzen dieser Bergsavannen, und auf ihren Blütenständen ruht der Dickschnäblige Rabe von seiner Flugakrobatik aus, ein Charaktervogel Samēns und doch so gut wie unbekannt: man kennt noch nicht einmal sein Nest. Und der Äthiopische Steinbock *(Capra walie)*, dessentwegen man ja nicht zuletzt die Mühen dieser Exkursion auf sich genommen hat? In den Monaten nach der Regenzeit, im Oktober und November, bevorzugt er Standorte, die von Geč̣ aus leicht erreichbar oder jedenfalls einsehbar sind. Mit einiger Gewähr kann man dem Besucher das ganze Jahr wenigstens Feldstecherkontakt mit den scheuen Tieren versprechen, die im ganzen kontrastreicher gefärbt sind als Alpensteinböcke.

Die Residenz des Park Wardens in Geč̣ trägt über der Tür stolz die Bezeichnung «Swiss House». Und seit 1971 liegt auch das Amt des Parkhüters in Schweizer Händen. Jeweils zwei Jahre muß der Warden auf seinem einsamen Posten ausharren.

Woher die schweizerische Präsenz auf dem Dach Äthiopiens? Verbundenheit der Bergvölker, Gleichartigkeit alpwirtschaftlicher Probleme – Begründungen wie diese garnieren Festreden, tragen aber kaum dazu bei, die Überraschung über «Swiss House» und einen Schweizer Parkhüter zu mindern. Das Schweizer Interesse an Samēn wurde vielmehr mobilisiert und wachgehalten von Bernhard Nievergelt, der heute mit zwei Kollegen die dem Zoologischen Museum der Universität Zürich angeschlossene Arbeitsgruppe für Wildforschung leitet. Der englische Biologe Leslie Brown hatte nach einer Rekognoszierung Mitte der sechziger Jahre das drohende Aussterben der *Capra walie* signalisiert und die Einrichtung eines Schutzparks befürwortet. Nievergelt, der sich mit seiner Arbeit über den Alpensteinbock ausgezeichnet hatte, fiel die Aufgabe zu, in einer einjährigen ökologischen Feldstudie 1968/69 das Ausmaß der Gefährdung abzuklären. Er fand einen Bestand von noch etwa 150 Walia-Steinböcken vor. Rücksichtslose Jagd und, seit Erlaß von wenigstens nominellen Schutzbestimmungen, straflose Wilderei hatten ihre Zahl dezimiert. Für das Überleben der Art noch pessimistischer stimmte Nievergelt aber die fortschreitende Zerstörung des natürlichen Lebensraums dieser Tiere, vorab der Bergwälder. Die Bergwälder werden zur Gewinnung von Brennholz und Bauholz übernutzt, wobei die Termitenfestigkeit etwa des Wacholderbaums besonders ins Gewicht fällt. Weitere Wälder fallen dem Landhunger des Bauern zum Opfer. Dieser pflügt Steilhänge, ohne sie zu terrassieren; die Regen spülen bald den Oberboden ab. Der Bauer sucht schließlich Ersatz auf bewaldeten Hängen, brennt die Bäume ab – und die Schraube der Erosion und Verödung dreht eine Windung weiter. Nievergelt kehrte mit einem alarmierenden Bericht aus Äthiopien zurück – und mit der Skizze für ein Hilfsprogramm, das nicht nur die Erhaltung des Steinbocks, sondern die der Lebensgrundlagen für Bevölkerung und Wild in Aussicht nahm.

Äthiopien erklärte 1969 ein Restgebiet mit einigermaßen natürlichem Lebensraum zum Nationalpark – das einzige, so Nievergelt, in dem der Walia-Steinbock noch häufig genug vorkommt, daß man für sein Überleben hoffen kann. Der Steinbockbestand wurde im Januar 1972 an zwei Tagen, mit Zuzug britischer Helfer, gezählt. Die Beobachter sichteten am ersten Tag knapp unter hundert, am zweiten Tag etwas über hundert Walias. Allerdings konnte eine Anzahl wichtiger Ausgucke ohne den Einsatz von Helikoptern gar nicht besetzt werden. Man darf daher mit etwa 150 Tieren innerhalb der Parkgrenzen rechnen. Weitere 50 Steinböcke halten sich außerhalb des Parks auf. Der derzeitige Bestand von zweihundert Tieren könnte und müßte sich bei anhaltendem optimalem Schutz verzehnfachen.

Die Sorge um den Äthiopischen Steinbock fand weltweit ein Echo. Still blieb es aber um den Samēn-Fuchs *(Simenia simensis)*, einen nur in Äthiopien vorkommenden Schakal. In den Samēn-Bergen wird er aller Voraussicht nach aussterben. Nur noch ein halbes Dutzend Samēn-Füchse leben im Park. Im Gegensatz zu dem präzisen Walia-Habitat – steile Kletterhalden, die Abbrüche des Hochplateaus –, das von einer genügenden Anzahl Wildhütern zuverlässig kontrolliert werden kann, ist der Lebensraum des Samēn-Fuchses schwer überwachbar. Als tagesaktives Tier kann er zudem leicht angeschlichen werden.

Zurzeit wendet das arme Äthiopien immerhin 250 000 Franken jährlich für den Unterhalt des Parks auf. 24 Wildhüter operieren von zwei Hauptcamps und vier Außenstationen aus, Wilddieben wirksam Schach bietend. So weit, so gut. Dagegen sind die Strukturprobleme des Parks noch nicht bereinigt.

In vier Dörfern auf Parkgebiet leben 1200 Menschen. Hinzu kommen 5000 Einwohner von zehn Dörfern außerhalb des Parks, die jedoch Interessen im Park haben. Auf fast einem Drittel der Parkfläche furcht der Hakenpflug des Hochlandbauern den Boden. Kartoffeläcker und Gerstenfelder gibt es noch auf der Höhe von Geč̣. Der Rest des Areals dient als Weide oder wird forstlich genutzt. Zwar hat die Einrichtung des Parks im Jahr 1969 den landwirtschaftlichen und forstlichen Status quo eingefroren. Aber bei dem Druck, der aus der Bevölkerungszunahme und vor allem auch aus den katastrophalen Bewirtschaftungsmethoden mit unvermeidlichen Bodenverlusten resultiert, erweist sich das Verharren beim Status quo als eitle Hoffnung. Allein das Gerücht der Aussiedelung und der sie begleitenden Entschädigungen führte dazu, daß einige Bauern mehr Land unter den Pflug nahmen, als sie vorher bewirtschaftet hatten.

Die Schweizer Unterstützung für den Park floß lange in mehreren Kanälen aus vielen Quellen, öffentlichen und privaten. Ende 1973 konstituierte sich das Komitee *Pro Semien*, das Zuwendungen von Schweizer Seite koordiniert und den jeweiligen Schwerpunktprogrammen zuleitet.

Der Park wurde 1969 krank geboren. Gesundung versprachen zwei Alternativlösungen: Umsiedlung der Bevölkerung; Stabilisierung der gesamten Lebensgemeinschaft, die Menschen eingeschlossen. Die Gruppe um Nievergelt neigte eher der zweiten Konzeption zu. Sie fürchtete von einer Aussiedlung chaotische Verhältnisse entlang den Parkgrenzen. Als Stabilisierungsmaßnahmen empfahl sie die Einführung bodenerhaltender Anbaumethoden. Die Bauern sollten lernen zu terrassieren und gleichzeitig mit besserem Saatgut vertraut gemacht werden, um auf kleineren Flächen höhere Erträge zu erzielen. Die pflanzensoziologische Kartierung, die Frank Klötzli vom Geobotanischen Institut der Eidgenössischen Technischen Hochschule durchführt, schuf auch die Grundlagen für Aufforstungsprojekte zwecks Erosionsschutz und Entlastung der letzten natürlichen Wälder. Als zusätzliche Versicherung gegen das Aussterben der Walia-Steinböcke schlug Nievergelt den Fang einiger Paare vor, um mit ihnen in einem Zoo eine Zuchtgruppe aufzubauen. (Gegenwärtig gibt es in keinem Tiergarten der Welt Walia-Steinböcke; zwei Fänglinge, die ich vor neun Jahren in den kaiserlichen Gärten in Addis Ababā photographierte, wurden später von den Oryxantilopen im gleichen Gehege aufgespießt.)

Erst 1973 sprachen sich die äthiopischen Behörden für eine klare Marschrichtung aus. Die Aussiedelung der Bevölkerung aus dem Park ist seither beschlossene (wenn auch gegen den Widerstand der Betroffenen ohne Gewaltanwendung nur schwierig durchzusetzende) Sache. Und das Projekt einer Zubringerstraße von Debārq zum Parkeingang und nach Śānqābarr nimmt auf der äthiopischen Wunschliste den obersten Platz ein. Es versteht sich, daß von einer Straße in die bisher nur Fußgängern oder Reitern vorbehaltene Bergwelt zwar vieles zu hoffen, aber auch fast alles zu befürchten ist. Das von Schweizer Seite ausgearbeitete Vorhaben einer 25 Kilometer langen Allwetterstraße empfiehlt sich durch seine Bescheidenheit und leistet einigermaßen Gewähr dafür, daß es nicht zerstören helfen wird, was man mit Trara zu retten ausgezogen ist. Das Komitee *Pro Semien* befaßt sich mit seiner Finanzierung (1,8 Millionen Franken bei einer Bauzeit von drei Jahren) vordringlich.

Konservative Schutzmaßnahmen im Park werden den Zeitraum überbrücken müssen, bis die Verhältnisse auch rund um den Park durch geeignete ackerbauliche und forstliche Eingriffe wieder ins ökologische Gleichgewicht kommen. Die Schweizer Biologen halten an dem Plan eines Musterbetriebs, als Demonstrationsbeispiel für umweltkonforme Landwirtschaft in Hoch-Samēn, zäh fest, doch kocht er für die absehbare Zukunft auf Sparflamme.

150
Hoch-Samēn veranschaulicht dramatisch die nagende Kraft periodischer sintflutartiger Regenfälle: diese lösen die Hochfläche in schroffe Bergklippen auf. Die bis 4000 Meter über Meer und höher begrünten Steilhalden sind der Lebensraum des Äthiopischen Steinbocks.

151
In der Vogelwelt Hoch-Samēns sind die Raubvögel mit ungewöhnlich vielen Arten und Individuen präsent. Ihr majestätischster Vertreter: *Gypaëtus barbatus.* Der schwarze Federpinsel unter dem Schnabel hat ihm den wissenschaftlichen Namen eingetragen: Bartgeier; ein Vorurteil den volkstümlichen: Lämmergeier. Er entführt weder Lämmer noch Kinder, auch in Äthiopien nicht. Er hält sich an Aas, und sogar da läßt er am liebsten andern Abfallbeseitigern den Vortritt, bis die Röhrenknochen der Beute blank liegen. Sie trägt er weg und bricht sie auf, indem er sie aus großer Höhe auf einen Felsen fallen läßt. Mit der Zunge löffelt er das Mark. In andern Felsgebirgen der Erde ist er ausgestorben oder selten; in Samēn und im übrigen Hochland wird er täglich und stündlich gesichtet.

152
Ein Dschelada-Männchen, die beiden dreieckigen Brustflecke blutrot vor Erregung. Die Abendsonne bescheint bühnenhaft die von Flechten behangenen Baumheiden *(Erica arborea)*, die in Samēn – bei 3800 Metern – die obere Grenze der Bergsavanne und des Waldes bilden. Der Dschelada *(Theropithecus gelada)* kommt nur in Äthiopien vor. Trotz des Fauchens und Zähnebleckens, mit denen er überraschende Besucher empfängt, ist er ein friedlicher Vegetarier der Hochgebirgsmatten. Das Männchen trägt über Schultern und Rücken ein prächtiges Pelzcape. Der Dschelada ist *kein* Pavian. Seine pavianartigen Merkmale denken sich die Zoologen unabhängig von denen der echten Paviane entstanden, durch parallele Anpassung an vergleichbare Lebens- und Umweltbedingungen.

153
Die rauhen, näselnden Rufe des Dickschnäbligen Raben begleiten jeden Samēn-Wanderer. Ein Charaktervogel dieser Bergwildnis, gehört *Corvus crassirostris* zu den in Äthiopien, und nur hier, heimischen Arten.

154
Die Biologen rechnen mit noch zweihundert Äthiopischen Steinböcken *(Capra walie)* in den Samēn-Bergen; die Art kommt außerhalb Samēns nirgendwo vor. Auf dem Bild: ein junger, etwa dreijähriger Bock.

155
Simenia simensis – Samēn-Fuchs oder (in älteren Quellen) Abessinischer Wolf, aber in Wirklichkeit weder Fuchs noch Wolf, sondern ein Schakal. In Hoch-Samēn ist er nahezu ausgestorben; Jürg Müller, während zwei Jahren Parkaufseher, rechnet mit einem Bestand von nur fünf Samēn-Füchsen im Park. Die Wissenschaft weiß noch wenig von Lebensweise und Verhalten dieser Schakale; seit der Erstbeschreibung ist keine wissenschaftliche Arbeit über sie vorgelegt worden. Sie scheinen sich hauptsächlich von kleinen Nagern zu ernähren; die Färbung ihres Fells zeigt große Variation, zwischen Braun- und Bleichrot. Vorläufig gute Überlebenschancen hat der Schakal außerhalb Samēns; er lebt noch (ob als unterscheidbare Varietät oder Rasse ist unsicher) in den Bergen der Provinzen Bālē und, angeblich, Arusi. Den hier abgebildeten Samēn-Fuchs photographierte ich in Bālē, auf einer Bergschulter über Gobbā, in etwa 4000 Meter Höhe.

156
Stammlobelien *(Lobelia rhynchopetalum)* sind die Charakterpflanzen der alpinen Grassteppe in Hoch-Samēn. Die vermeintlichen Bäume sind krautig. Aus dem salatartigen Blätterschopf auf dem Stamm wächst ein Blütenstand bis zu acht Metern über dem Boden empor. Stammlobelien sind noch in Gipfellagen von 4400 m ü. M. anzutreffen.

157
Die Bewehrung des Hochlands von Samēn ist formidabel: die Erosion hat die Ränder der Gebirgstafel in die Bastionen und Zinnen einer Burg zerlegt.

158
Samēns und Äthiopiens höchste Erhebung: der Rās Dāšan (4550 m ü.M.) oder wie er in Samēn heißt: Rās Dağan. Auf seinem Gipfel bleiben Graupeln oder Hagel oft monatelang liegen; Schneefall ist zuverlässig nicht nachgewiesen.

159
Felle und die Mütze aus Schafwolle schützen die Hirtenjungen vor der Kälte. Samēn ist ein Rückzugsgebiet nicht nur für die eine oder andere Tierart, sondern auch für Agaw sprechende Gruppen, Reste der nordäthiopischen Urbevölkerung. Zu ihnen gehören Falāšā, mit judaisierendem Glauben und Kult («die Juden Äthiopiens»).

153-154

155

156

157

158

Jahrhundert bis zur Neukonstellation einer Zentralgewalt weiter im Süden um den rechtmäßigen Aksum-Erben im 13. Jahrhundert. Die Zāgwē waren Usurpatoren – und hatten als Emporkömmlinge Legitimitätssorgen gegenüber dem Feudaladel wie auch gegenüber dem Klerus. Was lag näher, als in der neuen Hauptstadt die alte, die als spirituelles Zentrum weiterlebte, mit einer als typisch aksumitisch empfundenen Errungenschaft, der Felsbautechnik, zu übertrumpfen? Um 1270 fiel die Macht zurück an die Salomonische (aksumitische) Dynastie – nach der Geschichtsmythe in einer friedlichen Abdankung der Zāgwē, wahrscheinlicher wohl mit den Konvulsionen einer Katastrophenzeit. Das Zwischenspiel fand hinfort die Chronisten in Verlegenheit. Die Zāgwē waren Thronräuber, aber zugleich hatten sie sich durch Missionseifer und Kirchenbau mit dem Klerus versöhnt. Ihre frommen Werke empfahlen sogar einige Könige, darunter Lālibalā, als Heilige. Das Dilemma, so unsere Vermutung, veranlaßte die Entpolitisierung der Zāgwē-Residenz, die Umwandlung Roḥas in die religiöse Stiftung und Wallfahrtsstätte Lālibalā. Soweit Lālibalā ursprünglich als Neu-Aksum konzipiert worden war, war es stets auch etwas Neu-Jerusalem gewesen: die Äthiopier begreifen Aksum, wohin Menilek – angeblich der Sohn Salomos und der Königin von Saba' – die aus dem Tempel geraubte Bundeslade gebracht haben soll, als ein neues Zion. Den Priestern oblag es nun, in Lālibalā das Religiös-Sinnbildliche stärker herauszuarbeiten, die störenden weltlichen Bauten umzuwerten und den Prozessionsweg in und um die Stadt mit Heiligland-Geographie anzureichern. Lālibalā erhielt so zum Beispiel einen Jordan und einen Berg Tabor. Die Männer, die den weltlichen Zug in dem Gesicht Neu-Jerusalems tilgten, scheuten vor einschneidenden Änderungen des Ganzen nicht zurück, vielleicht nicht einmal vor der Anlage zusätzlicher Kirchen.

Für den christlichen Äthiopier gehört Lālibalā seit Jahrhunderten und bis heute zu den bedeutenden Pilgerstätten; als Gottesstaat im kleinen nahm es bis vor kurzem auch von der jeweiligen politischen Zentralgewalt kaum Notiz. In der Außenwelt war Lālibalā noch vor zehn Jahren wenig mehr als ein Gerücht, verifizierbar nur um den Preis eines achttägigen Ritts auf dem Maultier. Das Aroma von Intensität und Isolation, das allen äthiopischen Felskirchen anhaftet – hier war es greifbar verdichtet. Seitdem hat Addis Ababā die theokratische Eigenbrötelei zunehmend entmutigt, und gleichzeitig hat eine Enkelin des Kaisers, Prinzessin Ruth, mit der Errichtung eines Beherbergungsbetriebs die Öffnung nach außen eingeleitet. Die Isolation von einst ist endgültig dahin. Lālibalā wird außerhalb der Regenzeit (und wohl über kurz oder lang sogar ganzjährig) täglich von Linienflugzeugen angeflogen, und in naher Zukunft werden sogar die Asphalttentakel einer Allwetterstraße nach ihm greifen. Das Wunder, einst Vorrecht der Reisenden, droht unter die Besichtiger zu fallen. Der gläubige Äthiopier betritt eine Kirche nur unbeschuht, weil er den Engeln, die sich in dem Gotteshaus drängeln, nicht auf die Füße stehen möchte. Dem Touristen in Lālibalā aber glaubt man nicht mehr zumuten zu dürfen, sein Schuhwerk abzulegen. Der Konsumtourismus vermindert unvermeidlich das Geheimnis; das Mysterium wird überbelichtet. Daß sich Verarmung und Verlust in Lālibalā trotzdem in Grenzen halten, hängt sicher auch mit der vorläufig bescheidenen touristischen Infrastruktur zusammen. Mehr aber noch – und das läßt Hoffnung für morgen zu – mit der in sich gekehrten, introspektiven Kraft dieser Skulpturkirchen.

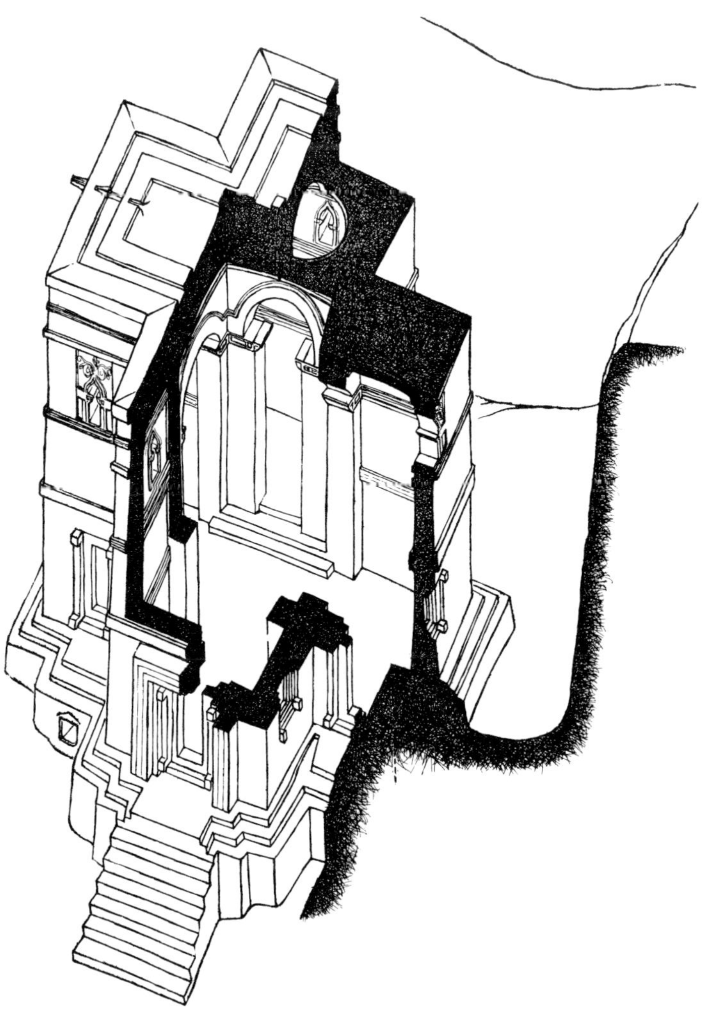

Georgskirche: Aufgeschnittene parallelperspektivische Ansicht (nach *Bianchi Barriviera*)

160
Das Klosterdorf Lālibalā in einem Morgengespinst aus Dunst und Rauch. Wellblechhütten – dauerhafter und regensicherer: daher das Ansehen ihrer Besitzer steigernd – verdrängen zusehends die herkömmlichen Häuser mit Kegeldächern aus Stroh. Die stattlichsten dieser Häuser, das Wort «Hütte» verbietet sich für sie, sind zweistöckig, ihre Wände aus Trockenmauerwerk. Ein Blechdach schützt auf diesem Bild noch die Erlöserkirche in ihrer Grube, Überbleibsel eines früheren, untauglichen Restaurierungsanlaufs; bei den Wiederherstellungsarbeiten seither wurde es entfernt.

161
Junge Diakone versammeln sich auf dem Felswulst um die Marienkriche am Vormittag des Weihnachtstags. Wir haben den Schirm auf einen Regen- und Sonnenschutz herabgewirtschaftet, in Äthiopien aber bewahrt er noch etwas von seiner alten kultischen Bedeutung als Traghimmel: er gibt Feiern und Festen Farbe und Würde.

162–163
Ein Behelfssteg überbrückt den tiefen Graben zwischen einer Felsgalerie und demjenigen Teil der ehemaligen königlichen Residenz, die heute als die Kirche der Erzengel Gabriel und Raphael benützt wird. An den großen Festen des liturgischen Jahres, vorab an Weihnachten und Epiphanie, vervielfacht der Zustrom der Wallfahrer Lālibalās ansässige Bevölkerung von 5000.

164
Ein Meer von Gläubigen flutet an Weihnachten durch Lālibalās Felsenlabyrinth und überschwemmt die Gruben der Monolithkirchen mit Menschen. Im Gerüst die Christus Emanuel geweihte Kirche, eine Skulptur aus einem 18 × 12 × 12 Meter großen Block roten Tuffs. In der Gruppe der Felsbauten, die die ehemalige königliche Residenz einschließt, ist sie das einzige alte, von Anfang an zum Kult bestimmte Gotteshaus – vermutlich des Herrschers Palastkapelle. Die «Versteinerung» eines altäthiopischen Sandwich-Baus (zum Vergleich: Bild 52) – wenn auch ohne «Affenköpfe» – ist in ihrer Leidenschaft für Einzelheiten im ganzen Bestand der Felskirchen beispiellos. Die Gerüste dienten jüngsten Restaurierungsarbeiten, bei denen moderne Methoden der Steinverfestigung zur Anwendung kamen.

165
Ein Wandermönch predigt den Pilgern Buße und Umkehr. (Courtesy NGM, © National Geographic Society)

166
Das Monolithkreuz, im gewachsenen Fels des Jordanbetts fest verwurzelt, wurde erst 1967 wieder freigelegt. Bei ihm trafen sich die Pilger zu feierlichen Umgängen um das Neue Jerusalem.

167
Zwei Fenster in der Nordwand der Marienkirche, von innen nach außen gesehen: rechtsläufiges Hakenkreuz über einem griechischen Kreuz. In dessen oberem Arm ist ein Fenster der gegenüberliegenden Heiligkreuzkirche erkennbar.

168–178
Fenster im Fels: die Formvielfalt der Mauerdurchbrüche zur Beleuchtung und Belüftung der Gruft- und Monolithkirchen in Lālibalā sucht ihresgleichen. In der Reihenfolge der Bildnummern: Kirche des Welterlösers (168–170); Kirche des Mönchsheiligen Abbā Libānos; Marienkirche; Kirche des Heiligen Kreuzes; Golgothakirche; Georgskirche; Berg-Sinai-Kirche (176–177); «Adams Grab». (In diesem ausgehöhlten Felsblock, der zeitweilig als Einsiedlerzelle diente, ist das kreuzförmige Fenster bloß angedeutet, nicht durchgebrochen.)

179
Im Innern der Marienkirche: die letzten Joche des linken Seitenschiffs. Auf der altarseitigen Stirnwand ist, als Teil eines Bilderfrieses unter der Decke, der Einzug Christi in Jerusalem dargestellt. Die geradezu schwelgerische Ausmalung der Kirche mit Flechtbändern und Rosetten ist vielleicht auf blumige Wirkung angelegt; das Hauptwerk der äthiopischen Marienpoesie, ein hundertsechsundfünfzigstrophiger Hymnus auf die Mutter Gottes, heißt ja *māḥlēta ṣegē*, «Blumenlied».

180
Blick aus dem hinteren rechten Seitenschiff schräg durch das Kircheninnere: die Marienkirche ist eine Basilika mit Vorhalle, drei Schiffen und einem überkuppelten Allerheiligsten mit sakristeiähnlichen Anräumen – das Ganze aus einem Stück Fels gehauen. Die Reliefdekoration auf den Pfeilerschäften, Kapitellen und Kragsteinen wandelt Kreuzformen und mäanderartige geometrische Muster ab. Die reliefierte Untersicht der Bogen ahmt Schnitzverzierungen in gebauten Kirchen nach.

181
Die Kirche des Welterlösers: die größte und nobelste aller äthiopischen Felskirchen, freigeschlagen aus einem Felsblock von 33,7 Meter Länge, 23,7 Meter Breite und 11,5 Meter Höhe. Die gewaltige Skulpturkirche ist vermutlich eine Felskopie der im 16. Jahrhundert untergegangenen Zionskirche von Aksum, des Hauptheiligtums der äthiopischen Christenheit.

182
Dem Pfeilerumgang außen antwortet im Innern der fünfschiffigen Erlöserkirche ein Pfeilerwald: Blick aus dem fünften Joch des Mittelschiffs, schräg durch die südlichen Seitenschiffe, Richtung Vorhalle. Der nackte Fels glänzt; die Füße der Gläubigen polieren ihn unbeschuht seit Jahrhunderten. Die Erlöserkirche ist fast ohne Zierat; bei dieser glücklichen Schmucklosigkeit kommt die Architektur ganz zu sich selber. Dem Erlebnis eines Festgottesdienstes, etwa in der Osternacht, mit Gesang und Tanz der Dabtarā verschmelzen in diesen wuchtigen Hallen Gotteslob und Architektur zu einem Einzigen: Andacht.

183
Lālibalās eleganteste Schöpfung: die Georgskirche aus der Luft. Der kreuzförmige Baukörper mit drei ineinanderliegenden Kreuzen als Dachschmuck steht auf einem ebenfalls kreuzförmigen, dreistufigen Podium. Die Kirche über dem Sockel wurde aus einem Klotz von 10,6 Meter Höhe und 12,5 Meter Seitenlänge gewonnen. Das Luftbild zeigt deutlich die Laufgänge, die auf die Sohle der Ausschachtung führen. Das Kircheninnere ist ein einziger, kreuzförmiger Raum ohne freistehende Pfeiler.

184
Das Dach der Georgskirche in ihrer Grube, umstanden von wilden Ölbäumen. Die Kirche ist möglicherweise ein Spätwerk, und sicher ist sie eine Ausnahme: der kreuzförmige Grundriß findet sich in Äthiopien kein zweites Mal. Trotzdem ist sie das Markenzeichen Lālibalās und der Inbegriff äthiopischer Subtraktions-Architektur: kein anderes Denkmal bringt Kuriosum und Geheimnis der Monolithkirche so ausdrucksvoll zur Anschauung.

185
Eine Nonne, Gebetsstock und Schuhwerk in Händen, verläßt den Felshof der Emanuelkirche. Gelbe Krustenflechten besiedeln die Steilwände.

162

163

168-170

171

172

173

174-176

178

177

180

ENTDECKUNGEN IN TEGRĒ

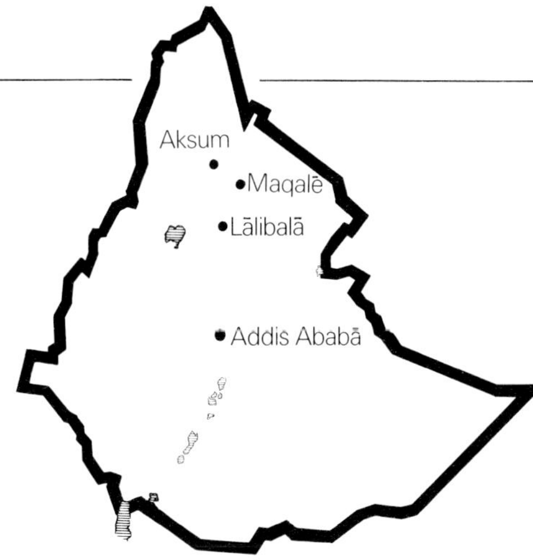

Bis 1966 gab es, so ließe sich die Fundlage überspitzt formulieren, nur Lālibalā und Anfänge. Die außerhalb Lālibalās bekannten und im ganzen Land verstreuten Felskirchen waren an den Fingern zweier Hände abzuzählen. Über die zeitliche Stellung der Gruppen zueinander machte man sich, wenn überhaupt, wenig Gedanken; verglichen mit den Monolithen Lālibalās erschien der Restbestand, mit Ausnahmen, als anfängerhaft. Dagegen wurden die Felsenkirchen Kappadokiens, die Felstempel Indiens, die Felsheiligtümer von Ägypten bis China beschworen, um der staunenerregenden Schöpfung König Lālibalās wenigstens mit «Einflüssen» (wo es sich doch in Wirklichkeit bestenfalls um technische Parallelen handeln kann) beizukommen.

In der Stille reifte freilich eine neue Lage heran. Ein in Aśmarā lehrender Schweizer, Roger Sauter, hatte über die Jahre ein Verzeichnis aller Felskirchen angelegt, die die Literatur oder das Gerücht erwähnte, ohne indes Gelegenheit zu bekommen, auch nur einen Bruchteil von ihnen selber aufzusuchen. Und ein katholischer Priester, der Sekretär des Missionsbischofs in Addigrāt, Abbā Tawalda Madḫen Yosēf, horchte geduldig seine Landsleute über unbekannte Felskirchen in der Provinz Tegrē aus.

Im Frühjahr 1966 beauftragte das Äthiopische Archäologische Institut eine Gruppe (Roger Schneider, Abbā Tawalda, Georg Gerster) mit einer ersten Erkundung in Gar'āltā, einer besonders kirchenverdächtigen Landschaft Tegrēs. Die Ernte übertraf alle Erwartungen. In zwölf Tagen betraten wir zwölf bis dahin unbekannte mittelalterliche Felskirchen des höchsten Rangs – und für jede geortete Kirche meldeten die Späher nach dem lokalen «Ondit» zwei weitere, noch zu findende. Damals wurden die Weichen des Fragens neu gestellt. Und Tegrē hat das Versprechen auf noch mehr Überraschungen gehalten. Seit 1969 erwandert die englische Architektin Ruth Plant regelmäßig neue Kirchen; das Inventar verdankt ihr eine eindrückliche Zahl neuer Nummern. 1969 kehrte auch David R. Buxton, ein englischer Pionier der Felskirchenforschung, ins Feld zurück: seine Reisen in Tegrē bereicherten den Bestand um einige besonders schöne Objekte. 1970 nahm sodann eine vom französischen Staat finanzierte Gruppe – der Archäologe Claude Lepage, der Orientalist Roger Schneider und der Architekt Jean Gire – ihre Arbeit in Tegrē auf mit bemerkenswerten Erfolgen. Auch ich habe seit 1966 immer wieder auf eigenen Forschungsfahrten in Tegrē Augenblicke der Entdeckerfreude erlebt. Die Zahl der im Norden des Landes, vorab in Tegrē, neu registrierten Felskirchen nähert sich allmählich dem runden Hundert; kaum ein Monat vergeht, ohne daß Sauter, der jetzt von Genf aus Verbindungen hält zu den Equipen im Feld, als der Köchel der äthiopischen Felskirchen in seinem Verzeichnis eine neue Nummer eintragen kann.

Es ist ein Streit um Worte, ob man den Neufunden das Etikett «Entdeckung» zugesteht oder nicht. Offenbar hatten die Jesuitenmissionare des 17. Jahrhunderts eine recht genaue Vorstellung von der Existenz und der Verbreitung der tegrēanischen Felskirchen, aber ihr Wissen blieb folgenlos und ging zuletzt so gut wie verloren. Sie bewiesen lediglich, daß auch hier Kolumbus nicht ohne Wikinger ist.

Bei den Neufunden handelt es sich fast ausnahmslos um Gruftkirchen: anders als bei den ringsum freigelegten Monolithkirchen Lālibalās noch im Fels mehr oder minder gefangene Kulträume. Bei der Beschreibung einer Gruftkirche bedienen wir uns – nicht anders als im Falle der Monolithkirche – zwangsläufig des Wortschatzes, der zur Charakterisierung von *Bauteilen*, zur Bezeichnung *gebauter* Architektur bereitsteht. Aber auch hier sind Pfeiler, Bogen, Kuppeln wie auch alle anderen denkbaren Glieder Teile eines und desselben Stücks Fels, die die Steinmetzen beim Aushöhlen des Bergs aussparten. Beschreibungen können deshalb bestenfalls Vergleiche sein: zwar nagelt die Vokabel «Pfeiler» eine Form fest, aber nur selten wird sie bei den völlig anderen statischen Verhältnissen der Felsarchitektur auch die Funktion treffen.

Die Felskirchentradition ist im Norden des Landes außerordentlich breit angelegt, sowohl nach der Zahl der Denkmäler als auch nach der Vielfalt der Variationen, die der im wesentlichen basilikale Grundplan erfährt. Einzelne regionale Gruppen heben sich aus dem Gesamtbestand heraus, aber die Auflösung des räumlichen Nebeneinanders in ein zeitliches Nacheinander ist bisher befriedigend nicht gelungen. Buxton selber hält seinen Versuch, zum Beispiel aus der Veränderung von architektonischem Zierat Entwicklungsreihen abzuleiten, für vorläufig. Die Formwandel, auf die jeder Architektur*historiker* sich stützen muß, sind bei der «Introversion» der äthiopischen Felsarchitektur möglicherweise nicht aussagekräftig genug für den Entwurf einer Chronologie. Wir scheinen bei einigen Kirchen eine allmähliche Schwächung des altäthiopischen, d.h. aksumitischen Baukanons festzustellen; dann aber bricht bei einem Gotteshaus, das wir in jedem Zug als ein Spätwerk empfinden, Aksumitisches plötzlich wieder mit fast missionarischem Eifer durch. Zäh hielten die Äthiopier über ein volles Jahrtausend an dem einmal gewählten Architekturmuster fest. Eine zusätzliche Schwierigkeit rührt daher, daß nur wenige jener *gebauten* Kirchen, die den Felsarchitekten als nachahmenswerte Vorbilder vor Augen standen, erhalten sind.

Einigkeit herrscht in einem Punkt: die Kunst, Heiligtümer aus dem Berg zu höhlen, starb spätestens in den muslimischen Invasionen, die zwischen 1527 und 1543 auf jedem Gebiet äthiopischer Kultur eine harte Zäsur setzten. Auch die Frage nach der gegenseitigen Abhängigkeit der Lālibalā-Monolithe und der Felskirchen im Norden wird heute einstimmig beantwortet: parallele, gleichzeitige Entwicklung der Felsbaukunst an beiden Orten (wie das Buxton ursprünglich stipulierte) ist auszuschließen. Und schon gar nicht können die Schöpfungen in Tegrē einfach Sprosse am Wurzelstock Lālibalās sein. Neben Fülle und Eigenständigkeit der nördlichen Denkmäler sprechen geschichtliche Erwägungen dagegen, namentlich auch das Vorhandensein der sogenannten Stockwerkstelen (Bilder 88 und 89) – vermutlich königliche Totenmäler, die gebaute Hochhausarchitektur nachahmen, aus Aksums heidnischer oder frühchristlicher Zeit, jedenfalls fast ein Jahrtausend vor Lālibalā. Niemand mag die Ausstrahlungskraft Lālibalās in der näheren Umgebung und Richtung Süden leugnen. Daß es auch den Norden anregte, ist vorauszusetzen; Tegrē lag zumindest im Einflußbereich der Zāgwē-Herrscher. Solche

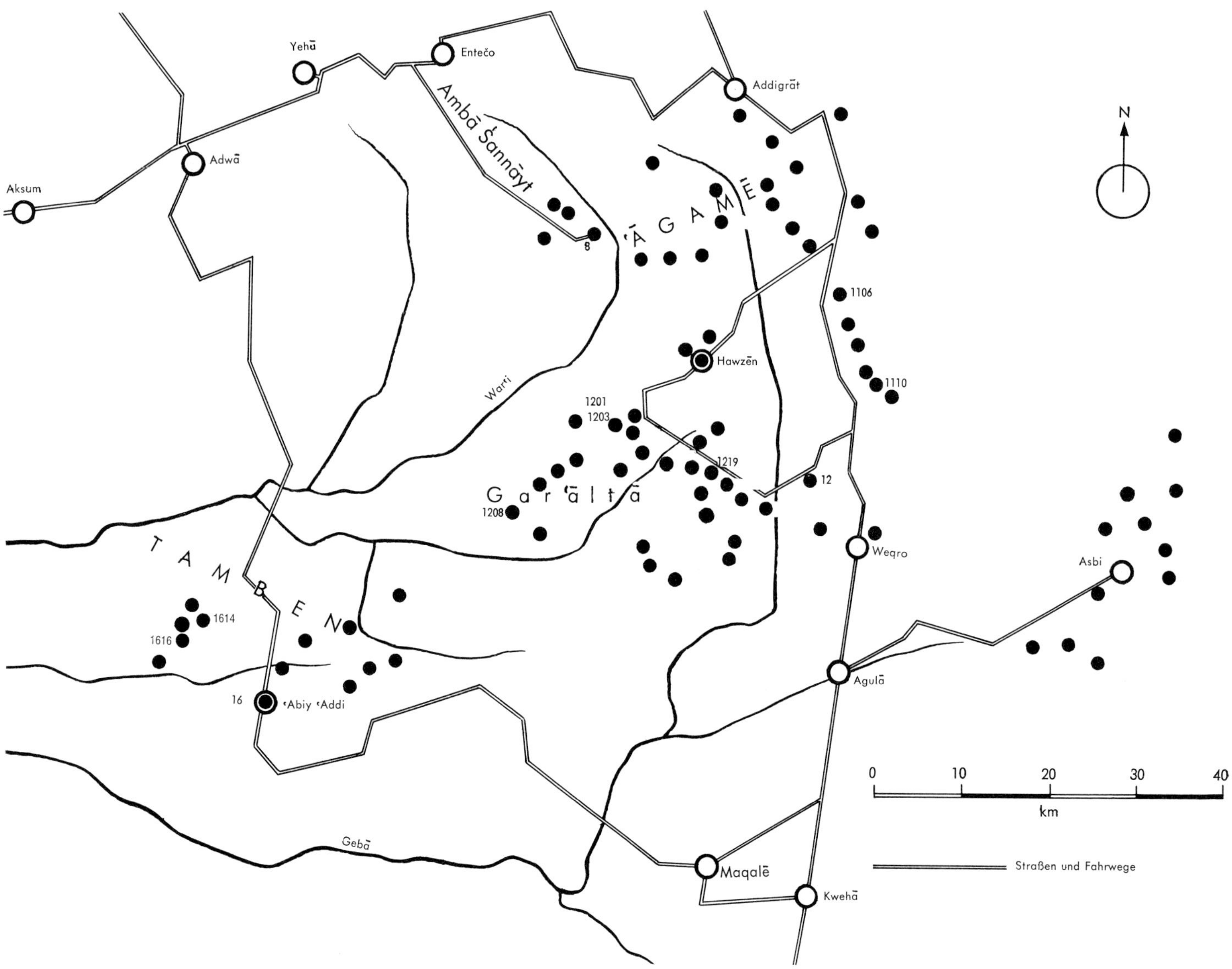

Anregungen konnten aber bestenfalls Rückstrahlung sein: Rikoschettieren des Anstoßes aus Tegrē.
Die Datierung der Felskirchen bleibt bis auf weiteres ein Problem voller Dornen. Die Äthiopier selber, auch weltoffene, aufgeklärte, machen sich darüber allerdings keine Sorgen. Unwirsch verwies mir einmal Rās Mangāšā, der Generalgouverneur der Provinz Tegrē, meine Zweifel an einer Mitteilung, die eine Kirche König Kālēb (6. Jahrhundert) zuschrieb. Diese Zuschreibungen! Manchmal wechseln sie von Besuch zu Besuch, mit Lust und Laune der Priester. Oder dann werden Könige genannt, deren zeitliche Ansiedelung in verschiedenen Quellen um ein halbes Jahrtausend voneinander abweicht. Oder der als Stifter angeführte König teilt seinen Thronnamen mit mehreren Herrschern. Schriftliche Urkunden fehlen fast ganz; die bisher gefundenen sichern lediglich einen *terminus ad quem*. Alle diese Daten, vor denen eine bestimmte Felskirche entstanden sein muß, liegen, wahrscheinlich zufällig, im 14. Jahrhundert. Lepage setzt große Hoffnung auf die archäologische Durchforschung eines Komplexes von drei Felsheiligtümern bei Degum in der Landschaft Gar'āltā. Er nimmt an, daß die Anlagen aus der Endzeit der aksumitischen Herrschaft stammen – vielleicht aber auch schon aus dem 6. oder dem 7. Jahrhundert. Ein Taufbecken, vermutlich der Überrest eines gebauten Baptisteriums, hat eine Form, die im 6. Jahrhundert im ganzen christlichen Orient geläufig war. Der Versuch, Degum mit einer archäologischen Urkunde – etwa einer Münze in eindeutiger Fundlage – zu datieren, schlug aber bisher fehl.
Zwar nicht für eine Felskirche, aber für ein gebautes Gotteshaus konnte ich 1972 ein gesichertes absolutes Datum vorlegen – das erste für irgendeine Kirche oder sonst ein mittelalterliches Denkmal Äthiopiens. Die Datierung einer Holzprobe, die ich aus dem neuentdeckten Grottenkirchlein des hl. Cyriacus von Agawā zurückgebracht hatte, mit der Radiokarbonmethode ergab als Baujahr 1020 (mit einer Fehlermöglichkeit von 100 Jahren auf oder ab). Für die Felskirchenforschung ist das in reinstem aksumitischen Sandwich-Stil erbaute Kirchlein, eine Basilika in der Nuß, so gut wie das *missing link*: es vertritt einen sehr alten Typ der basilikalen Anlage (Gebälk statt Bogen, flache Decken überall) und weist als Architekturmuster sogar hinter die ehrwürdige Klosterkirche auf der Ambā von Dabra Dāmo zurück.
Die Zuversicht, daß schließlich doch auch an oder in Felskirchen selber verwertbare Altersangaben zum Vorschein kommen werden, kann sich auf den Umstand berufen, daß ja die Bestandesaufnahme noch keineswegs abgeschlossen ist. Die Aufmerksamkeit richtet sich mehr und mehr auf die Randgebiete Tegrēs, und da vor allem auf die an die Provinz Wallo anstoßenden Landschaften. Sogar aus den Samēnbergen in der Provinz Bagēmder werden vereinzelte Felskirchen gemeldet. Und Ēretrā, wo gegenwärtig freilich der Guerillakrieg Feldarbeit erschwert, dürfte voll sein von unbekannten Kostbarkeiten. Auf Schatzsuche gehen – mit nahezu garantiertem Erfolg – kann jeder, der das Abenteuer einsamer Fußreisen in Tegrēs Bergwildnis nicht scheut. Maultiere stehen in Tegrē kaum zur Verfügung: sie absorbiert der Transport des Salzes aus der Danākelsenke. Dem Reisenden, dessen Budget gar ein geländetüchtiges Fahrzeug vorsieht, liegen die wichtigsten Felskirchen sozusagen vor der Fingerspitze, gleichviel ob er als Standort Maqalē, mit einem gastfreundlich geführten Hotel im alten Palast, oder Degum im Herzen des Felskirchenareals, mit einem neuen Rasthaus, den Vorzug gibt. Das Geheimnis marschiert mit, Überzugänglichkeit des Grals wie in Lālibalā hat der Sucher nicht zu fürchten: vor, hinter, neben den georteten Denkmälern lockt das Unbekannte.

Die Punkte bezeichnen die Standorte der wichtigsten Felskirchen im Herzen Tegrēs; die gezeigten Kirchen sind mit ihrer Ordnungsnummer in *Sauters* Verzeichnis hervorgehoben: Qorqor (1201), Guḥ (1203), Qorāro (1208), 'Āddi Çawā (1106), Endā Māryām Weqro (8), Abbā Yoḥanni (1616), Mellehay Zangi (1110), Dabra Ṣeyon (1219), Abrehā Aṣbehā (12), Waqēn (1614).

186
In jedem Zacken, auf jeder Zinne eine Felskirche: die Berglandschaft des Gar'āltā in Tegrē. Die Marienkirche von Qorqor, an und für sich eine ganz aus dem Berg gehöhlte Gruftkirche, verrät sich von weither mit dem Blechdach über einem Vorbau. Dieser – aus dem landesüblichen Bruchstein-Trockenmauerwerk – ersetzt die einst ebenfalls aus dem gewachsenen Fels geschlagene, später aber vermutlich eingestürzte Vorhalle der Basilika.

187
In der Marienkirche von Qorqor: Blick in das erste Joch des linken Seitenschiffs. Auf der Untersicht der Bogen reliefierte und bemalte Kreuzesmuster, auf der Hochwand des Mittelschiffs ein für den aksumitischen Stil typisches Schmuckmotiv: eine Art Metopenfries. Die Unterschrift identifiziert den Kelchträger als (den Erzmärtyrer?) Stephanos. Bei den figürlichen Darstellungen springen Parallelen zu der neuentdeckten christlichen Kunst des nubischen Niltals in die Augen. Die Ähnlichkeit der Raphael-Darstellung – unter dem Pfauenpaar im Blendbogen – mit den gekrönten Erzengeln in der Bischofskirche von Faras (Nubien) frappiert. Noch entschiedener nach dem Nil weist die gehörnte Krone der (beischriftlich leider nicht genannten) Figur auf dem Pilaster: auf den Wandmalereien von Faras erscheinen vom 10. Jahrhundert an Hörner als Teil der Kronen der Madonna sowohl als auch der Königsfamilie.

188
«Eva, die die Schlange getäuscht hat»: Malerei in der Vorhalle der Marienkirche von Qorqor.

189
Berge des Glaubens: die Felstürme von Guḥ. Der höchste Turm birgt eine Abuna Yem'ātā geweihte Gruftkirche; ihr Eingang – mehr Schlupfloch als Tor – liegt auf der dem Betrachter abgewendeten Seite der Felsnadel. Abuna Yem'ātā ist einer der sogenannten Neun römischen Heiligen («römisch» gleichbedeutend mit «aus dem byzantinischen Reich stammend»), die um 500 das äthiopische Kirchen- und Klosterwesen organisierten.

190
Malerei in der Gruftkirche von Guḥ: die Erzväter Isaak, Abraham und Jakob in einer Wölbfläche der Decke, Jakob mit einem anachronistischen Handkreuz.

191
Mit ihren Malereien weitab von Folklore und Naivität steht die Kirche von Guḥ in Tegrē einzig da. Die Aufnahme zeigt die Südwestecke der Vorhalle; links öffnet sich unter dem Bogen das südliche Seitenschiff. In der Kuppel acht Apostel und der Herrenbruder Jakobus; unmittelbar über dem Eingang Moses mit schwarzem Kinnbart; zur Rechten des Moses Henoch und Elias (Bild 192), zu seiner Linken die ägyptischen Mönchsheiligen Māmās und Abib; unter Henoch und Elias das «Bild des Simeon» mit der Bitte um den Segen seines Gebets.

192
Henoch und Elias. Alte äthiopische Wertschätzung für Henoch verschafft ihm hier die Ehre, brüderlich neben Elias, dem Hohenpriester der Endzeit, dargestellt zu werden. Die altäthiopische Übertragung des apokalyptischen Henoch-Buchs ist heute die einzige vollständig erhaltene Version der Schrift; in Äthiopien fällt das Buch Henoch freilich nicht unter die Apokryphen, sondern gehört zum alttestamentlichen Kanon. Die mächtigen Turbane, mit denen die Mehrzahl der in dieser Kirche abgebildeten Gottesmänner prunkt, aus grünem, braunem, gelbem oder weißem Musselin gewickelt, machen den Nimben den Platz streitig. Sind die Turbane ein islamisches Kulturelement? Einem uneingeschränkten Ja zu dieser Frage steht der Ṭemṭem entgegen – eine turbanähnliche Kopfbedeckung, die in Äthiopien die verheirateten Priester und die Dabtarā als Auszeichnung tragen.

193
Ausgemalte Kuppel in Qorāro: die «Ältesten» der Geheimen Offenbarung, mit kreuzgeschmückten goldenen Helmkronen, Rauchgefäßen und Handkreuzen, über Engeln. Sie sind die «Priester des Himmels» und wie ein 24köpfiger Senat um Gott versammelt. Offenbar aus Platzgründen hat der Maler – wie derjenige in Guḥ die Zahl der Apostel verkleinerte – ihren Bestand auf ein Dutzend halbiert.

194
In der Gruftkirche des Abuna Gabra Mikā'ēl in Qorāro: Blick aus dem Mittelschiff in die zwei ersten Joche des linken Seitenschiffs. Die Kirche könnte aus dem 14. oder 15. Jahrhundert sein, ihr malerischer Schmuck stammt aber wohl erst aus dem 17. oder 18. Jahrhundert. So stupend ausgemalte Kuppeln wie in Guḥ und Qorāro – vier Marschstunden voneinander entfernt – gibt es anderswo in Tegrē nicht mehr.

195–203
Vervielfachung der Kuppeln ist charakteristisch für die Entwicklung des Felskirchenbaus in Tegrē. In der Reihenfolge der Bildnummern: Kirche der Vier Lebewesen von 'Āddi Čawā; Endā Māryām Weqro; Kirche des Abbā Yoḥanni; Michaelskirche von Mellehay Zangi; Endā Māryām Weqro; Marienkirche von Dabra Ṣeyon; Abbā Yoḥanni (ein Felssturz riß einen Teil dieser Kirche in die Tiefe, beim Verschließen der Öffnung mit einer Mauer blieb eine angeschlagene Kuppel draußen); Kirche Abrehā Aṣbehā; Marienkirche von Qorqor. Die Mehrzahl dieser aus dem Fels geschlagenen Kuppeln weist mit Relief oder Bemalung oder beidem auf gebaute Vorbilder, hölzerne Rippen-Konstruktionen, zurück.

204
In der Gabrielskirche von Waqēn: Bogen vermitteln zwischen dem Langhaus und den Altarräumen; sonst dominiert flaches «Gebälk». Die Gabrielskirche ist ringsum vom gewachsenen Fels gelöst, also eine echte Monolithkirche, soweit die einzige im Norden des Landes.

205
Beim Eingang der Gabrielskirche, von innen nach außen blikkend. Auf dem Türflügel Bilder der Erzengel im zeitgenössischen Stil, aber nach alten byzantinischen ikonographischen Vorbildern: oben als Verkünder der Geburt Jesu; unten als Beschützer der drei Jünglinge im Feuerofen.

206
Welch komplizierte Lösungen sich die Subtraktions-Architekten im Fels zutrauten, beweist dieses Bild: Vierungskreuz und altarwärts gelegene Kuppel der Gruftkirche Abrehā Aṣbehā. Es handelt sich um eine Kreuzschiffbasilika. Ein Hakenkreuzmäander füllt das Tonnengewölbe über dem Querhaus. Der aksumitische Metopenfries begleitet Mittel- und Querschiff.

ይሰቅ፡
አብርሃ

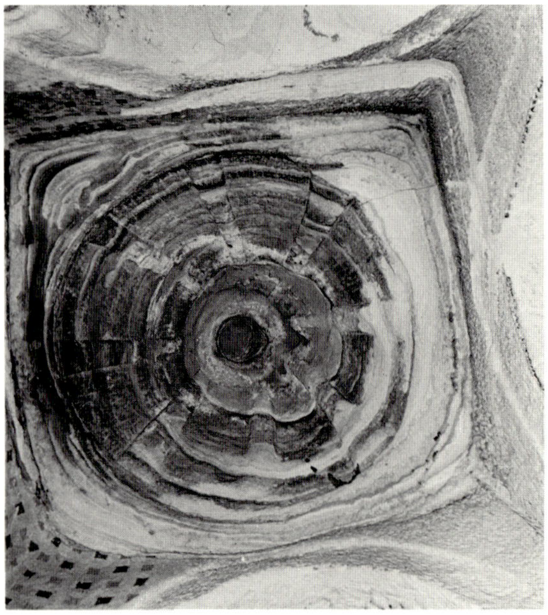

195

196-197

198-199

200-201

202-203

AUF DER SUCHE NACH URMENSCHEN IM OMO-TAL

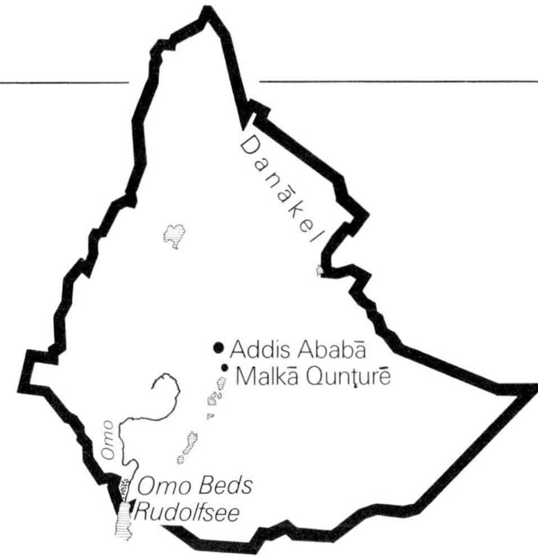

Von Böen gerüttelt, irrt die einmotorige Cessna entlang den Flanken von Bergen, deren Haupt im Gewölk verschwindet. Die Sommerregen über dem äthiopischen Hochland verlegen den Weg nach Süden. Das Wort «umkehren» liegt dem Piloten zuvorderst auf der Zunge. Aber immer wieder schlüpft er durch eine Lücke in der Wolkenschranke. Zweieinhalb Stunden seit dem Abflug in Addis Ababā – da entläßt uns der Hexenkessel unerwartet ins Helle und Klare. Unter uns der Omo in einer breiten, ebenen Talaue. In weitgeworfenen Schlingen mäandert der Fluß, von Galeriewald begleitet, dem Rudolfsee zu. Auf den Sandbänken einer toten Flußschleife sonnen sich Krokodile. Das Gewässer ist schokoladebraun vom sinkstoffreichen Hochwasser, aber sonst erinnert in dieser Schönwetteroase nichts an die Monsune, die über den Hochplateaus Äthiopiens und Kenyas ausregnen.

Die Camps der Internationalen Omo-Expedition, 60 Kilometer nördlich des Rudolfsees, liegen am Rand der Akaziensavanne, westlich des Omo und fünfzig Meter über seinem Bett. Kleinflugzeuge landen gefahrlos auf einer improvisierten Rollbahn; der Windsack bläht sich auf der Spitze einer der säulenschlanken Termitenbauten, die hier zu Hunderten aus dem verbrannten Gras emporwachsen. Die amerikanische Gruppe unter dem Paläontologen F. Clark Howell (Universität von Kalifornien in Berkeley) hat ihr Lager neben dem Flugfeld. Die französische Gruppe unter dem Paläontologen Yves Coppens (Musée de l'Homme, Paris) zeltet zehn Fahrminuten weiter. Die Wildnis lebt. Der herannahende Landrover vertreibt ein Rudel Thomson-Gazellen. Der Expeditionsleiter berichtet von Begegnungen mit Löwen und Geparden. Vor allem aber gibt die kurze Fahrt einen Vorgeschmack auf zwei andere Behelligungen in der Savanne: Staub und Dornen. Eine kleine Trombe kreiselt über die Piste und raubt für Sekunden jede Sicht; die Fenster des Fahrzeugs bleiben zum Schutz vor Kratzern durch vorüberstreichendes stacheliges Gezweig geschlossen. So sehr sind hier Busch, Baum und Strauch mit Dornen bewehrt, daß die einheimische Bezeichnung für eine Akazienart «Wart ein wenig» sich eignet als Motto auf Schritt und Tritt. Das französische Lager liegt im Wind, mit dem Kühlung kommt und, gelegentlich, vom Omo her das Rumoren der Flußpferde. Mit gallischem Sinn für die «belle vue» schaut es auf das dramatisch gefurchte Gelände zwischen Savanne und Fluß: seinetwegen trotzen die Forscher Löwen, Hitze, Staub und Stacheln.

Das untere Omo-Tal und der Rudolfsee, beide ein Teil des afrikanischen Grabens, bilden ein zusammengehöriges System, in das die umliegenden Hochländer seit Jahrmillionen entwässern. Der große Endsee, von dem der heutige Rudolfsee ein Rest ist, schrumpfte und dehnte sich aus. Fluß-, Ufer-, Delta- und Seeablagerungen: Sedimentfolgen von außergewöhnlicher Mächtigkeit aus dieser Zeit des Pulsierens treten in einer fast hundert Kilometer langen Zone am Unterlauf des Omo da und dort zutage. Sie addieren sich zu einem Total von mehr als 850 Metern und einem Zeitraum von 3 Millionen Jahren. Die ältesten Ablagerungen fallen ins obere Pliozän, 4,5 Millionen Jahre vor der Jetztzeit; die jüngsten Schichten dieser Serie gehören ins Villafranchium, 1,5 Millionen Jahre vor der Jetztzeit. (Dieser alten schließt sich noch eine junge, weniger als 100 000 Jahre zurückreichende Sedimentfolge an.) Bisher haben die Paläontologen in den Sedimenten von 3 Millionen Jahren hundert Fossilien führende Horizonte identifiziert – Sand- und Kiesschichten, die jeweils über eine Epoche des Lebens am Rande des Wassers und in ihm Auskunft geben. Resten des Urmenschen – Zähne von Australopithecus – begegnet man am Omo aus Zeiten erstmals vor 3,5 Millionen Jahren.

Die Expedition des französischen Edelmannes Bourg de Bozas, der Afrika vom Roten Meer zum Atlantik durchquerte, sammelte 1902 am Omo die ersten Fossilien – und auch einiges rezentes Skelettmaterial: die Eingeborenen waren aufsässig, und der Vicomte ließ nicht mit sich spaßen. Seither stehen die «Omo Beds» im wissenschaftlichen Gerede. 1932/33 kehrte der Paläontologe Camille Arambourg zu intensiver Feldarbeit an den Omo zurück. Aber erst 1967, wesentlich auf Initiative des Kaisers von Äthiopien, formierte sich die Internationale Omo-Expedition mit kenyanischen, amerikanischen und französischen Teams unter Louis S.B. Leakey, F.C. Howell und C. Arambourg. Vom Flugzeug aus begutachteten die Experten die fossilhöffigen Formationen und teilten den Gruppen die Arbeitsgebiete zu. Was er aus der Luft sah, begeisterte den 82jährigen Arambourg derart, daß er vorübergehend vergaß, daß man zum Teilen aufgestiegen war. «Er wollte einfach alles», erinnern sich Mitpassagiere des denkwürdigen Fluges. Kenyaner und Amerikaner übernahmen schließlich den Nordsektor, der sich allerdings als Niete erwies: die Sedimente dort waren jungen und jüngsten Datums (weniger als 100000 Jahre). Das französische Team dagegen nahm den Südabschnitt in Angriff, wo Arambourg fünfunddreißig Jahre früher gearbeitet hatte. Auf Anhieb fand es den Unterkiefer eines Australopithecinen, des ersten in Äthiopien. *Paraustralopithecus aethiopicus* begründete endgültig den Ruhm des Omo-Tals.

Seit 1968 prospektieren und graben Amerikaner und Franzosen, jede Gruppe finanziert von der jeweiligen nationalen Forschungsorganisation, der National Science Foundation und dem Centre National de la Recherche Scientifique (CNRS), in freundschaftlicher Rivalität im ehemals ausschließlich französischen Sektor. Fossilien von Affen schicken die Franzosen zu den Amerikanern; von diesen erhalten sie alles Elefantenmaterial: die Spezialisten dafür sind jeweils im andern Lager. Im Fall von Hominiden-Resten allerdings macht der Austausch bei dem von Informationen halt. Immerhin ist eine gemeinsame endgültige Veröffentlichung der Ergebnisse in Aussicht genommen – nach den Vorberichten, die auf die nationalen Finanzierungsquellen Bedacht nehmen müssen. Gegraben wird zwischen Mitte Juni und Mitte September, wenn die Experten, die einem Lehrkörper angehören, abkömmlich sind – und nicht in den klimatisch begünstigten Wintermonaten. Seit dem Tod Arambourgs leitet Coppens die französische Arbeitsgruppe; regelmäßig mit dabei ist der Quartärgeologe und Prähistoriker Jean Chavaillon, Maître de Recherche am CNRS. Die Kenyaner, jetzt unter Richard E. Leakey, suchen seit 1968 mit Erfolg in vergleichbaren (wenn auch weit weniger mächtigen) Sedimentfolgen östlich des Rudolfsees.

Lang ist's her seit Cuviers Behauptung: «L'homme fossile n'existe pas.» In nur drei Paläontologengenerationen hat sich der Zeitraum der Fossilgeschichte des Menschen verhundertfacht. «Selbst für einen Paläontologen» sagt Coppens im Gespräch, «ist das wie eine schwindelerregende Tauchfahrt in die Tiefe.» Was das Alter sowohl der Australopithecus-Reste als auch der vom Urmenschen herrührenden Geräte angeht, haben nach 1967 bereits andere Fundstellen dem Omo-Tal den Rang abgelaufen. Hominiden-Fragmente, gefunden südwestlich des Rudolfsees und im Becken des Baringosees in Kenya, erreichen ein Alter von bis zu 5 Millionen Jahren. Und Richard Leakey gab einer Geröllgerätekultur östlich des Rudolfsees ein Alter von über 2,5 Millionen Jahren. Trotzdem: Derartige Bestleistungen andernorts nehmen nichts weg von der Einzigartigkeit der Omo-Ablagerungen. Einzigartig ist die Mächtigkeit der Sedimente. Einzigartig ist aber auch, und das interessiert den Forscher im Feld vor allem, wie die Natur dieses eine Geschichte von drei Millionen Jahren aufbewahrende Buch aufgeblättert hat. Tektonische Ereignisse haben die Sedimente angehoben, in die Schräglage gekippt und aufgebrochen; die Abtragung durch Fließgewässer hat sie anschließend in eine Folge von Hügeln aufgelöst. Die drei Millionen Jahre erschließen sich nicht erst einer (praktisch undurchführbaren) vertikalen, 850 Meter Sedimente durchstoßenden Sondierung. Vielmehr können sie, horizontal ausgebreitet zwischen Fluß und Savanne, bequem erwandert werden. Ausgewittert liegen die Fossilien auf den Schutthalden der Hügel – viele tausend Tonnen. Und jeder Frühlings-, jeder Herbstregen legt neue Knochen und Zähne frei. «Paläontologie», sagt Coppens mit entschuldbarer Übertreibung, «ist hier gleichbedeutend mit Sich-Bücken.» Aber noch nicht genug der topographischen Vorteile der Fundstelle. Während dreier Millionen Jahre haben Vulkaneruptionen wieder und wieder die lehmigen und sandigen Sedimente mit Asche versiegelt; diese Tuffe enthalten die Ausgangsmaterialien für Datierungen mit dem Kalium-Argon-Verfahren. Die «Omo Beds» warten daher mit erstaunlich präzisen Datierungen für jeden Faunenschnitt auf. Sogar Skelettreste, die an den Fuß eines Hügels gekollert sind, können grob, auf einige hunderttausend Jahre genau, datiert werden, weil das Alter des Tuffs, der Rücken und Kuppe des Hügels abdeckt, gesichert ist. (Zum Vergleich: Eine in der Danakelwüste neu entdeckte, etwa zwei Millionen Jahre dokumentierende Fundstelle ist eine 200 Meter hohe Steilwand: Fossilien in ihrem Schuttfuß können aus irgendeinem Horizont kommen.)

In den drei Millionen Jahren, die wie ein Disneyfilm vor den Augen der Paläontologen ablaufen, gehen und kommen die Arten. Das Mastodon findet sich nur in den ältesten Schichten; seine Zeit läuft bei der 4-Millionen-Marke ab. Ein archaisches Schwein *(Nyanzachoerus)* verschwindet 3 Millionen, ein archaischer Elefant *(Elephas africanavus)* 2 Millionen Jahre vor der Jetztzeit. Und ein archaisches Flußpferd *(Hippopotamus hexaprotodon)* ist nach der 1,9-Millionen-Zeitmarke ausgestorben. Anderseits betreten allmählich jetzt lebende Tiere die Bühne: das Warzenschwein von heute wird seit 2 Millionen Jahren angetroffen, das Zebra seit 1,9 Millionen, daß Flußpferd seit 1,8 Millionen Jahren. Spannend zu verfolgen ist die Mikroevolution bei Tieren, deren Reste in allen Horizonten vorkommen. Bei den Zähnen von Elefanten und Schweinen etwa beobachtet man eine Zunahme der Größe und der Widerstandsfähigkeit; in drei Millionen Jahren verdreifachen bei den Schweinen die hintern Mahlzähne ihre Abmessungen. Der vermutliche Grund: Umstellung der Ernährungsweise, von der Baumäsung (Blätter, Zweige) auf Bodenäsung (Kräuter und Gräser mit unvermeidlichen, den Abrieb fördernden Beimengungen: Sand und Erde). Daß die Umstellung unfreiwillig war, deutet die Pollenanalyse an: sie belegt zunehmende Austrocknung, ein allmähliches Degenerieren der Savanne zur Steppe.

Der Omo-Kalender, der den Entwicklungsstadien bestimmter Arten ein genaues Alter zuweist, wird sich in Zukunft zur Vergleichsdatierung von andern Fundstellen auf dem afrikanischen Kontinent, bei denen die Kalium-Argon-Methode undurchführbar ist, als hilfreich erweisen. In der Betrachtung der Australopithecinen ist heute mit dem Nachweis ihrer «Kulturfähigkeit» der Rubikon zwischen menschenähnlichen Affen und affenähnlichen Menschen, zwischen Noch-Affen und Schon-Menschen, überschritten. Einer zuverlässigen Datierung namentlich der südafrikanischen Fundorte mit Australopithecinen, die keine «eingebaute» Zeitskala haben wie die «Omo Beds», kommt daher gesteigerte Bedeutung zu.

Freilich, die Bedeutung der «Omo Beds» als Bezugspunkt für die Kalibrierung anderer Fundstellen hängt stark davon ab, ob es gelingt, die Abweichungen in den Zeitangaben für die Funde am Unterlauf des Omo und östlich des Rudolfsees befriedigend zu erklären. Zwischen den beiden fossilhöffigen Gebieten gibt es keine geographische Grenze, vergleichbare Faunenschnitte müßten daher das gleiche Alter haben. Diese Erwartung wird enttäuscht: östlich des Rudolfsees liegen Altersangaben für genau die gleiche Vergesellschaftung von Fossilien durchwegs 500000 Jahre höher. Auf einer Gipfelkonferenz im Sommer 1973 suchten Physiker, Anthropologen, Paläontologen und Prähistoriker die als peinlich empfundene, weil wissenschaftlich anstößige Ungleichheit aus der Welt zu schaffen. Die Arbeitstagung endete jedoch ohne greifbares Ergebnis.

Vom Omo gelangten bisher 30 Tonnen Fossilien in europäische, amerikanische und afrikanische Laboratorien. Über deren Bedeutung sagt die Waage freilich nichts aus. Wissenschaftlich wiegen am schwersten die leichtesten: drei Bruchstücke des Gehirnschädels, sieben Unter- und zwei Oberkieferknochen, ein Wirbel, einige Röhrenknochen sowie über 200 Zähne von Urmenschen. Am Omo müssen sich die Paläontologen – anders als etwa östlich des Rudolfsees – mit Fragmenten begnügen: es handelt sich meist um Flußablagerungen (und nicht um solche in einem See), die Fossilien sind daher «gerollt». Unter den bisher geborgenen Resten von Hominiden tritt die aus Südafrika und der Oldoway-Schlucht bekannte Typenpolarität zutage: auch am Omo gibt es – in schematischer Vereinfachung – neben einem robusten Vegetarier und Waldbewohner (Leakeys «Nußknackermenschen») einen grazilen Fleischfresser und Savannenbewohner (Leakeys *Homo habilis*). Die Forschung ringt noch um ein Verständnis dieser Zweiheit, aber nicht nur um sie: die genaue Stellung dieser werkzeugmachenden Menschenvorläufer überhaupt im Vorfeld des Jetzt-Menschen ist noch nicht genügend geklärt.

Der Urmensch ist am Omo auch als Gerätehersteller bezeugt. Chavaillon fand 1969 eine 2,1 Millionen Jahre alte «Kulturschicht» – in Chavaillons Deutung die Reste eines Lagerplatzes von Australopithecinen. Sie lieferte außer Geröllgerät Stücke bearbeiteter Knochen. 1971 stieß auch die amerikanische Gruppe auf zwei nur wenig jüngere «Kulturschichten». Auch außerhalb solcher archäologischer Horizonte finden sich immer wieder Abschläge aus Quarz mit Bearbeitungs- und Verwendungsspuren. Da Abschläge bei der Herstellung von Geröllgerät entstehen, fragen sich die Prähistoriker jetzt, wem die Ehre zufällt, die ersten Steinwerkzeuge des Urmenschen gewesen zu sein: den zugehauenen Geröllstücken – oder etwa den Abschlägen. Chavaillon: «Die alte Frage, wer wem voranging: Henne oder Ei...»

Eine neue Fundstelle, «Omo 123», lieferte Chavaillon im Jahr 1973 neunhundert Artefakte; auf einen Quadratmeter Grabung entfielen bis zu 191 Abschläge mit Bearbeitungs- und Benutzungsspuren sowie kleinere und größere Klingen aus Jaspis, Basalt, Quarz und Quarzit – eine sensationelle Funddichte. Anzeichen sprechen dafür, daß man es mit einem zwei Millionen Jahre alten Lagerplatz des Urmenschen zu tun hat. Aber repräsentieren die Funde eine vollständige Steinindustrie, oder sind sie nur die Abfälle? Einiges deutet auf die erste Möglichkeit hin. Aber die meisten Geräte messen nur nach Millimetern. Sie sind viel zu klein, um mit ihnen Wild zu jagen, abzuhäuten und zu zerlegen. Dagegen taugten sie zum Schaben von Wurzeln und Stengeln. Vielleicht, spekuliert Chavaillon, hat man es also hier mit dem Lagerplatz ausschließlich vegetarisch lebender Wesen zu tun. Das Fehlen von Knochenresten stützt diese Theorie zusätzlich. (In Malkā Qunṭurē – Bild 1 – erlaubt der Befund keinen Zweifel daran, daß die altsteinzeitlichen Bewohner Jäger und Fleischesser waren.)

Der Rudolfsee wurde, als letzter der großen afrikanischen Seen, erst 1888 entdeckt. Noch heute gehört die Dreiländerecke an seinem Nordende zu den am wenigsten bekannten Gebieten Afrikas. Die politische Präsenz Äthiopiens, des Sudans und Kenyas ist hier offenbar zu dünn, um Kriege unter den ansässigen Stämmen (um den Besitz von Vieh) verhindern zu können. Jedenfalls hatten anderthalb Monate vor meinem Besuch am Omo die Dasaneč die Nyangatom überfallen; auf der Stätte des Gemetzels bleichten, von Ameisen, Hyänen und Geiern kahlgefressen, 300 Skelette, meist von Frauen und Kindern. Und die Nyangatom, die vorübergehend in den Wald geflüchtet waren und die Ernte den Vögeln überlassen hatten, bereiteten bereits den Rachefeldzug vor. (Sie führten ihn im Folgejahr auch aus: die Vendetta verödete vollends das Land.)

Coppens vervielfacht nach Möglichkeit die wissenschaftliche Ergiebigkeit, die ein logistischer Stützpunkt in dieser Wildnis haben kann. Zu seinem Team gehören auch Parasitologen und Zoologen, die sich mit der rezenten Fauna beschäftigen. Und ein anderes Mitglied der Gruppe, der Ethnologe Serge Tornay, ein Frankreich-Schweizer, der an der Université de Paris (Nanterre) lehrt, lebt mit seiner Frau in einem Kral der Nyangatom – wie unter Urmenschen unserer eigenen Zeit.

207
Ein Nyangatom-Mädchen auf dem Weg zur Wasserstelle, die Schöpfkalebasse unter dem Arm. Sein Lederschmuck, mit Plättchen und Perlen aus Straußeneischale besetzt, zeigt an, daß es im heiratsfähigen Alter steht. Die Nyangatom, ein nilotisches Splittervolk von 5000 Seelen, leben am Westufer des Omo und entlang dem Unterlauf des Nakua (auch Kibiš-Fluß genannt) hauptsächlich von der Viehzucht. Ihre Wanderungen erstrecken sich bis zu den Moruankipi-Bergen im Sudan. Stammesführer scheinen sie keine zu kennen. Innerhalb der Großfamilie gilt das Recht der männlichen Erstgeburt. Der erstgeborene Sohn erbt die Familienherde und verheiratet seine jüngeren Brüder nach seinem Willen und Gutdünken.

208–211
Der Nakua, ein intermittierender Fluß an der Grenze Äthiopiens zum Sudan, wird in der Trockenzeit zum Schauplatz verzweifelter Wassersuche. Um bis zehn Meter sinkt der Grundwasserspiegel ab. Nyangatom-Mädchen stemmen das Wasser in Kalebassen an den Rand der künstlich ausgehobenen Löcher und füllen Tröge, aus denen die Tiere trinken. Vertiefen der Brunnen und Wasserschöpfen sind Schwerarbeit: soeben abgelöste junge Frauen, am Ende ihrer Kräfte, sind auf ihren Kalebassen eingeschlafen. Bei der ersten Flut stürzen die Brunnen ein.

212
Die Fossilien führenden Ablagerungen am Omo fallen von Osten nach Westen ein; die Aufnahme zeigt deutlich die Tuff-Abdekkung der einzelnen Hügel. Wegen der Schrägkippung der Sedimente bedeutet im Feld «westlich» soviel wie jünger, «östlich» soviel wie älter. Eine so mächtige Serie von Sedimenten konnte nur in einem Graben zustande kommen: die Ablagerungen sackten periodisch längs Verwerfungsspalten ab.

213
Ein Expeditionsmitglied legt den 2,5 Millionen Jahre alten Stoßzahn von einer ausgestorbenen Elefantenart frei.

214
Expeditionsleiter Yves Coppens vor dem ausgewitterten Schienbein-Fragment eines jungen Elefanten. Das Schienbein (von der ausgestorbenen Art *Elephas recki*) ist 3,5 Millionen Jahre alt.

215
Der Ethnologe Serge Tornay hat die Sprache der Nyangatom erlernt – und kann darum die Angebote diskutieren, die ihm die Eingeborenen für seine Frau Marie-Martine machen: 10 Kühe – das ist hier viel, wo sonst der Brautpreis für ein Mädchen um 5 Rinder pendelt. Allerdings: ein Gewehr kostet am Nakua wenigstens 30 Rinder und jeder Schuß den Dreißigstel eines Rinds.

216
Typische Omo-Funde: Eckzahn und Mahlzahn von Urmenschen; bearbeiteter und benützter Quarz-Abschlag. Alter: 2 Millionen Jahre.

217
Jean Chavaillon (links) bespricht mit dem Expeditionsleiter ein Problem seiner Grabung. Auf 15 Quadratmetern barg er hier nur 30 Abschläge aus Quarz. Alter: zwischen 1,95 und 1,99 Millionen Jahre. Eine später neu angesetzte Grabung steigerte die Fundquote bis auf 191 Artefakte pro Quadratmeter.

218
Die französische Gruppe der Internationalen Omo-Expedition verläßt sich auf örtlich rekrutierte Grabungsarbeiter: Dasaneč mit lehmverschmierten Kappenfrisuren (auf dem Bild mit Frau Coppens). Als Grabungsarbeiter haben sich die Dasaneč besser bewährt als die Nyangatom: im Unterschied zu diesen erschienen sie auch dann weiter zur Arbeit, wenn sie bereits einige Dollar verdient hatten.

219
Termitennester mit ungewöhnlich hohen Kaminen – wahrscheinlich das Werk der im tropischen Afrika weit verbreiteten Art *Macrotermes subhyalinus* – punktieren die Dornbuschsavanne im untern Omo-Tal (und ganz Süd-Äthiopiens).

220
Mit Schafen und Ziegen unterwegs zwischen Weide und Kral: ein Dasaneč-Hirte. Die Dasaneč, ein kuschitisches Volk von 13000 Seelen, leben südlich der Nyangatom, auf beiden Ufern des Omo und in seinem Delta. Genauso wenig wie die Nyangatom kennen sie Töpferei und Weberei; und wie die Nyangatom sind sie hauptsächlich Hirtennomaden und Viehzüchter. Beide Völker liegen miteinander in ständigem Krieg.

221
Omo-Mäander: zwei Gehstunden schaffen manchmal auf dem Landweg die Verbindung zwischen zwei Punkten, die auf dem Fluß per Motorboot eine Tagreise auseinanderliegen.

222
Ein von Dornenhecken eingezäuntes Dorf der Dasaneč nahe dem Rudolfsee. Die Einfriedungen für das Großvieh an der Peripherie sind geheiligte Orte: dort werden die Männer begraben. Ziegen und Schafe nächtigen in kleinen Hürden bei den Hütten. Der Schattenwurf ihres Pfahlrosts (zum Schutz gegen Feuchtigkeit und Ratten) hebt die Hirsespeicher von den Wohnhütten – Matten und Felle über einem Gerüst aus Ästen und Zweigen – ab.

209-210

212

213-214

215

216-217

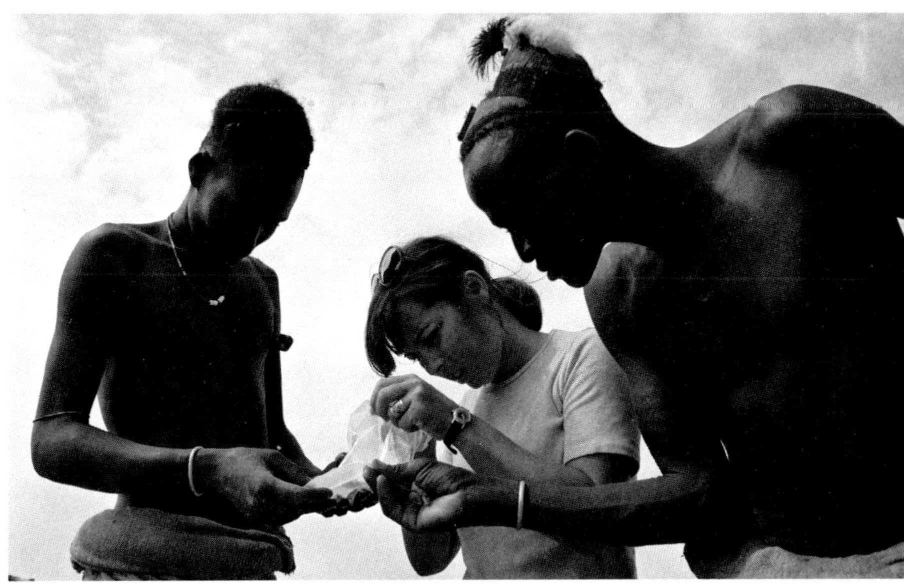

218

219

220

221

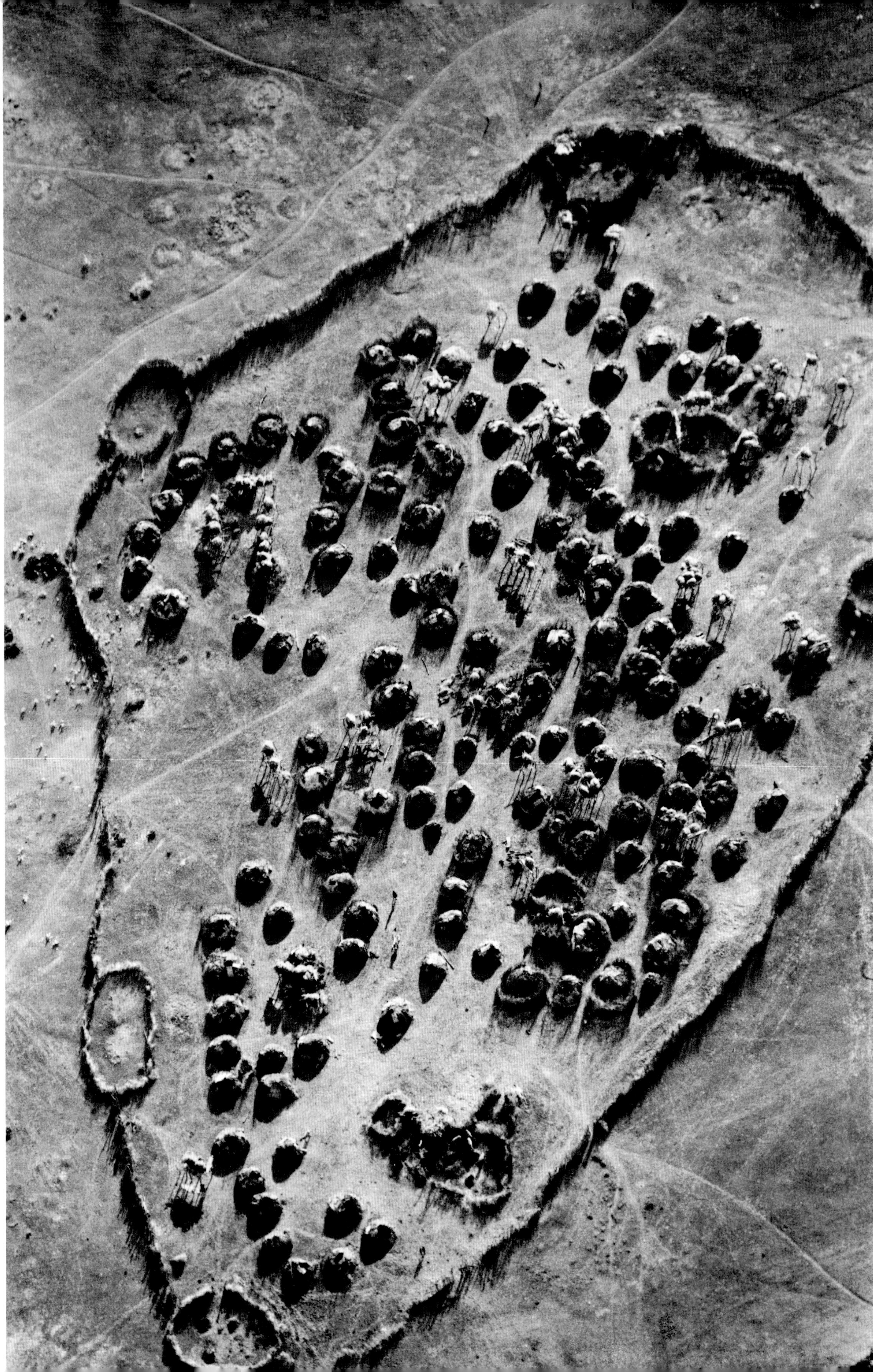

DIE TOTENMÄLER DER ARUSI UND DER KONSO

Monumentale Denkmäler für die Toten sind eine Spezialität Süd-Äthiopiens, späte Zeugnisse einer «Kultur der großen Steine», eines megalithischen Substrats, das die südarabischen Einwanderungswellen auch im Norden des Landes nicht ganz zugedeckt haben. Nirgendwo stehen heute diese Zeugnisse dichter als im Land der Arusi, eines Gallavolkes, und dem Land der Konso. Stelen und Statuen feiern stets den «Helden» und «Töter».

Das Stelengrab kommt allerdings nur in einem verhältnismäßig kleinen Teil des Verbreitungsgebiets der Arusi Galla vor – gegeben etwa durch den äthiopischen Anteil am ostafrikanischen Grabenbruch zwischen dem Šālāsee im Norden und dem Awāšāsee im Süden, rund um den Marktflecken Šāšamanē. Für das nur begrenzte Vorkommen der Megalithe haben auch die Arusi keine Erklärung – wie überhaupt die große Mehrheit der Bevölkerung den Stelen, selbst dort, wo sie noch heute welche errichtet, mit echter (oder auch aus Verlegenheit gespielter?) Verständnislosigkeit gegenübersteht.

In dem angedeuteten Gebiet des Arusilandes braucht man nicht lange nach den Stelengräbern zu suchen. Sie liegen in Sichtweite vielbegangener Pfade; die «Sichtbarkeit» ist eine wichtige Forderung an die Grabanlage. Beim traditionellen Grab umstehen wenigstens vier Stelen – in zwei Paaren, «Toren» – einen aus Felsschutt aufgeschütteten Tumulus. Zwischen dem Hügel und den Steinen wachsen Bäume oder Sträucher; vielfach hält noch, jedenfalls zeitweilig, bis er in der Regenzeit verrottet, ein aus Bambus geflochtener Zylinder das Grünzeug zusammen. Die dem Grab abgewandte Außenseite der Stelen trägt Ritzungen. Zu dem ältesten Bestand der dabei verwendeten Muster gehören offenbar Kerbungen, bei denen die Kreise und Linien immer in Dreiheit auftreten. Eike Haberland vermutet wohl zu Recht (in seiner erschöpfenden Darstellung der Galla Süd-Äthiopiens) den ursprünglichen Mitteilungscharakter dieser Zeichen: Sie verrieten etwas von den Taten und vom Reichtum des Toten. Jetzt dienen sie als reine Schmuckmotive, um neue Ritzmuster erweitert. Bei der Dekoration neuerer Steine werden die abstrakten Muster oft so angeordnet, daß der Eindruck eines Menschengesichts oder einer Gestalt entsteht. Andere Steine huldigen ganz offen figürlichen Darstellungen. Die Rillen sowohl der abstrakten Muster als auch der figürlichen Bemühungen werden meist eingefärbt. Die Schwierigkeit, alte und neue Steine zuverlässig zu unterscheiden, hängt einmal mit der Unsicherheit in der Deutung der Motive und ihrer Entwicklung zusammen. Dann rührt sie aber auch von der Notwendigkeit her, die Steine, deren Ritzungen verwittern und Farben verbleichen, von Zeit zu Zeit aufzufrischen. Das geschieht meist auf einem Putz: auf ihm kann pietätvoll das alte Erscheinungsbild der Stele kopiert werden – oder der Künstler benützt die Erneuerung, um den Schmuck der Stele der Zeitmode anzugleichen. Neue Stelen werden mit der Dechsel aus weichem Tuff geformt, der hier überall ansteht. Die Arusi nennen auf Befragen die Namen von Spezialisten. Einen besonderen Ruf als Stelenmacher genießt zurzeit ein gewisser Mulugētā Śāhlu in Kofalē, eine halbe Fahrstunde östlich von Šāšamanē, an der Straße nach Gobbā. Und ebensoweit westlich des Marktfleckens, nahe der Straße nach Arbā Menč, stellt ein Ḥasan Bunta überlebensgroße archaische Rundbilder auf.

Außer vollständigen Grabanlagen – Tumulus, Bepflanzung und Stelen oder rundplastisch empfundenen Figuren – sah ich auch *einzelne* Denksteine am Weg und in der Flur, Ehrenmäler für meist inschriftlich genannte Verstorbene, ohne Bestattung in unmittelbarer Nachbarschaft der Stele.

Seit langem missioniert unter den Arusi der Islam mit Erfolg – und neuerdings macht nun auch, im Gleichschritt mit der politischen Amharisierung, das Christentum orthodox-äthiopischer Prägung Proselyten. Doch berührt der Übertritt der Arusi zu einem neuen Glauben Deutung und Anlage der Stelengräber erstaunlich wenig. Christianisierte Galla interpretieren die herkömmliche West-Ost-Richtung des Grabes ihrem Bekenntnis entsprechend neu, aber tasten die Achse der Grabgrube und die Achse zwischen den torbildenden Stelenpaaren nicht an. Islamisierte Arusi richten sie zwar nach Mekka aus, sind aber merkwürdigerweise, trotz der Bildfeindlichkeit ihrer adoptierten Religion, die treibende Kraft bei der jetzt üblichen figürlichen Ausschmückung der Grabmäler. Bei den islamisierten Arusi trifft man zudem häufig auf Mischformen in der Grabanlage: die für die Friedhöfe des Nahen Ostens kennzeichnenden kubischen Formen des Graboberbaus, wohl in Abwandlung der Kaaba, vergesellschaften sich oft mit der traditionellen Steinsetzung.

Die Formen des Stelengrabes mögen sich wandeln, aber die Bedingungen, die an die Auszeichnung durch geschmückte Stelen geknüpft sind, haben sich kaum geändert. Bloße Notorietät und Notabilität genügen nicht. Das Stelengrab bleibt dem Töter und dem Helden vorbehalten, wobei in der Galla-Terminologie der Held definitionsgemäß ein potenzierter Töter ist: Er muß wenigstens einen Feind erschlagen oder eine von drei Arten Großwild – bei den Boranā Elefant, Büffel und Nashorn, bei den Arusi Löwe, Leopard und Elefant – erfolgreich gejagt haben. Das Recht auf das Stelengrab ist im Gada-System der Galla verankert.

Das Gada-System – ich stütze mich auf die Darstellung Haberlands – organisiert das Leben der Galla starr in zehn sich folgenden Klassen zu je acht Jahren. Jeder Klasse entsprechen feste Rechte und Pflichten, bestimmte Einstellungen und Haltungen im sozialen, wirtschaftlichen, politischen und rituell-religiösen Bereich. Das Gada-System ist keine Altersklassenorganisation, wie sie aus andern Teilen Afrikas bekannt ist. In einer echten Altersklassenorganisation entscheidet das biologische Alter über die Zugehörigkeit zu einer Klasse, zum Beispiel derjenigen der Krieger. Im Gada-System dagegen entscheidet das genealogische Alter, die Stellung in der Abfolge der Generationen. Die Gada-Klassen sind keine Alters-, sondern Generationsgemeinschaften. Die Angehörigen zweier aufeinanderfolgender genealogischer Generationen sind im System stets durch fünf Klassen, d.h. vierzig Jahre getrennt, unabhängig von ihrem biologischen Alter. Der Sohn wird immer vierzig Jahre nach seinem Vater in das System aufgenommen. Zu diesem Zeitpunkt hat der Vater in der sechsten, der eigentlichen Gada-Klasse den höchsten Rang erreicht – und der Vatersvater, nochmals vierzig Jahre voraus, scheidet aus dem Gada-System aus. Um für die einzelnen Gada-Klassen einigermaßen Gleichaltrigkeit der Mitglieder sicherzustellen, müßte die Gada-Ordnung eine strenge Geburtenregelung durchsetzen. Das tut sie auch – zum Teil: zwar heiratet der Mann nach Vollendung der vierten Klasse, aber er muß weitere acht Jahre warten, bis er Söhne aufziehen darf; Söhne, die ihm vorher geboren werden, muß er aussetzen. Ursprünglich anerkannte das System wohl überhaupt nur Söhne, die nach der sogenannten Vaterschaftszeremonie in den acht Jahren der Zugehörigkeit des Vaters zur Gada-Klasse auf die Welt kamen. Später erlaubte die Gada-Ordnung dem Mann nach der Vaterschaftszeremonie unbeschränkt lange Kindersegen – mit dem Erfolg, daß das System prompt überalterte und durcheinandergeriet. Jetzt gibt es reife Männer in der Kinderklasse und Wickelkinder in der Klasse der Krieger – und mancher Junge wird gleich in die Klasse der Ruhestands-Anwärter, oder überhaupt außerhalb des Systems geboren, wenn im Zeitpunkt seiner Geburt sein Vater durch generationenlange «Verspätung» bereits mehr als fünf Klassen jenseits der letzten ist. Man kann, wenn man will, über das Gada-System als bloßen Zahlenkrampf, als ein abwürgendes Zahlenkorsett lamentieren. Asmarom Legesse wies jedoch neuerdings in einer Studie auf Werte dieser künstlichen Sozialordnung hin, die allzu leicht übersehen werden: Entschärfung des Generationenkonflikts – durch Trennung von Vater und Sohn sowohl als auch durch die Altersmischung in den generations-gleichen Klassen, in denen jeder ungeachtet seiner Jahre gleichberechtigtes Vollmitglied ist.

Der Grad des Töters ist im Gada-System ein notwendiger Durchgang zur vollen Mannhaftigkeit. Dabei genügt es, daß auf den vorgeschriebenen Töterzügen *ein* Feind erschlagen wird: zwar wird dafür nur der eigentliche Töter verherrlicht, aber sein Ruhm glänzt über seiner ganzen Gada-Klasse, die damit ihr Tötungs-Soll erfüllt hat. Diese Auslegung des Tötungsgebots ist freilich schon restriktiv und nimmt Bedacht darauf, daß Tötungsmöglichkeiten selten geworden sind. Der allgemeine Landfrieden im äthiopischen Reich untersagt selbstverständlich Menschentötungen – und selbst Ersatz-Tötungen von Großwild scheitern an Jagdvorschriften und Wildschutz. Die Verhältnisse lagen ganz anders im 16. und 17. Jahrhundert. Auf ihren Töterzügen eroberten die Galla halb Äthiopien; die Gada-Vorschrift, daß jeder Töterzug sich eine neue, bisher unversehrte Siedlung zum Überfall aussuchen muß, dynamisierte ihr Vordringen.

In der strengen Fassung des Gada-Systems ist das Ausscheiden aus ihm gleichviel wie vorweggenommenes Sterben. Ein Arusi, der alle Gada-Grade hinter sich gebracht hat und altershalber aus dem System entlassen wird, verliert das Recht auf das Stelengrab, unabhängig davon, ob er einst ein Töter war oder nicht. Außerhalb des Gada-Systems überlebt er sich sozusagen selber. Nicht einmal ein schmuckloser Steintumulus oder Erdhügel steht ihm nach dem Ableben zu; wie Kinder im Milchzahnalter, die noch nicht in das Gada-System aufgenommen sind, wird er im Viehkral unter dem Miststock zur letzten Ruhe gelegt. Auch Kinderlosigkeit ist ein Grund für die Verweigerung des Stelengrabs. «Nur die Zweiheit von Zeugen und Töten, die erst den vollen Mann ausmacht, berechtigt zum Errichten einer vollständigen Grabanlage, bei der die Zahl der Kinder für die Zahl der Steine eine Rolle spielt. Viele Adoptionen werden nur deshalb vorgenommen, um ein ordentliches Grab zu bekommen.» (Haberland)

Der arithmetische Griff, der das soziale und individuelle Leben jedes Galla regelte, verliert allmählich an Kraft. Das Gada-System als verpflichtende Institution kennen heute noch die Boranā, das südlichste Gallavolk, und deren nördliche Nachbarn, die Guği. Bei den Arusi lebt es jedoch nur in Restelementen fort, entsprechend selten sind neuerrichtete Grabstelen. Ohnedies sehen die Behörden diese Gräber nicht gern; im modernen Äthiopien ist kein Platz für den Töter, und nicht einmal der Umstand, daß die Arusi ihrer rituellen Tötungspflicht schon lange ausschließlich auf der Großwildjagd nachgekommen sind, nimmt den triumphierenden Mälern ganz das Odium des Bedrohlichen. Sie bleiben Steine des Anstoßes.

Die große Mehrzahl der Arusi-Stelen ist ein Teil der Grabanlage; reine Denksteine abseits von der Bestattung sind die Ausnahme. Bei den Konso verhält es sich genau umgekehrt: die Holzfiguren, die große Tote ehren, sind fast ausnahmslos reine Erinnerungsmäler. Sie stehen gruppenweise am Dorfausgang, an Wegkreuzungen und am Rand von Versammlungs- und Festplätzen, räumlich getrennt von dem Grab. Auch im Material unterscheiden sich die Totenmäler der Arusi und der Konso. Die Arusi, denen wie allen Galla Steinbearbeitung eigentlich fremd ist, errichten Steinstelen. Die Konso, mit ihren Steinterrassen und Stauteichen im Fels ein Volk megalithischer Tradition, stellen ihre Totenfiguren aus termitenfestem Wacholderholz *(Juniperus procera)* her. Nur gelegentlich ergänzt ein Menhir, ein «Stein der Mannhaftigkeit» die Gruppe der Holzfiguren.

Die Konso (Bilder 68–72) haben eine dem Gada-System der Galla verwandte Ritualverfassung; auch sie klassieren Generationen und nicht Lebensalter. Die Herkunft dieses Systems ist ungeklärt. Denkbar ist, daß es die Konso, die enge rituelle und wirtschaftliche Beziehungen zu den Boranā unterhalten, von den Galla übernommen haben. C.R. Hallpike, der als erster diese Generationsklassenorganisation bei den Konso im Detail darstellte, warnt allerdings vor leichtfertigen Vereinfachungen. Sicher ist, daß auch die Totenmäler der Konso den Töter, den Helden – ganz im Sinne der Galla – verherrlichen. Der Verstorbene steht in der Mitte der Gruppe. Über die Bedeutung der Nebenfiguren gehen die Meinungen zum Teil auseinander. In der mir zugänglichen deutschsprachigen Literatur werden alle Nebenfiguren als erschlagene Feinde gedeutet. Demgegenüber sagten mir die Konso (und auch Hallpike scheint die gleiche Auskunft erhalten zu haben), daß zur Linken des Toten seine Frauen, nur zur Rechten seine Feinde dargestellt seien.

Möglichste Gleichaltrigkeit der Generationengefährten in jeder Klasse streben auch die Konso mit rigoroser Geburtenregelung an. Das System fordert die Abtreibung von Kindern, die in der Abfolge der Klassen zur Unzeit zur Welt kämen. Hallpike fragt allerdings, ob wirklich die Geburtenregelung das arithmetische Schema schützen müsse – oder ob vielleicht gar das Schema dazu da sei, um die Geburtenregelung, die jeweils einer Generation vorbehaltene Fortpflanzung durchzusetzen. Das System belegt die Söhne mit Heirats- oder jedenfalls Vaterschaftsverbot, bis die Väter fertig gezeugt haben. Dementsprechend ist dem Sohn jede Frau aus der Klasse des Vaters verboten: sie ist, generationengleich mit dem Vater, gewissermaßen seine Mutter. Die Konso sind überzeugt, daß es unziemlich, ja katastrophal ist, wenn Söhne und Väter zur gleichen Zeit Kinder bekommen. «Dann schickt Gott keinen Regen.»

223
Islamisches Grab der Arusi Galla. Der Grabhügel aus aufgehäuften Steinen, eingefaßt von Opuntien, verschwindet unter dem Bewuchs. Auf dem Tumulus in Stein die Statue des Verstorbenen, mit den Attributen des Töters und Helden (Bild 235).

224
Die Ausnahme von der Regel: ein Denkstein ohne Bestattung in der Nähe.

225–234
Grabanlagen der Arusi. Ein Grab (227) mit noch unverrottetem Bambus-Zylinder zwischen Grabhügel und Steinen. Figürliche Darstellung des Verstorbenen sind ein Hinweis auf das islamische Glaubensbekenntnis seiner Familie.

235
Ein Arusi-Künstler bevölkert zur Zeit den Busch um Šašamanē mit überlebensgroßen Geschöpfen wie von einem fremden Stern. Sie stellen den Toten mit den Attributen des Töters und Helden dar: Patronengurt an gekreuzten Schulterriemen; Dolch.

236
Bemalter Töterstein eines Arusi-Grabs: der Verstorbene mit Patronengurt und Waffe in der Linken hinter seiner Jagdbeute, einem Leoparden. Das Sonnenrad unter dem Tier gehört zum klassischen Zeichenbestand dieser Steine.

237
Verwitternde Figurengruppe am Eingang eines Konsodorfs: der Töter zwischen seinen Frauen und erschlagenen Feinden. Das über ihnen anfänglich errichtete Strohdach ist zerfallen, die ursprüngliche (rote) Bemalung der Figuren abgewaschen, die Zähne aus feingeschnitzten Ziegenknochen ausgefallen, die ehedem mit einem Stückchen Straußeneischale blitzenden Augen erblindet... Monumentalität und Ewigkeitsblick fallen den Totenfiguren aus der Vergänglichkeit des Materials zu.

238
An vielbegangenen Wegen in der Nähe eines Konsodorfs drängen sich die Figurengruppen. Der Töter erscheint stets mit dem phallischen Stirnschmuck (der den Penis eines erschlagenen Feindes versinnbildlicht) und den Halsketten, die ihn als erfolgreichen Jäger und Opferer beglaubigen. Als einziger der Männer wird er mit den Geschlechtsteilen dargestellt; seinen Feinden fehlen sie, er hat sie ihnen ja abgeschnitten. Gelegentlich wird das weibliche Geschlecht der Figuren zu seiner Linken hervorgehoben. Zu der Gruppe der Menschenfiguren gehören meist auch Stäbe und nichtfigürliche Hölzer, die Auskünfte über die von dem Verstorbenen erbeuteten Speere, Lanzen, Langschilde, über seine soziale und rituelle Stellung und seinen Reichtum verschlüsseln. Kleine Steine, die zu seinen Füßen einen Steingarten bilden, symbolisieren die Zahl der Grundstücke, die er zeit seines Lebens erworben hat. Daß er reich war, weiß freilich jeder vorübergehende Konso ohnedies: eine solche Figurengruppe ist horrend teuer. Die wenigen Schnitzer, die zum Anfertigen der Figuren befähigt (und berechtigt) sind, lassen sich viele Monate Zeit. Die Sitte schreibe vor, heißt es, daß sie während ihrer Arbeit ständig betrunken sind – eine Bedingung, die sich auf den Preis und manchmal auch auf die Qualität auswirkt.

239
Gruppe am Rande eines Festplatzes: die Figur zur Linken des Verstorbenen – nach der Deutung der Konso wäre es seine erste Frau – hat den Halt verloren und lehnt gegen seine Schulter. Hinter dem Verstorbenen ragt ein Reichtumsstab auf: die Zahl der eingekerbten Schwellungen teilt angeblich mit, wieviele große Kornspeicher der Tote besaß.

240
Der Verstorbene aus einer noch wenig verwitterten Gruppe, mit dem vorgeschriebenen Halsschmuck, dem phallischen Stirnband und der Töterfrisur.

224

225-226

227

228-229

230

231-232

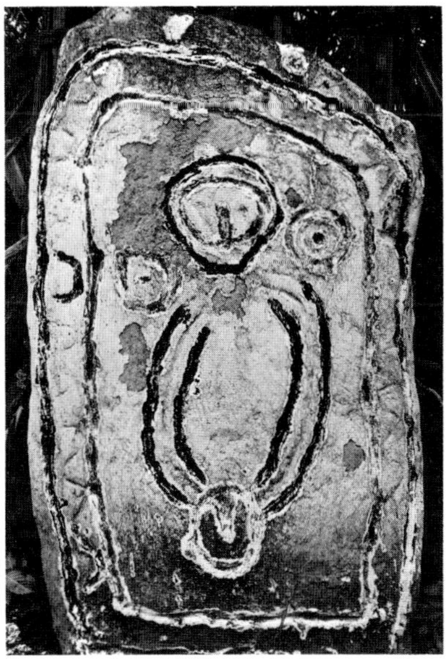

233-234

KARTE

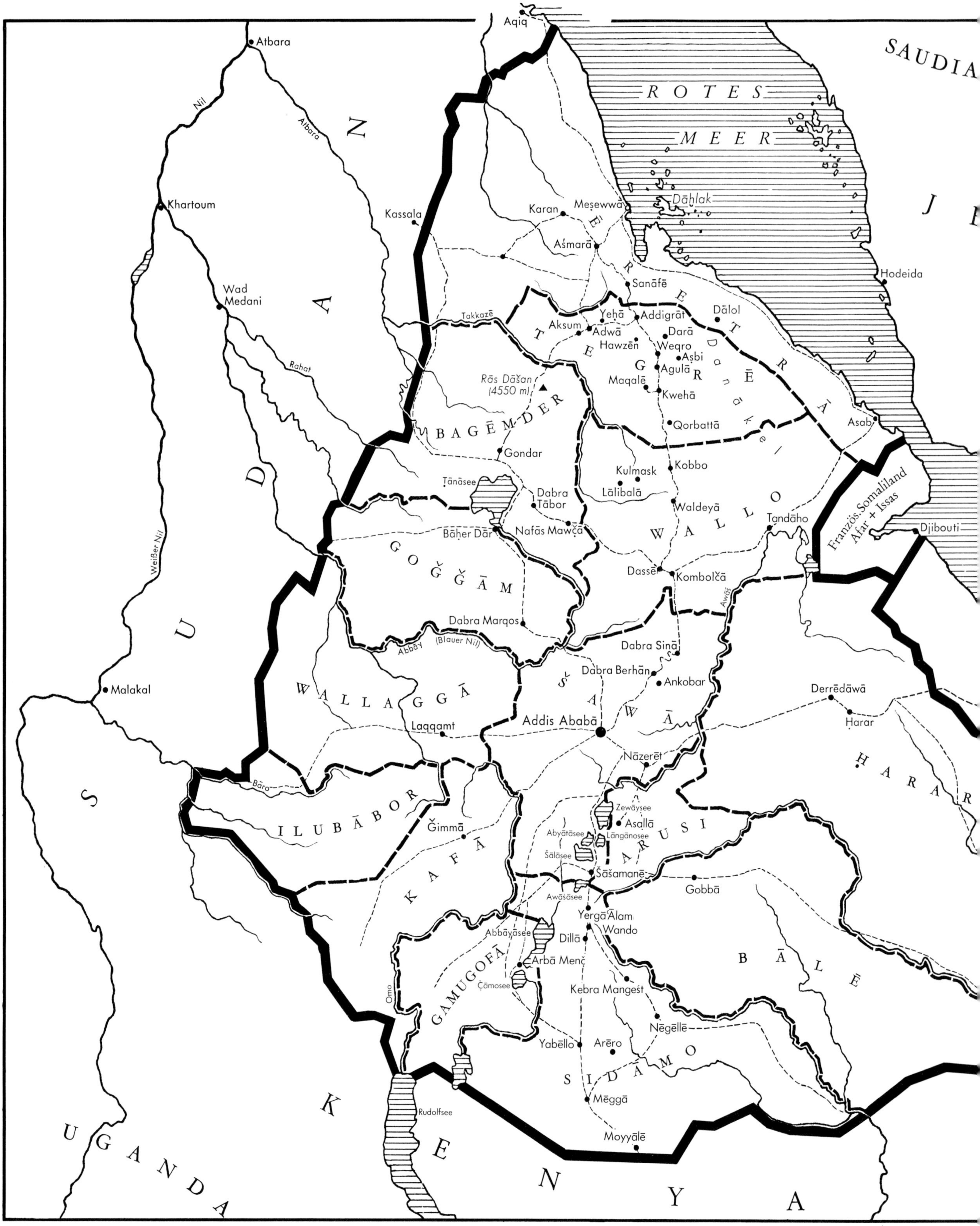

SAUDIA
ROTES
MEER
Dāhlak
J
Aqiq
Atbara
Nil
Atbara
Khartoum
Kassala
Karan
Meṣewwā
Aśmarā
Hodeida
Wad Medani
SUDAN
Sanāfē
Takkazē
Yeḥā
Addigrāt
Dālol
Aksum
Adwā
Darā
Hawzēn
Weqro
Aṣbi
Rahat
TEGRĒ
Agulā
Maqalē
Rās Dāšan (4550 m)
Kwehā
Danākel
ERETRĀ
Asab
BAGĒMDER
Qorbattā
Gondar
Kulmask
Kobbo
Ṭānāsee
Dabra Tābor
Lālibalā
Waldeyā
Französ. Somaliland Afar + Issas
Djibouti
WALLO
Tandāho
Bāher Dār
Nafās Mawčā
Weißer Nil
GOǦǦĀM
Dassē
Kombolčā
Awāš
Dabra Marqos
Abbāy (Blauer Nil)
Dabra Sinā
Dabra Berhān
Ankobar
Malakal
WALLAGGĀ
ŠAWĀ
Derrēdāwā
Harar
Addis Ababā
Laqqamt
Nāzerēt
HARAR
Bāro
ILUBĀBOR
Zewāysee
Asallā
Abyātāsee
Lāngānosee
Šālāsee
ARUSI
Ǧimmā
KAFĀ
Šāšamanē
Gobbā
Awāsāsee
Yergā Ālam
Wando
Abbāyāsee
Dillā
BĀLĒ
Arbā Menč
GAMUGOFĀ
Čāmosee
Omo
Kebra Mangeśt
Nēgēllē
Yabēllo
Arēro
SIDĀMO
Mēggā
Rudolfsee
Moyyālē
UGANDA
KENYA

Äthiopien und seine Provinzen

NACHWEISE

Zur Schreibweise äthiopischer Wörter

Um äthiopische Sach-, Orts- und Eigennamen genau wiederzugeben, wird in diesem Werk grundsätzlich das System der Transliteration verwendet, mit der Möglichkeit der Wiederherstellung der äthiopischen Originalform. Professor Ernst Hammerschmidt, Hamburg, besorgte die konsequente Umschrift; lediglich den Glottalstop ' am Wortanfang bezeichnet er nicht: Addis Ababā steht also für 'Addis'Ababā. Eine weitere Abweichung vom Prinzip der reinen Transliteration besteht in der Doppelung von Konsonanten (etwa bb, nn), um ihre Längung bei der Aussprache des betreffenden Wortes anzudeuten; die äthiopische Schrift bezeichnet die Längung nicht. Zugegeben: die Umschrift verfremdet halbwegs vertraute Wortbilder – das Ergebnis wilder Umschreibungen und inkonsequenter Umschriften englischer, französischer und italienischer Herkunft! Die unvermeidliche Verfremdung ist der (niedrige) Preis für die Klarheit zu wissen, wovon man spricht. Nur ein Beispiel: der Ort in Tegrē, dessen Name in folgerichtiger Umschrift Weqro lautet, erscheint in der (seriösen!) Äthiopienliteratur als Agroo, Corou, Uogoro, Ucrò und Woghoro. Ordnung kann da nur die Transliteration schaffen...

Zur Aussprache der Zeichen (ich folge E. Hammerschmidt, Äthiopien, Wiesbaden 1967): ä wie a in «Gast»; a je nach Stellung wie «-er» in «Messer» (Berliner Aussprache) oder wie ä in «Gäste». Das Zeichen č steht für tsch in «Tscheche», ǧ für g in englisch «gin». s und ś fallen in der Aussprache zusammen: wie ß in «Straße». š ist sch in «Schau», z wie s in «Hase», ž wie j in französisch «jour». ' und ʿ (Glottalstop) bezeichnen den harten Einsatz: norddeutsch «Ver'ein». ç, p̣, ṣ, ṭ, q stehen für ein explosiv gesprochenes tsch, p, s, t, k.

Die benützte Literatur und andere Informationsquellen

Das nachfolgende Literaturverzeichnis erhebt nicht den Anspruch, eine vollständige Bibliographie zu den verschiedenen Themen zu sein, sondern will nur für Anregungen danken und ausgewählte Lesehinweise geben. Die bibliographischen Hilfsmittel verzeichnet *Hammerschmidt, E.:* Äthiopien, Wiesbaden 1967.

ASPEKTE

Die Landesnatur in Grundzügen
Abul-Haggag, Y.: A Contribution to the Physiography of Northern Ethiopia, London 1961. *Behrens, S.:* Physical Environment and its Significance for Economic Development with special Reference to Ethiopia, Lund Stud., in: Geogr. Ser. C, No. 10, 1971. *Büdel, J.:* Klima-morphologische Arbeiten in Äthiopien im Frühjahr 1953, in: Erdkunde 8 (1954). *Cheesman, R.E.:* Lake Tana and the Blue Nile, London 1936. *Kuls, W.:* Beiträge zur Kulturgeographie der südäthiopischen Seenregion, in: Frankf. Geogr. Hefte, Jg. 32 (1958); *ders.:* Bevölkerung, Siedlung und Landwirtschaft im Hochland von Godjam (Nordäthiopien), in: Frankf. Geogr. Hefte, Jg. 39 (1963); *ders.:* Das Land und seine Bewohner, in: K.F. Schaller: Äthiopien, eine geographisch-medizinische Landeskunde, Berlin 1972. *Last, G.C.:* A Geography of Ethiopia, Addis Ababā 1963. *Mohr, P.A.:* The Geology of Ethiopia, Aśmarā 1964. *Pichi-Sermolli, R.E.G.:* Una Carta Geobotanica dell'Africa Orientale, in: Webbia Bd. 13 (1957). *Troll, C.:* Die naturräumliche Gliederung Nord-Äthiopiens, in: Erdkunde 24 (1970). *Werdecker, J.:* Das Hochgebirgsland von Semien, in: Erdkunde 22 (1968).

Einführung in die Geschichte
Cerulli, E.: La Letteratura Etiopica, Florenz[3]1968. *Conti Rossini, C.:* Storia d'Etiopia, Mailand 1928. *Doresse, J.:* L'Empire du Prêtre-Jean, 2 Bde., Paris 1957. *Greenfield, R.:* Ethiopia, London 1965. *Guèbrè Selassié:* Chronique du Règne de Ménélik II, 2 Bde., Paris 1930/31. *Haberland, E.:* Galla Süd-Äthiopiens, Stuttgart 1963; *ders.:* Untersuchungen zum äthiopischen Königtum, Wiesbaden 1965. *Hammerschmidt, E.:* Äthiopien – Christliches Reich zwischen Gestern und Morgen, Wiesbaden 1967. *Levine, D.:* Wax and Gold, Chicago 1965. *Littmann, E.:* Reisebericht, Topographie und Geschichte Aksums, in: Deutsche Aksum-Expedition, Berlin 1913. *Ludolf, H.:* Historia Aethiopica, Frankfurt 1681; *ders.:* Ad suam Historiam Aethiopicam Commentarius, Frankfurt 1691. *Perham, M.:* The Government of Ethiopia, Evanston 1969. *Straube, H.:* Westkuschitische Völker Süd-Äthiopiens, Stuttgart 1963.

Kirche und Literatur
Cerulli, E.: La Letteratura Etiopica, Florenz[3]1968. *Gerster, G.:* Kirchen im Fels, Zürich[2]1972. *Hammerschmidt, E.:* Äthiopien. Christliches Reich zwischen Gestern und Morgen, Wiesbaden 1967. *Hammerschmidt, E./Jäger, O.A.:* Illuminierte äthiopische Handschriften, in: Verzeichnis der orientalischen Handschriften in Deutschland, Bd. 15, Wiesbaden 1968. *Heyer, F.:* Die Kirche Äthiopiens, Berlin 1971. *Hyatt, H.M.:* The Church of Abyssinia, London 1928. *Ricci, L.:* Letterature dell'Etiopia, Mailand 1969. *Ullendorff, E.:* Ethiopia and the Bible, London 1968.

Die Wirtschaft im Überblick
Assefa Bequele/Eshetu Chole: A Profile of the Ethiopian Economy, Addis Ababā 1969. *Commercial Bank of Ethiopia:* The Ethiopian Economy, Addis Ababā 1970. *Gryziewicz, S./Legesse Tickeher/Mammo Bahta:* An Outline of the Fiscal System in Ethiopia, in: Ethiopia Observer, Jg. 8, Nr. 4 (1965). *Huffnagel, H.P.:* Agriculture in Ethiopia, FAO, Rom 1961. *Imperial Ethiopian Government (IEG), Central Statistical Office:* Statistical Abstract 1970, Addis Ababā 1971. *IEG:* Second Five Year Development Plan 1955–1959 E.C. (gregorianische Jahre 1963–1967), Addis Ababā 1962; *dies.:* Third Five Year Development Plan 1961–1965 E.C. (gregorianische Jahre: 1968–1973), Addis Ababā 1968. *Karsten, D.:* Problems of Industrialization in Ethiopia, in: Ethiopia Observer, Jg. 11 (1967); *ders.:* Die Ensete (falsche Banane) – ein Beispiel zur Ernährungswirtschaft in Äthiopien, in: Afrika Spektrum 1/1968; *ders.:* Evaluierung integraler Regionalentwicklungsprojekte am Beispiel zweier Projekte in Äthiopien, in: Theorie und Praxis der Infrastrukturpolitik, Schriften des Vereins für Socialpolitik, N.F., Bd. 54, Berlin 1970; *ders.:* The Economics of Handicrafts in Traditional Societies – An Investigation in Sidamo and Gemu Goffa Province, Southern Ethiopia, Afrika-Studie Nr. 79, München 1973. *Schwarz, W.L.K./Paulos Abraham/Kifle Mariam Zerom:* Industrial Investment Climate in Ethiopia, Stanford Research Institute, Menlo Park, Calif. 1968. *Stanley, S./Karsten, D.:* Industrial Development of Ethiopia, Report for the United Nations, Addis Ababā 1965; *dies.:* A Luwa Ceremony of the Garbiččo Subtribe of the Sidama (Southern Ethiopia), in: Paideuma, Bd. 14 (1968).

Völkermosaik in Süd-Äthiopien
Haberland, E.: Galla Süd-Äthiopiens, Stuttgart 1963. *Hallpike, C.R.:* The Konso of Ethiopia, Oxford 1972. *Jensen, Ad. E. (Hrsg.):* Im Lande des Gada, Stuttgart 1936; *ders. (Hrsg.):* Altvölker Süd-Äthiopiens, Stuttgart 1959. *Straube, H.:* Westkuschitische Völker Süd-Äthiopiens, Stuttgart 1963.

Agrarstruktur und landwirtschaftliche Entwicklung
Hoben, A.: Social Anthropology and Development Planning – a Case Study in Ethiopian Land Reform Policy, in: The Journal of

Modern African Studies 10, 4 (1972). *Huffnagel, H.P.:* Agriculture in Ethiopia, FAO, Rom 1961. *Imperial Ethiopian Government (IEG), Central Statistical Office:* Statistical Abstracts 1964–1971, Addis Ababā 1965ff; *das.:* Report on a Survey of... Province, Addis Ababā 1966–1968 (13 Berichte). *IEG:* Third Five Year Development Plan 1961–1965 E.C. (gregorianische Jahre: 1968–1973), Addis Ababā 1968. *IEG, Ministry of Agriculture:* A Masterplan for the Extension and Project Implementation Department of the Ministry of Agriculture, Addis Ababā 1970; *das.:* Prospects of Agricultural Development, Addis Ababā 1971. *IEG, Ministry of Land Reform and Administration:* Report on Land Tenure Survey of... Province, Addis Ababā 1967–1971 (14 Berichte). *Institute of Agricultural Research (Hrsg.):* Proceedings Annual Research Seminar, Addis Ababā 1970. *Mesfin Wolde Mariam:* An Atlas of Ethiopia, Addis Ababā 1970. *Pausewang, S.:* Die Entwicklung der gesellschaftlichen Struktur in Äthiopien, in: Zeitschrift für Kulturaustausch, Sonderheft Äthiopien, 1973. *Pankhurst, R.:* Economic History of Ethiopia, 1800–1935, Addis Ababā 1968. *Sabatini, O./Samuel, L.N.:* A Survey of Agriculture in Ethiopia, US Dept. of Agriculture, ERS-Foreign 254, Washington 1969. *Sileshi Wolde Tsadik:* Land Ownership in Hararghe Province, College of Agriculture and Mechanical Arts, Exp. Sta. Bull. 47, 1966. *Stanford Research Institute:* An Agricultural Credit Program for Ethiopia, Rep. 9, Menlo Park, Calif. 1969; *das.:* Production of Grains and Pulses in Ethiopia, Rep. 10, Menlo Park, Calif. 1969. *Voegelin, D.:* Problems of Transferring the Results of Agricultural Research to Practical Agriculture, in: Proc. Annual Research Seminar, Addis Ababā 1970; *ders.:* Probleme der Einführung produktionstechnischer Verbesserungen in die bäuerliche Landwirtschaft Äthiopiens, in: Internationales Afrika-Forum 8/3 (1972); *ders.:* Äthiopien – oder: wem nützt die Entwicklungshilfe?, in: Afrika heute 23/24 (1971); *ders.:* Survey of Jere-Area, A Socio-economic Investigation of Traditional Peasant Agriculture in Two Balabat-Areas in Eastern Wollega, Addis Ababā 1974.

AUGENSCHEIN

Anfray, F.: Les Sculptures rupestres de Chabbé, in: Annales d'Ethiopie, Bd. 7, Paris 1967; *ders.:* Yeha. Berceau d'une civilisation, in: Archeologia, Nr. 64 (Nov. 1973). *Cervicek, P.:* Rock Paintings of Laga Oda (Ethiopia), in: Paideuma, Bd. 17, Frankfurt 1971. *Chavaillon, J.:* L'Ethiopie avant l'Histoire, in: Archeologia, Nr. 61 (Aug. 1973) und Nr. 64 (Nov. 1973). *Gerster, G.:* Kirchen im Fels, Zürich²1972. *Greenfield, R.:* Ethiopia. A New Political History, London²1967. *Haberland, E.:* Verdienstfeste in Süd-Äthiopien, in: Paideuma, Bd. 6, Heft 6 (1957); *ders.:* Äthiopische Dachaufsätze, in: Jahrbuch des Museums für Völkerkunde zu Leipzig, Bd. 17/1958, Berlin 1960; *ders.:* Galla Süd-Äthiopiens, Stuttgart 1963. *Hallpike, C.R.:* The Konso of Ethiopia, Oxford 1972. *Hammerschmidt, E.:* Äthiopien, Wiesbaden 1967. *Horvath, R.J.:* Addis Ababa's Eucalyptus Forest, in: Journal of Ethiopian Studies, Bd. 6, Nr. 1 (Jan. 68, Addis Ababā). *Kuls, W.:* Addis Abeba, in: Paideuma, Bd. 6, Heft 6 (1957). *Leclant, J.:* Archäologie der äthiopischen Frühgeschichte, in: Gerster, G.: Kirchen im Fels, Zürich²1972. *Michalowski, K.:* Faras, Einsiedeln 1967. *Naigzy Gebremedhin:* Some Traditional Types of Housing in Ethiopia, in: Shelter in Africa, ed. Paul Oliver, London 1971. *Powne, M.:* Ethiopian Music, London 1968. *Raunig, W.:* Bernstein – Weihrauch – Seide, Wien 1971. *Schneider, R.:* Deux Inscriptions Sudarabiques du Tigré, in: Bibliotheca Orientalis, Leiden 1973. *Shack, W.A.:* The Gurage, London 1966. *Straube, W.:* Westkuschitische Völker Süd-Äthiopiens, Stuttgart 1963. *Trimingham, J.S.:* Islam in Ethiopia, London 1952.

BERICHTE

Die Brunnen der Boranā

Asmarom Legesse: Gada, New York 1973. *Dainelli, G.:* Il grande cratere di esplosione di Sod, in: L'Universo, Bd. 33, Florenz 1953. *Haberland, E.:* Galla Süd-Äthiopiens, Stuttgart 1963.

Salz aus Dankalien

Burek, P.J.: Die Nahtzone zwischen Arabien und Afrika, in: Umschau Jg. 73 (1973). *Mohr, P.A.:* The Ethiopian Triple-Rift Junction in Terms of Plate Tectonics, in: Bull. of the Geophysical Observatory, Nr. 13, Addis Ababā 1971. *Pankhurst, R.:* An Introduction to the Economic History of Ethiopia (from early times to 1800), London 1961; *ders.:* Economic History of Ethiopia, 1800–1935, Addis Ababā 1968. *Tazieff, H./Varet, J./Barberi, F./Giglia, G.:* Tectonic Significance of the Afar (or Danakil) Depression, in: Nature 235 (1972). *Tazieff, H.:* The Afar Triangle, in: Scientific American, Bd. 222 (1970); *ders.:* La Signification Tectonique de l'Afar, in: Revue de Géographie Physique et de Géologie Dynamique, Bd. 15, Fasz. 4, Paris 1973; *ders.:* The Erta' Ale Volcano, in: ebenda. *Varet, J.:* Recent Activity of the Erta' Ale Volcano, in: Bull. Geophys. Obs., Nr. 13, Addis Ababā 1971.
Zur Deutung der Struktur auf Bild 135: briefliche Mitt. von *Derek T. Harris* †, Los Angeles. Zur Organisation des Salzhandels: Interviews entlang der Salzstraße; mündliche Auskünfte von Kevin O'Mahoney, Addigrāt.

Hoch-Samēn, die Zitadelle Äthiopiens

Brown, L.: Ethiopian Episode, London 1965. *Werdecker, J.:* Untersuchungen in Hochsemien, Mitt. d. Geogr. Ges. Wien, Bd. 100 (1958); *ders.:* Das Hochgebirgsland von Semien, in: Erdkunde 22 (1968).
Zum Problem des Parks, des Samēn-Fuchses, des Äthiopischen Steinbocks und der Tierwelt überhaupt: mündliche Mitteilungen von *J. Müller*, Malix, und *B. Nievergelt*, Zürich.

Das Weltwunder der Lālibalā-Kirchen/Entdeckungen in Tegrē

Gerster, G.: Kirchen im Fels, Zürich²1972 (mit einer umfassenden Bibliographie zum Thema). Von den seither erschienenen Arbeiten sind wichtig: *Lepage, C.:* Premières recherches sur les installations liturgiques des anciennes églises d'Ethiopie (X–XVe siècles), in: Travaux de la Recherche Coopérative sur Programme 230 (CNRS), Faszikel Nr. 3, Paris 1972; *ders.:* Recherches sur l'Art chrétien d'Ethiopie du Xe au XVe siècle. Résultats et perspectives, in: ebenda, Faszikel Nr. 4, Paris 1973, *ders.:* Découverte d'un art étonnant: Les églises éthiopiennes, in: Archeologia, Nr. 64 (November 1973).
Die Wiedergabe der meisterhaften Architekturzeichnungen von *L. Bianchi Barriviera*, Rom, erfolgt nach den Originalradierungen, die bei der Erstveröffentlichung in einer Auflage von nur zwei Exemplaren erschienen sind: Le chiese monolitiche di Lalibelà e altre nel Lasta-Uagh in Etiopia, Rom 1948.

Auf der Suche nach Urmenschen im Omo-Tal

Informationsquellen: im Feld mündlich erteilte Auskünfte und briefliche Ergänzungen von *Jean Chavaillon, Yves Coppens, Clark Howell* und *Serge Tornay*. Die Beteiligten haben bisher nur Vorläufiges über ihre Forschungen veröffentlicht. Z.B. *Chavaillon, J.:* L'Ethiopie avant l'Histoire: une trace vers les premiers hommes, in: Archeologia, Nr. 64 (November 1973). Ein Inventar der Hominidenfunde publizierten *Howell, F.C./Coppens, Y.:* Inventory of Remains of Hominidae from Pliocene/Pleistocene Formations of the Lower Omo Basin, Ethiopia (1967–72), in: American Journal of Physical Anthropology, Bd. 40, Nr. 1 (Januar 1974). Zur Identifikation der Termitenart: briefliche Mitteilung von *Martin Lüscher*, Bern.

Die Totenmäler der Arusi und der Konso

Asmarom Legesse: Gada, New York 1973. *Haberland, E.:* Galla Süd-Äthiopiens, Stuttgart 1963. *Hallpike, C.R.:* The Konso of Ethiopia, Oxford 1972. *Jensen, Ad. E.:* Im Lande des Gada, Stuttgart 1936. *Nowack, E.:* Land und Volk der Konso, Bonner Geogr. Abhandl., Heft 14, Bonn 1954.

Die Mitarbeiter

Haberland, Eike, geb. 1924, ist Professor für Völkerkunde und afrikanische Geschichte an der Universität Frankfurt am Main, Direktor des Frobenius-Instituts, Mitglied der Deutschen UNESCO-Kommission und der UNESCO-Kommission für afrikanische Geschichte. Er unternahm sechs Forschungsreisen nach Äthiopien, seinem Hauptarbeitsgebiet (1950/52, 1954/56, 1967, 1970, 1972, 1974) und zwei nach Neuguinea. 1971 erhielt er den Ḫäyla Śellāsē-Preis für Äthiopische Studien. Seine wichtigsten Veröffentlichungen über Äthiopien siehe Literaturverzeichnis.

Hammerschmidt, Ernst, geb. 1928, lehrt als o. Professor am Seminar für Afrikanische Sprachen und Kulturen der Universität Hamburg. Österreichischer Staatsbürger. Äthiopien ist seit Jahren der Schwerpunkt seiner semitistischen Forschungen, wobei ihn sein Doppelstudium als Philologe und Theologe vor allem auch zu liturgiegeschichtlichen Problemen sich äußern ließ. Er leitete die deutsche Expedition, die in den Klöstern auf den Inseln des Ṭānāsees äthiopische Handschriften auf Mikrofilm aufnahm; er veröffentlicht zurzeit Funde in mehreren Bänden der Reihe «Verzeichnis der orientalischen Handschriften in Deutschland» (Wiesbaden).

Karsten, Detlev, geb. 1935, ist Professor für Volkswirtschaftslehre an der Universität Stuttgart. Von 1964 bis 1970 im Rahmen der Deutschen Entwicklungshilfe als Gastdozent für Wirtschaftswissenschaften an der Universität von Addis Ababā; während dieser Zeit wissenschaftliche Arbeit über Probleme der Entwicklungsländer, insbesondere Fragen der Industrialisierung und Regionalentwicklung. 1967/68 Feldforschung über traditionelles Handwerk in Süd-Äthiopien. Einschlägige Veröffentlichungen: siehe Literaturverzeichnis.

Kuls, Wolfgang, geb. 1920, ist Direktor des Geographischen Instituts der Universität Bonn. Hauptarbeitsgebiet: Kulturgeographie, besonders Siedlungs- und Bevölkerungsgeographie. Feldforschung in Äthiopien 1954/55 (im Rahmen einer Expedition des Frobenius-Instituts unter Leitung von Ad. E. Jensen), 1959/60 und 1967/68. Seine wichtigsten Veröffentlichungen über Äthiopien: siehe Literaturverzeichnis.

Voegelin, Dieter, geb. 1941, ist nach einem Studium der Landwirtschaft und Soziologie (Dipl. ing. agr.) wissenschaftlicher Mitarbeiter der Universitäten Bremen und Oldenburg. Er war 1970/71 in Äthiopien Projektassistent an der Ethio-German Agricultural Research Station Bako (Bākko): Mitarbeit beim Aufbau eines ländlichen Beratungswesens, sozio-ökonomische Untersuchungen der traditionalen Landwirtschaft, Studium der Landreform. Einschlägige Veröffentlichungen: siehe Literaturverzeichnis.

Die Photographien

Die 240 Photos dieses Buchs machte der Verfasser in den Jahren 1964 bis 1974 auf Filmmaterial von Ilford (Schwarzweiß) und Kodak (Farbe), vier von fünf Aufnahmen mit Nikon F und Nikon F-2 Kameras und Nikkor-Objektiven aller Brennweiten, den Rest mit der Leica M-3 und Leitz-Objektiven.

Register

Normale Zahlen verweisen auf die Textseiten, kursive auf die Nummern der Bildlegenden.

በሰዓት
25 Km.
PER HOUR

ፖሊስ፡
POLICE

№6
ANY·UNIFORM·TAILOR
2400

MUNICIPALITY OF DILLA

የአናጺ፡ቤት፡

ዘውዴ እሸቴ
ጋራዥ
ZEWDE ESHETE GARAGE
125440

አክሲዮን ማሕበር

ሰዓት፡መሸጫና፡
ማደሻ፡፡

ወንጂ ስኳር
YRGA ALEM 68 Km
DILLA 117 Km
WOLAMO 130Km

ትምሕርትቤት፡